“教—学—做一体化”校企合作课改科研成果推荐教材

21世纪高职高专规划教材·市场营销系列

营销沟通技巧

主　编　牛永超　罗碧华

副主编　孙长平

参　编　孟　伟　宋　雯　杨　丽　刘　铮

中国人民大学出版社

·北京·

前言

戴尔·卡耐基指出："一个人的成功，只有15%归结于他的专业知识，还有85%归于他表达思想、领导他人及唤起他人热情的能力。"而表达思想、领导他人及唤起他人热情的能力，就是一个人的沟通能力的体现。对于市场营销人才而言，营销沟通能力是一种必须具备的职业技能。随着高职教育在我国的迅猛发展，教学改革不断深化，突出实践技能培养越来越在教学中受到重视与强化。本书在编写过程中依据高职高专人才培养目标要求，体现教材的实践性和适用性，吸收了国内外营销沟通理论与实践的最新研究成果，以培养学生的营销沟通能力为主线，体现"以能力为本"的思想。

全书采用模块式设置，分为两大模块。模块一：营销沟通基础，含四个认知项目，主要培养学生的营销职业素养，使其对营销沟通树立正确的认知理念；模块二：营销沟通实务，含五个实践项目，分别为营销团队沟通、电话营销沟通、销售沟通、网络营销沟通和会议营销沟通，主要培养学生在不同营销环节或不同营销方式下的沟通能力。本教材主要从以下几个方面体现高职教育特色。

1. 以"项目导向，情境呈现"方式，重构教材体例

本教材每一个项目的书写都设置有基于营销沟通工作的教学情境，内容体系以完成营销沟通工作的沟通技巧展开。模块一的四个认知项目，侧重于对营销沟通基本理论与礼仪的理解与掌握。模块二精心设计了五个实训项目，每个项目则细化为若干个工作情境，每个工作情境主要以"案例导入"来呈现营销沟通工作，最后通过设置情境训练项目，锻炼营销沟通能力。

2. 融知识学习与技能训练为一体

本教材的内容设置，在基于完成学习任务的同时，让学生穿插学习相关理论知识。在每一个项目后面的"巩固与提高"部分都安排了理论知识巩固和技能训练的相关题目，以达到知识巩固与技能训练的双重效果。

3. 一体化编写体系，条理清晰，思路完整

本教材在编写中力求以统一思路贯穿全书，教学情境围绕一个完整的市场营销事件设置，层层推进。每一个项目都围绕开篇案例或教学情境设计学习任务，以情境训练作为结尾，做到前后呼应。

本教材由牛永超、罗碧华担任主编，孙长平担任副主编。其中，项目一由罗碧华编写，项目二由刘铮编写，项目三由宋雯编写，项目四由孙长平编写，项目五由牛永超编写，项目六由杨丽和刘铮共同编写，项目七由牛永超、孙长平、杨丽共同编写，项目八由杨丽编写，项目九由刘铮和孟伟共同编写。全书由牛永超拟定编写体系和大纲，并负责全书的统稿工作。

本书在编写过程中得到了学院领导的大力支持和帮助，在此表示感谢。编写过程中，参阅和适当引用了国内外有关作者的著作、研究成果以及网络资料，在此也一并表示诚挚的谢意。限于编者水平有限，编写时间仓促，书中难免有疏漏与不妥之处，恳请广大读者批评指正。

目　录

模块一　营销沟通基础

模块二　营销沟通实务

模块一

营销沟通基础

项目一

理解营销沟通

教学目标

能力目标： 能够运用营销沟通过程的各个构成要素，保证正确有效的营销沟通。

知识目标： 理解营销沟通的含义与作用；识记营销沟通的过程；识记营销沟通中的各个构成要素。

素质目标： 树立良好的营销沟通意识，培养营销沟通能力。

重点难点

教学重点： 营销沟通的含义与作用；营销沟通的过程与构成要素。

教学难点： 如何运用营销沟通过程的各个构成要素促进营销沟通的有效进行。

教学情境

张玲大学毕业后，来到一家大型旅游企业的市场营销部工作。对于刚进入工作岗位的张玲来说，在一个陌生的环境中，她充满了迷茫：不知自己能否胜任未来的工作。自己该如何与领导和同事建立起友好的关系？作为一名营销员，工作中该怎样吸引顾客、拉近与客户的距离？

开篇案例

名医劝治的失败

我国古代春秋时期，有一位著名的医生，他的名字叫扁鹊。有一次，扁鹊谒见蔡桓公，站了一会儿，他看看蔡桓公的脸色说："国君，你的皮肤有病，不治怕要加重了。"蔡桓公笑着说："我没有病。"扁鹊告辞走了以后，蔡桓公对他的臣下说："医生就喜欢给没病的人治病，以便夸耀自己有本事。"

过了十几天，扁鹊又前往拜见蔡桓公，他仔细看看蔡桓公的脸色说："国君，你的病已到了皮肉之间，不治会加重的。"桓公见他尽说些不着边际的话，气得没有理他。扁鹊走后，桓公还闷闷不乐。

又过了十多天后，扁鹊再次来朝见桓公。他神色凝重地说："国君，您的病已入肠胃，再不治就危险了。"桓公气得叫人把他轰走了。

再过了十几天，蔡桓公出宫巡视，扁鹊远远地望见桓公，转身就走。桓公很奇怪，派人去追问。扁鹊叹息说："皮肤上的病，用药物敷贴就可以治好；皮肉之间的病，用针灸可以治好；在肠胃之间，服用汤药就可以治好；但是病入骨髓，那么生命已掌握在司命之神的手里了，医生是无能为力了。如今国君的病已深入骨髓，所以我不敢去谒见了。"蔡桓公听后仍不相信。

五天之后，桓公遍身疼痛，连忙派人去请扁鹊，这时扁鹊已经逃往秦国躲起来了。不久，蔡桓公便病死了。

案例分析：

1. 为什么蔡桓公不相信扁鹊所说的话？

2. 你认为扁鹊与蔡桓公的沟通有问题吗？如果有，问题出在哪里？

任务一　理解营销沟通的含义与作用

任务描述

在开篇案例中，一代名医扁鹊，每次见到蔡桓公，都是直截了当地指出对方的身体有病，并强调如不加以治疗的危害。由于蔡桓公没有感到不适，就觉得扁鹊是危言耸听，所以对扁鹊的说法从不当回事，最后导致重病身亡。事实证明，扁鹊的判断是正确的。但是，他一次次的劝说都不能打动蔡桓公。这说明，作为一名医生，扁鹊的医术无可挑剔，但他是一个不懂沟通的医生。由此可知，沟通能力是一个人的关键能力。对于一名营销人员来说，只有具备了良好的沟通能力，才能使自己与客户之间的沟通有效。那么，营销沟通是什么呢？它在营销工作中有哪些表现？该如何正确认识营销沟通的作用呢？

戴尔·卡耐基指出："一个人的成功，只有15%归结于他的专业知识，还有85%归于他表达思想、领导他人及唤起他人热情的能力。"而表达思想、领导他人及唤起他人热情的能力就是一个人的沟通能力的体现。21世纪是一个充满竞争的时代，作为营销人员，不仅要有应对问题和挫折的能力，还要学会与客户、同事、合作伙伴和供应商建立良好的人际关系。因此，提升沟通能力，并对人际关系进行良好的运作，就成为事业成功的重要保证。

情境一　理解营销沟通的含义

导入案例

王导购的一次成功销售

王琦与李磊两人是红星电脑城的营销员。一天，一位李先生来到电脑城购买笔记本电脑。李磊一见到李先生就笑容满面地迎了上去，说："您好，先生，需要买电脑吗？"李先生回答："是的。"李磊又问："想买什么样的呢？我们这儿的电脑样式美观，功能齐全。我来给您介绍一下，这台笔记本采用的是英特尔的双核处理器，双核处理器是基于单个半导体的一个处理器上拥有两个一样功能的处理器核心，比单核的笔记本科技含量高得多……"

李先生说："我再看看。"

这时，王琦看李先生有要走的意思，赶忙迎了上去，说："先生您好！您想买什么样的呢？谁用呢？刚刚我们李销售跟您讲的英特尔的双核处理器呢，说得通俗一点，双核就像给一台电脑安装上两个发动机，而单核电脑只有一个发动机，装了两个发动机的电脑自然就能跑得快一些，您在畅玩火爆超炫的电脑游戏的同时，还可以下载最新发布的电影大片，速度是超快的。"结果，李先生选择购买了王琦推荐的这款电脑。

结合案例分析：李先生为什么最后选择购买王琦推荐的这款电脑？

知识储备

一、沟通的含义

沟通是人与人之间、人与群体之间思想与感情的传递和反馈的过程，以求思想达成一致和感情的通畅。如果沟通不畅，就如血管栓塞，其后果是可想而知的。因此，沟通是一门人人都必须学会的学问。人与人相处的方方面面都需要沟通，包括在工作中与领导、同事和客户间的沟通，也包括在生活中与家人、友人和所有其他需要接触到的人之间的交流沟通。人们在沟通时，往往要借助于共同的符号系统（包括语言符号和非语言符号）获得信息，并要彼此传递和交流信息。也就是说，沟通是人们之间获得信息和传递与交流信息的过程。因此，沟通是人类的个人行为和社会互动行为，是人类有意识的活动及能力。

一般来说，沟通就是信息的发送者借助一定渠道（也称媒介或通道），将信息传递给既定对象（信息的接收者），并寻求反馈以达到相互理解的过程。由此可知，沟通是有目的性的、双向的反馈和理解过程，不仅包括说，而且也包括听。

二、营销沟通的含义

所谓营销沟通，是指使用语言、文字、符号或手势、表情等表现形式，对产品或服务的营销进行解释、说明或演示，以促使沟通双方对沟通的内容拥有共同的理解、认识或认同的过程。关于营销沟通，可以从以下三个方面理解。

1. 营销沟通是一种为实现营销目的而进行的活动

就本质而言，营销与沟通是不可分割的：营销就是沟通，沟通就是营销。在商品买卖中，获得顾客的信任，顺利实现商品的销售是营销沟通最主要的目的。这种目的的实现，又需要营销员运用多种表现形式，建立营销沟通渠道，与目标顾客进行信息传递和交流，建立共识并达成价值交换。

2. 营销沟通是一个双向的交流、反馈和理解的过程

有效的营销沟通过程是营销人员与客户之间的双向互动过程。双向的交流与反馈，建立在接收者接到信息之后，对接收的信息进行正确的理解，快速地与发送者达成共识。营销沟通既需要营销者向目标人群传递信息，也需要从目标人群那里获得其对信息的反馈情况，以便于增强双方对同一信息的理解。有效的信息能够被正确地传递和理解，这是营销沟通的核心，也是营销沟通的基础。

3. 营销沟通培养的是一个沟通者的能力行为

营销者的沟通能力是在营销工作的实践中培养和训练出来的。作为营销人员，不仅需要应对营销工作中的问题与挫折，同时还要具备与客户、同事、合作伙伴以及企业、市场供应商等建立良好关系的能力。因此，培养营销人员的沟通能力，运作良好的人际关系，

是企业成功的重要保证，也是一个沟通者能力、行为的体现过程。

【情境训练 1】

假定你是苹果电脑的销售员，你会怎样介绍自己的产品？请设计一个简单的向顾客介绍产品的方案。

情境二　认识营销沟通的表现和作用

导入案例

“意外”的关心

一次，王先生出差到北京，下午有空，去了趟王府井书店，想买些自己喜欢的书籍，给自己充充电。王先生正在津津有味地看着一本书，旁边一位非常漂亮的“美眉”与他搭讪，“大哥，你也买书啊！”出于礼貌，他笑了笑。“看你非常留意营销类的书籍，一看您就是做销售的！”“美眉”朝他嫣然一笑，“是不是最近经常出差啊？要不就是应酬太多，经常喝酒，看你脸色有点不太好，大哥，千万注意身体呀！”

美眉的一番话，犹如一股暖流，瞬间沁入王先生的心田。他不禁朝她笑了笑，“是啊，经常出差，还要喝酒，唉！谁让我是做酒的呢？”“哎呀，大哥您是做酒的啊？看您脸色多不好！我听朋友说，经常喝酒很伤肝的。不过，听我同学说，有一种药，可以专门对抗酒精，对于经常喝酒的人很管用。要不，您给我留个电话和联系方式，我明天给您问问，合适的话，给您寄几盒！”王先生一听，心里别提多高兴了，还真有这种专门对付喝酒的药啊？于是痛快地留下了电话和地址。出于职业习惯，他很快意识到，她一定是个销售员，而且还是一个非常优秀的销售员。

果然，一个星期后，在出差途中，王先生真的收到“美眉”打来的电话。她非常高兴地告诉王先生，这种药已经给他寄来了，由于对方是她同学，所以很便宜，三盒一共才188元，让他直接汇给她的同学，并告诉了他一个账号。

结合案例分析：

1. 为什么王先生已经意识到与他搭讪的美眉是销售员，还要让对方邮寄药品呢？

2. 美眉向王先生的推销体现了营销沟通的哪些作用？

知识储备

一、营销沟通的表现

营销沟通表现在市场营销工作的各个环节。此处重点围绕营销者与目标客户之间的沟通进行分析。

1. 市场调研

企业的市场营销工作起点是市场，最终提供的产品或服务也必须接受市场的检验。因此，开展市场调研，是企业了解市场状况、获取客户需求信息的主要做法。企业常用的市场调研方法有：观察法、实验法、访谈法、问卷调研、电话调研以及在线调研。其中，观察法与实验法是营销人员对所获得的信息进行单向加工和理解的沟通方法。而访谈法需要营销人员与目标人群进行面对面的双向沟通，以获取市场信息，电话调研是一种“不见其人、只闻其声”的双向沟通以获取信息的方式，问卷调研和在线调研都需要借助书面语言形式与目标人群沟通。

2. 产品品牌与包装设计

产品在投放市场之前，企业要对产品进行品牌设计和包装设计，借助产品品牌和一系列的包装设计引起目标顾客的注意，唤起他们对产品的兴趣和购买欲望。品牌是企业的Logo，它以单纯、显著、易识别的物象、图形或文字符号为直观语言，除标示什么、代替什么之外，还具有表达意义、情感和指令行动等作用。品牌设计是企业完整的形象设计，包括品牌名称和品牌标志。简单、易记且富有内涵的品牌名称很容易获得客户的认同，品牌标志的设计要求简洁、清晰，与品牌名称保持一致性，以最为简洁直观的方式达成有效的视觉沟通和传播。品牌名称和品牌标志都是产品与目标顾客沟通的纽带。

产品包装设计是指选用合适的包装材料，针对产品本身的特性以及受众的喜好等相关因素，运用巧妙的工艺制作手段，为产品进行的容器结构造型和包装的美化装饰设计。包装设计涵盖产品容器设计、产品内外包装设计、吊牌、标签设计、运输包装以及礼品包装设计、拎袋设计等，是产品提升和畅销的重要因素。优秀的包装，是产品无声的推销员，不仅在卖场会吸引顾客的注意力，还会将产品进一步提升。包装设计是任何知名企业所不敢忽视的市场策略。

3. 产品销售

实现产品销售是营销沟通的最终目的。在产品的销售过程中，营销者需要通过人员或非人员的方式向目标顾客传递企业的或产品的有关信息，以增加目标顾客对企业及其产品的了解和关注，并且还要借助于一定的促销手段刺激目标顾客的购买欲望。在这个过程中，营销者采取的沟通方式及沟通渠道是否恰当，是影响其营销业绩的关键因素。现实生活中，企业常通过人员推销、广告宣传、公共关系、营业推广等手段进行单向或双向的营销沟通，以实现企业和目标顾客之间的信息交流。

4. 电话营销

电话营销是通过使用电话，来实现有计划、有组织并且高效率地扩大顾客群、提高顾客满意度、维护老顾客等市场行为的营销手法。电话营销是营销者以电话为媒介与客户沟通的营销方式。营销者可以借助电话从事客户服务工作，也可以主动向客户推介新产品、新业务以实现销售目的。

20世纪80年代以来，随着以消费者为主导的市场的形成，以及电话、传真等通信手段的普及，很多企业开始尝试这种新型的市场手法。目前，电话营销以其成本低、针对性强、高效便捷等特点受到许多服务行业企业的追捧。

5. 网络营销

网络营销就是以互联网为主要平台，为达到一定营销目的而进行的营销活动。网络营销可以利用多种手段，如E-mail营销、博客与微博营销、网络广告营销、视频营销、媒体营销等。网络营销是建立在互联网基础之上、借助于互联网来更有效地满足顾客的需求和愿望，从而实现企业营销目标的一种手段。网络营销过程中，由于买卖双方是借助互联网平台进行信息传递和交流，更需要运用多种沟通方式来建立彼此的信任和理解。

20世纪90年代以来，网络营销以新的方式、方法和理念，通过一系列网络营销策划，制定和实施营销活动，成为可以更有效地促成交易的新型营销模式。

二、营销沟通的作用

营销沟通的目的有两个：创建品牌和销售产品。营销沟通的作用表现在以下几个方面。

1. 获得信息情报

营销者借助不同的沟通方式和渠道与目标人群进行沟通，可以收集、储存、整理必要的市场数据、图片、营销事实、顾客意见和评论，以便准确把握市场动态，对市场环境进行客观分析，为营销决策提供科学依据。

2. 建立营销者与顾客之间的信任关系

有效的沟通不仅使营销人员可以全面了解客户的需要，而且可以发现客户潜在的需求，帮助客户找到解决问题的合适方案。更为重要的是，有效的沟通还可以在营销人员和客户之间建立起信任的关系，这对于建立长期合作关系、提高客户的忠诚度等，具有重要作用。

3. 传递产品信息，促进销售

营销者通过与目标顾客之间的单向或双向沟通，既能够有效地传递有关企业及其产品的信息，也能够迅速获得目标顾客对产品的反应和满意度信息，这有利于营销者分析顾客需求特点、把握顾客需求心理，进行有针对性的沟通与说服，促进产品的销售。

小案例

李冰的销售引导

李冰是一名打印机销售员。一天，一位老顾客来店里选购打印机。一看对方是老顾客，李冰就直接迎上去说："您好，王先生，我是小李。去年您在我们这里买过一台打印机。"顾客说："哦？是啊。"李冰说："已经过了半年的保修期了，不知道您使用的情况怎么样？"顾客说："你们上次来检修过一次，之后就没什么问题了。"李冰问："哦，那您这次来是？"顾客说："我想再添置一台，因为最近的业务量比较多。对了，现在一台多少钱？"李冰说："那要看是什么型号的了。您现在使用的是660N，后续升级的是660ND，选哪种更合适，主要看一个月的打印量。"顾客说："我们最近的月平均打印量超过一万张了。"小李说："那要是这样，我建议您考虑一下660ND，这种机型的使用量一个月是15 000张。"顾客问："那这样的话价格上是不是会贵一些？"小李说："660ND这种市场价是7 000元，不过您是老客户了，我可以给您打个八折，还可以赠送您一些外设。您可以考虑一下。"顾客说："不用了，就要它了。"不到半个小时，李冰就成功地卖出了一台打印机。

案例思考：李冰为什么能在短时间内成功地完成销售？他的话语优势是什么？

4. 教育引导

营销者在与顾客沟通的过程中，不仅仅是发布产品信息以增强顾客的认知，还要向目标顾客宣传正确的消费理念，以引导顾客的有序消费，对顾客起到教育作用。

小案例

亚都加湿器进入天津市场

在20世纪90年代初，亚都加湿器在北京市场的销售量超过40 000台之际，距北京只有120千米的天津市，"亚都"产品几乎无人问津，连续两三年总销量只有400余台。为此，公司决定在天津开展促销战役。战役阶段依次为：侦察→制定作战方案→军备→第一枪→全面展开→打扫战场。

一、侦察

军事上叫“侦察”，市场营销叫“市场调查”，具体内容为：

（一）天津消费市场的社会文化环境

1. 调查目标

深入细致地了解天津的风土人情、传统习俗以及天津市民的消费心理。

2. 调查手段

(1) 调阅大量描述天津市井生活的通俗读物。

(2) 收看近期、远期天津内容的影视节目。

(3) 收听天津相声演员的相声，分析天津人的性格；进一步分析天津人与北京人兴趣与兴奋点的区别。

(4) 与天津当地居民攀谈。

(5) 在北京与天津籍人士交谈。

(6) 与天津市官员及新闻媒介接触。

(7) 仔细旁观天津市民的购物情况。

（二）天津市的科技产业政治环境

结合亚都高科技特点，详细了解天津市政府对科技发展的实际关注程度，调查论证的内容包括：

(1) 本届天津市委和市政府领导的有关言论、举措。

(2) 天津开发区的规模、政策及与各地开发区的对比。

(3) 天津市近期在扶助高科技企业方面的具体特殊表现。

(4) 天津市场对“开发区”“保税区”的认识与看法。

（三）天津市场促销战例

详细调研近年来天津市场出现过的主要促销案例，并认真分析其成败原因。

（四）当地同行/地方力量

接触天津公关机构，做前期铺垫以防自身力量不足。

（五）当地新闻媒介

详细了解天津新闻媒介上的新闻宣传栏目、版面、专题节目、读者结构、发行量、广告价格、广告刊例、广告周期、广告风格等。

二、制定作战方案

天津人具有“好说、好参与”的特点，进入天津市场应采取谦虚的姿态和鼓励天津市民参与的方式，这是作战谋略或战略。

三、军备

再次招募一批临时配合人员进行培训。培训内容包括加湿器技术、企业形象、公关、市场营销及市场谋略。进行了基础培训后，从中选拔100名合格人员，进行二次培训，使之掌握这次活动所需的技巧。对他们的着装也作了规定，外衣统一为白大褂。佩戴红色绶带，绶带上书“亚都加湿器研究所”。

另外，对他们有一个苛刻的要求：让他们每人准备一副眼镜，因为在老百姓的心目中，高科技人士是穿白大褂、戴眼镜的，这样便于贴近公众的实际感受。印刷了大量的宣传资料，有二三十万张，因为要用一次性行动来轰开“津门”，给养必须充足。

所有的准备工作是从1991年8月份开始的，包括提前在《天津日报》《今晚报》《天津广播电视报》、天津电视台等媒体预订了11月份的广告位置。

四、第一枪

“天津战役”真正打响的时间是1991年11月15日。这是我国北方地区统一的室内供暖日。老百姓到这一天便会想到供暖，便会感到干燥，便会感到突然不适。如果早一天去做广告，房间很冷，亚都再喷出一层“好气雾”，可谓是“雪上加霜”，当然不会有人感兴趣。

新闻媒介，主要侧重《天津日报》《今晚报》《广播电视报》。第一篇广告选择《天津日报》是因为11月15日是星期五，“亚都”花了8 000多元，提前3个月时间定下了这天抢眼的广告位置。

报纸广告：

> “亚都超声波加湿器”向天津市民有偿请教
>
> 尽管“亚都加湿器”的特殊功能满足了现代生活的新需求；
>
> 尽管“亚都加湿器”在与“洋货”竞争中市场占有率仍高达93%；
>
> 尽管“亚都加湿器”销售已突破首都小家电市场零售总额的38%；
>
> 尽管“亚都加湿器”的热销被商业部部长称为“亚都现象”并引起国内大新闻单位数十次重点报道。
>
> 总之，尽管“亚都加湿器”顺天时地利人和已成热销定势，但奇怪的是，天津市场的购销情况却不尽理想。
>
> 是天津冬季室内气候不干燥吗？不，不是！
>
> 是天津的老年人不了解湿度对益寿延年的重要性吗？不，不是！
>
> 是天津的女士不懂得湿度是美容驻颜的第一要素吗？不，也不是！
>
> 是天津的婴儿不需要更接近母体湿度的环境吗？不，更不是！
>
> 是天津市市民情愿自家乐器、家具、字画等名贵物品在冬季干裂变形吗？不，绝不是！
>
> 面对上述困惑，国内规模最大、专业性最强的人工环境开发高科技机构——北京亚都人工环境科技公司在百思不得其解后，特决定向聪慧的天津公众虚心请教，请热情的天津市民为北京高科技企业指点迷津。
>
> 来函赐教，或宏论，或短语，均请注明详细通信处，亚都人将以礼相谢。“亚都现象”请参阅1991年9月14日《人民日报》、2月14日《科技日报》、3月31日《经济参考报》、1月13日《北京日报》、3月20日《中国日报》报道。
>
> 函寄：北京海淀区魏公村118号亚都公司公关部（邮编：100081）。
>
> 亚都加湿器科技咨询活动近日在国际商场、华联商厦、劝业场、天津商场开展。

第二天，11月16日，星期六，同样内容的广告在天津市民爱读的《今晚报》上再次出现。这样做是因为11月15日的广告能够引发《天津日报》读者的兴趣，这些读者主要是机关、企业、院校、科研单位和其他一些社会阶层人士。第二天，则考虑到要影响天津市民，要让“亚都”成为大家争相传看的内容，成为周六晚上的一个热门话题。因为有了周五的铺垫，周六的热门话题应该不成问题。

在广告版面设计上，按照常规，文字广告不应使用过多的字，因为占满了版面，往往会引起读者的逆反心理。为了使这篇广告有醒目的标题，广告正文有意缩小字号，扩充内容。广告标题请《天津日报》广告科的同志加重处理，在“有偿请教”4个字上加重颜色。因为这是第一次活动，为了吸引天津公众，迫不得已选择了“有偿”字眼，但该活动严格地限制为“有偿”决非“有奖”。由于天津市政府对高科技一向特别重视，所以请天津市民来帮助北京的高科技将会引来积极反应。

五、全面展开

11月17日，周日。事先安排做好充分准备的100名“亚都公关人员”拂晓从北京出发，清晨赶到天津，分别出现在天津商场、百货大楼、劝业场、国际商场等地。他们统一着装，身佩绶带，向过往顾客散发“有偿请教”的宣传品，宣传品的背面则是湿度科普介绍。同时悬挂横幅、播放亚都公司及产品录音、录像，解答顾客有关人工环境、湿度与健康等问题。

从11月17日开始，11月25日、12月1日、12月8日连续4个周日，派员前去天津开展咨询活动。总共散发各类宣传品（请教函、感谢函、商品介绍）20余万张，与顾客直接接触近百万人次。

报纸广告发出后，短短10天内收到了1 200封天津市民来信，文字含量为80万字，其中最长的一封有5 000字。寄信人来自天津的各个行业，有机关干部、专家学者、公司职员、市民、学生、军人、警察等，共提出建议与批评4 000余条。

六、打扫战场

12月3日，亚都向1 200名来信者寄去了感谢函，并随函寄去了“感恩卡”，凭卡可特价购买加湿器1台，并告知12月8日将在天津商场举行一次大型答谢活动。

12月6日，亚都公司在《今晚报》打出了一则通栏广告，总标题是“深谢天津人民厚爱，亚都公司全体鞠躬”，1 200名来函者的名字以姓氏笔画为序逐一见诸报端。

深谢天津人民厚爱 亚都公司全体鞠躬

“亚都加湿器向天津人民请教”活动圆满结束

亚都公司就市场困惑问题，目前在天津新闻媒介刊出请天津公众指点迷津的讨教函。短短10日，先后收到函件千余封，含80余万文字量，颇具深度与广度的建议或批评达4 000余条。这些来自天津各行各业的赐教者，或宏论或短评，无不倾注了伟大的天津人民对发展和推动我国高科技事业所特有的非凡热情，无不体现出可敬的天津人民仗义扶助我国高科技民族工业的赤诚肝胆………

千余名恩师的名字深入亚都人心，来自天津的万般感触更令亚都没齿难忘。为感谢扶助之恩，亚都公司特别决定：

- 公开鸣谢赐教者，送呈“感谢函”与“感谢卡”，持卡特价购买亚都加湿器。
- 自12月8日起，亚都加湿器在天津特约经销单位执行北京地区零售价。

七、效果总结

短短十几天的公关战略活动，有效地使亚都公司、亚都品牌、加湿器新观念进入千家万户。十几天前，98%以上的天津人不知道加湿器，不知道亚都，更不知道“亚都现象”。

而目前，知道湿度重要性的天津人大有人在，认知“亚都”品牌的人大有人在，知道亚都身手不凡的人大有人在，知道亚都极富人情味的人大有人在。总之，在全部广告费用30 000元（包括印刷费、交通费、补助费等等）的前提下，能使综合认知率等于零的商品迅速上升到上述结果，是不多见的。

12月初，亚都已在天津突破500台销量。从1991年11月15日至1992年1月25日，亚都加湿器两个月在天津的销售量达4 000余台，相当于过去3年销量总和的10倍。

案例思考：亚都加湿器在天津的“有偿请教”为什么能够得到当地市民的热情参与？

【情境训练 2】

给你的好朋友写一封信，告诉他/她你在大学所学专业的开设情况。

任务二　掌握营销沟通过程与构成要素

任务描述

现在，张玲已理解了营销沟通的含义、表现和作用。她需要按照营销沟通的过程和各个构成要素来设计自己与客户的沟通方案。那么，她必须弄清营销沟通过程包括哪些环节、由哪些要素构成。

情境一　策划营销沟通过程

导入案例

一次营销沟通失误

顾客小王一直想给家里购置一台热水器，便于家里的老人使用。于是，小王来到一家经营燃气热水器的店内。销售员小李热情给小王推荐，并认真地讲解本品牌的产品。最后，小王在小李的建议下选购了一台热水器。

过了没几天，小王再次来到店里找到小李，气愤地要求小李给出解释并赔偿损失。营销员小李了解了情况之后发现：原来，在顾客小王购买完热水器之后，安装师傅没能给小王家的热水器安装烟道，造成排烟系统不畅，致使家中老人因为使用热水器而晕倒。

结合案例分析：

1. 遇到此类事件，营销员小李该怎么处理？
2. 它反映出营销员小李与顾客的沟通存在哪些问题？

知识储备

从本质上讲，营销人员的营销过程就是一个有效沟通的过程，这个过程包含有目的地提供信息、讲解、说明或演示，不断地进行引导、说服和求得认同，以及这些环节中的交互反馈等。一般来说，一个完整的营销沟通过程离不开信息策划、信息编码、编辑传递、信息接收、信息解码、信息反馈六个环节。

一、信息策划

信息策划是对信息进行收集、整理和分析的过程，由信息的发送者完成。信息策划过程反映了信息发送者的逻辑思维能力和信息量。对于一名营销人员来说，要想成为一个具备良好沟通能力的人，首先必须提高信息策划能力。信息策划包括确定信息范围、收集信息、信息评估、信息整理和分析。

1. 确定信息范围

确定信息范围的实质是要确定信息策划的目的，对要获得的信息的性质、质量和内容进行初步判断，从而确定收集信息的范围。这是决定信息策划质量的关键一步。

2. 收集信息

收集信息是根据确定的信息范围，收集符合要求的信息以备整理和分析。

3. 信息评估

信息评估是对收集到的信息数据的真伪、准确与否等方面进行的评估。信息评估的结果直接影响信息策划结果的有效性。

4. 信息整理和分析

营销员收集完所要传播的信息内容后，要对这些信息进行编辑整理，找出对营销传播内容最有利的部分，进行分析概括，总结出最有利于营销员沟通表达的核心信息。

二、信息编码

信息编码是指信息发送者以某种形式（便于传达的）来表达信息的内容。本质上，信息编码就是发送者将其信息与意义符号化，编成一定的文字等语言形式或其他形式的符号。

被编码的信息一般受到四个因素的影响：技能、态度、知识和社会—文化系统。首先，如果信息发送者缺乏必需的技能，则很难用理想的方式把信息传递给接收者。成功的沟通需要听、说、读、写以及逻辑推理技能。其次，信息发送者的态度影响着行为。人们一般对许多事情都有自己预先定型的想法，这些想法不可避免地影响着人们的沟通。再次，沟通活动还受到人们在某一具体问题上所掌握的知识范围的限制。人们无法传递自己不知道的信息，同时，如果发送者的知识极为渊博，则接收者又可能不理解发送者的信息。也就是说，人们关于某一问题的知识影响着人们要传递的信息。最后，社会－文化系统中所持有的观点和见解也影响着沟通行为，信仰和价值观影响着作为信息沟通源的人们。因此，传送者在编码过程中必须充分考虑到接受者的经验背景、知识、技能、态度、文化、注重内容及符号对于接受者来说的可读性等因素。

三、信息传递

信息传递是指通过一定的传输媒介、将信息从一个主体传输到另一个主体。信息传递必须依靠一定的渠道，不同的沟通渠道适用于传递不同的信息。沟通过程中选择的渠道不一样，传递的效果也就不同，有时需要使用两种甚至更多的沟通方式。

四、信息接收

信息通过一定的传输渠道送达接收者，即信息接收的过程。在这一过程中，要注意避开信息传递中的障碍。如果沟通渠道选择不当、沟通渠道超载、沟通手段出现问题等，都会导致信息传递的中断、失真或无法传递至接收者。

五、信息解码

信息解码是指信息接收者对接到的信息所作出的解释和理解。它是信息接收者将符号化的信息符号还原为信息与意义，并理解其信息内容与含义的过程。

六、信息反馈

信息反馈是指信息的接收者在获得信息后或依照信息采取行动后，根据自己的理解、感受和经验提出自己的看法和建议。信息反馈要求信息接收者把收到并理解了的信息返送给发送者，以便发送者对接收者是否正确理解了信息进行核实。

没有反馈的沟通过程容易出现沟通失误或失败。为了检验信息沟通的效果，即接收者是否正确、完美、及时地接收并理解了所要传达的信息，反馈是必不可少和至关重要的。在没有得到反馈以前，信息发送者无法确认信息是否已经得到有效的编码、传递和解码与理解。因此，如果发送者想要沟通成功、万无一失，要求接收者及时进行反馈是必要和重要的。

【情境训练 1】

如果你是一位三星手机的销售员，在接待顾客前，你需要就向顾客传递的信息进行营销沟通规划。请以盖乐世 S6 为例，描述一下你的营销沟通方案。

情境二　理解营销沟通的构成要素

导入案例

三名业务员寻找市场

美国一家制鞋公司要寻找国外市场。公司派出一名业务员去非洲一个岛国，让他了解一下能否将本公司的鞋销往该地。这名业务员到非洲后待了一天，发回一封电报："这里的人不穿鞋，没有市场。我即刻返回。"

公司只好又派出一名业务员到该地。第二名业务员在非洲待了一个星期，发回一封电报："这里的人不穿鞋，鞋的市场很大，我准备把本公司生产的鞋卖给他们。"

公司总裁得到两种不同的结果后，为了了解到更真实的情况，于是又派去第三名业务员。这名业务员到非洲后待了三个星期，发回一封电报："这里的人不穿鞋，原因是他们脚上有脚疾。他们也想穿鞋，过去不需要我们公司生产的鞋，是因为我们的鞋太窄。我们必须生产宽鞋，才能适合他们对鞋的需求。这里的部落首领不让我们做买卖，除非我们借助于政府的力量和公关活动，做好市场营销。我们打开这个市场需要投入大约 1.5 万美元，这样我们每年能卖大约 2 万双鞋，在这里卖鞋可以赚钱，投资收益率约为 15%。"

结合案例分析：

1. 为什么三名业务员发回的电报内容差别很大？

2. 你最认可哪一名业务员的工作？为什么？

知识储备

一、沟通主体

沟通主体，即信息发送者和接收者。具体地说，在营销沟通过程中，信息的发送者和接收者就是营销人员和客户，他们随着营销沟通过程的信息交互，不断地在发送者和接收者的角色之间转换。而信息的发送与接收又直接牵涉营销人员和客户的感官，比如视觉、听觉、触觉、嗅觉与味觉等器官。他们在信息传递过程中，因为受到传播背景的控制，以及自身对信息的不同理解，会产生一定的沟通误区。

作为信息的发送者，要在发现信息、认知信息的同时，对沟通目的与沟通条件加以分析与思考。在这一过程中，需要发送者努力提高自身的素养与专业知识水平，克服沟通障碍，正确地将自己的思想观点与信息的内容进行快速融合，力求达到完整准确的传递。信息的接收者则需要提高自己对信息的理解与感知能力。学会不夹杂主观意识的倾听，有能力分辨信息的真实含义，正确客观地评价信息。

二、沟通客体

沟通客体即沟通主体之间表达意义的信息。信息发送者只有借助信息载体传递信息，让对方理解自己的意图，信息才能成为沟通双方传递的对象。

三、编码与解码

完美的沟通应该是传送者所传递的信息经过编码与解码两个过程后，形成的信息与所传递的信息完全吻合，也就是说，编码与解码完全"对称"。对称的前提条件是双方拥有相同或类似的背景、经验、知识、态度和文化，及相同或类似的代码系统，如果双方对信息符号、信息内容缺乏共同背景、经验、知识、态度和文化，或双方编、解码的代码系统不一致，则在解读信息与正确理解其内在意义的两个过程当中必定会出现误差，容易造成沟通失误或失败。

四、通道

传递信息的通道有很多种。它通常作为传递信息的一种媒介物，主要受信息传播者的支配。不论传播者采用什么样的载体方式进行信息传播，都是为了保证沟通双方的信息传递顺畅。

1. 面对面传播

面对面的传播通道更为直观，人们通过听或看就能够迅速了解，并及时反馈。通常是在信息的传播者与接收者之间距离比较近的情况下进行。

2. 媒体传播

媒体不仅仅是构成信息传递的一种通道，也是在整个沟通过程中最重要的一个渠道形式。我们常见的大众媒体有很多，例如报纸、广播、视频、网络等，这些媒体形式都有着各自的特点与使用范围。如何运用这些媒体通道来保障信息的有效传递，是沟通者必须考虑的问题。在选择媒体时应考虑传播的目的与性质，根据信息内容来选定传播渠道。

五、背景

1. 传播的心理背景

在信息传递的过程中，传播的心理背景受传递双方的情绪与态度的影响。在沟通时处于快乐的状态下，沟通的行为往往很强烈，也能够伴随着情绪迅速地达成共识，实现有效沟通。在沟通时，信息的传播者对信息的接收者的态度越好，就越能正确深入地去理解对方的思想情感。

2. 传播的物理背景

传播的物理背景是指沟通发生的场所。信息沟通在特定的环境下会产生特有的沟通氛围，其氛围对整个沟通会产生重要的影响。

3. 传播的社会背景

社会背景包括两个方面的含义。一方面，包括沟通双方的社会角色关系。由于沟通双方担任的角色不同，看问题的方式和角度也不一样。例如，销售者认为商品好，自然价格也要高；而顾客既希望商品好，又不想出较高的价格。另一方面，包括沟通情境中对沟通发生影响，但不直接参加沟通的其他人。例如，顾客会受到陪同人员的意见的影响。

4. 传播的文化背景

传播的文化背景主要是指：沟通者长期的文化积累与所接受的文化教育，使之形成较稳定的价值观与思维定式。文化背景分为两个方面：(1) 长期的文化积淀。它是思考行动的内在依据。当两个不同文化背景的人发生碰撞、交融时，就能体会这种隐性影响。如一个基督教徒与无神论者之间的沟通，基督教徒可能就会将话题引入宗教方面。(2) 文化教育。文化教育程度不同，沟通者的知识深度和广度也不同，直接影响沟通者的口头表达和书面写作能力。此外，不同文化教育程度者，思维方式和对待新事物的态度也会有所不同，导致发生沟通障碍。

六、反馈

在整个沟通过程中，信息传递出去后，接收者会对信息的传播者发出一定的信息感受，这就是信息的反馈。

常见的信息反馈有：正反馈、负反馈和自我反馈。

(1) 正反馈，是对接收到的信息作正面、肯定的评价，它是信息反馈中积极的反应。

(2) 负反馈，是对接收到的信息作负面、否定的评价，它是信息反馈中消极的反应。

(3) 自我反馈，是信息传播者从自己发出的信息里获得反馈。

七、噪声

信息中的噪声主要是指在传递信息的过程中除去信息内容以外，对信息造成的任何干扰。一次沟通能否顺利进行，需要信息的传播者与信息的接收者对信息内容的理解与对信息准确的解读。同时，还因情绪状态、性格、能力不同对信息的传递造成一定的影响。

(1) 外部噪声，来自沟通时的外部环境。沟通者在外部场所沟通时，环境中多种声音的介入，会造成沟通双方一定程度的心理不畅。同时，外部环境中的光线与温度也会对信息的传递造成一定的干扰。

(2) 内部噪声，主要是指沟通双方某些思想观念的差异，或者是对对方有一定的成见，或者是在双方交流时精力分散，都会对整个沟通信息的传递产生影响。

【情境训练 2】

情境主题：信息的传递。每 4～5 个学生分成一个小组，学生可自由组合。老师选摘报纸杂志上的一篇文章，选取其中一个小组的某一个学生，把报纸中的信息内容传递给他。紧接着，这个同学再把听到的内容传递给本小组的另一个同学，依次向本组同学传递表达报纸中的信息内容。

要求：1. 老师在传递报纸内容给一个学生时，其他学生应予回避。

2. 传递信息的工具：传话筒。

目的：让学生通过传递信息，理解沟通的过程及构成要素。

项目小结

沟通是人与人、人与社会群体之间为了传递信息和交流情感，信息的发送者借助一定渠道，将信息传递给既定对象，并寻求反馈以达到相互理解的一个过程。营销沟通就是营销人员通过使用语言、文字、符号或手势、表情等表现形式，对产品或服务的营销进行解释、说明或演示，以促使沟通双方对沟通的内容拥有共同的理解、认识。从本质上来说，营销沟通是一种为实现营销目的而进行的活动。它是一个双向的交流、反馈和理解的过程。营销沟通表现在市场调研、产品品牌与包装设计、产品销售、电话营销、网络营销等营销工作中。

一般来说，一个完整的营销沟通过程离不开信息策划、信息编码、编辑传递、信息接收、信息解码、信息反馈六个环节。实现有效的沟通，离不开信息的传播者与接收者，二者是营销沟通的主体要素。营销人员与顾客都要把收集的信息进行编码与解码，再借助一定的传播通道进行传递。在不同的传播背景下所形成的传播效果也是不同的。营销沟通的传播背景主要有心理背景、物理背景、社会背景和文化背景等。在营销沟通中，接收者对接到的信息进行反馈是构成营销沟通的一项重要因素。常见的反馈有正反馈、负反馈与自我反馈。在信息传递过程中会产生一定的干扰，有外部干扰与内部干扰。

巩固与提高

理论知识巩固

一、选择题

1. 以下哪项是对沟通的准确理解？（　　）
   A. 沟通是两人相互说话
   B. 沟通是说和听的一个过程
   C. 沟通是寻求反馈以达到相互理解的过程
   D. 沟通是有目的性的、双向的反馈和理解过程
2. 营销者的沟通能力是在（　　）中培养和训练出来的。
   A. 营销工作实践　B. 理论文化知识　C. 生活学习　D. 认识实践
3. 下列哪些是营销沟通的表现？（　　）
   A. 电话销售　B. 市场调研　C. 产品销售　D. 网络销售
4. 下列哪些是营销沟通的作用？（　　）
   A. 获得信息情报　B. 建立营销者与顾客之间的信任关系
   C. 规划信息，收集数据　D. 传递产品信息，促进销售
5. 下列属于营销沟通的是（　　）。
   A. 顾客到商店去买东西，营销人员给顾客介绍产品
   B. 学生通过交友软件在网上促销商品
   C. 顾客甲向营业员乙询问产品的价格

D. 甲乙两人之间相互交流营销沟通知识

二、判断题

1. 一个完整的营销沟通由对信息的策划、收集、编辑与整理等环节构成。（　　）

2. 在整个营销沟通过程中，顾客的信息反馈并不是很重要。（　　）

3. 在营销沟通中，一般来自沟通干扰的主观因素是营销员表达不清楚，语言没有逻辑性。（　）

三、简答题

1. 营销沟通的构成要素有哪些？

2. 简述营销沟通过程。

技能训练

一、案例分析题

肖奈的一次成功销售

肖奈开了一个非常有名的零售商店。有一天，一位客人来到店里买搅蛋器。

店员问："先生，您是想要好一点的，还是要次一点的？"那位客人听了显然有些不高兴："当然是要好的，不好的东西谁要？"

店员就把最好的一种多佛牌搅蛋器拿了出来给他看。男子看了问："这是最好的吗？"

"是的，而且牌子是最老的。""多少钱？""120元。""什么！为什么这样贵？我听说，最好的才六十几块钱。""六十几块钱的我们也有，但那不是最好的。""可是，也不至于差这么多钱呀！"

"差得并不多，还有十几元一个的呢。"男子听了店员的话，马上面现不悦之色，想立即掉头离去。店老板肖奈急忙赶了过去，对男子说："先生，您想买搅蛋器是不是？我来介绍一种好产品给你。"

男子仿佛又有了兴趣，问："什么样的？"

肖奈拿出另外一种牌子来，说："就是这一种，请你看一看，式样还不错吧？"

顾客问："多少钱？"

肖奈回答："54元。"

顾客说："照你店员刚才的说法，这不是最好的，我不要。"

肖奈回答："我的这位店员刚才没有说清楚，搅蛋器有好几种牌子，每种牌子都有最好的货色，我刚拿出的这一种，是同牌中最好的。"

顾客问："可是为什么比多佛牌的差那么多钱？"

"这是制造成本的关系。每种品牌的机器构造不一样，所用的材料也不同，所以在价格上会有出入。至于多佛牌的价钱高，有两个原因，一是它的牌子信誉好；二是它的容量大，适合做糕饼生意用。"肖奈耐心地说。

男子脸色缓和了很多："噢，原来是这样的。"

肖奈又说："其实，有很多人喜欢用这种新牌子的，就拿我来说吧，我就是用的这种牌子，性能并不怎么差。而且它有个最大的优点，体积小，用起来方便，一般家庭最适合。府上有多少人？"

男子回答："5个。"

肖奈说："那再适合不过了，我看你就拿这个回去用吧，保证不会让你失望。"

肖奈送走顾客，回来对他的店员说："你知道不知道今天的错误在什么地方？"

那位店员愣愣地站在那里，显然不知道自己的错误。

"你错在太强调'最好'这个观念。"肖奈笑着说。

"可是，"店员说，"您经常告诫我们，要对顾客诚实，我的话并没有错呀?!"

肖奈说："你是没有说错，只是缺乏技巧。我的生意做成了，难道我对顾客有不诚实的地方吗?"

店员默不作声，显然并没有完全听懂。

肖奈说："我说它是同一牌子中最好的，对不对?"店员点点头。"我说它体积小，适合一般家庭用，对不对?"店员又点点头。"我没有欺骗客人，又能把东西卖出去——你认为关键在什么地方?"

"说话的技巧。"店员说。

肖奈摇摇头，说："你只说对了一半，主要是我摸清了他的心理：他一进门就是要最好的，对不？这表明他优越感很强。可是一听价钱太贵，他不肯承认自己舍不得买，自然会把'不是'推到我们做生意的头上，这是顾客的通病。假如你想做成这笔生意，一定要变换一种方式，在不损伤他优越感的情形下，使他买一种比较便宜的货。"

店员自然听得心服口服。

请结合案例分析：

1. 肖奈为什么能够成功？店员差在了哪里？

2. 案例中，肖奈在与顾客沟通前做了哪些准备工作？

二、实训操作题

假设在校学习期间你准备从事兼职工作——把物流公司引进校园。经过调研，你要向学院相关部门提出申请。请运用所学知识，撰写一份书面沟通报告。

项目二

掌握不同的营销沟通方式

教学目标

能力目标：能够运用面对面沟通、电话沟通、书面沟通、在线沟通及非语言沟通的方法，与顾客进行不同方式的沟通。

知识目标：识记五种沟通方式的原则和技巧。

素质目标：具备正确使用五种沟通方式的观念和意识。

重点难点

教学重点：五种沟通方式的原则和技巧。

教学难点：如何运用不同沟通方式实现沟通目的。

教学情境

张玲是某大型旅游公司市场营销部的一名员工，近期需要就旅游保险做客服咨询。她需要在线上解答客户对于保险产品提出的问题。如果在线沟通不能满足客户的要求，她还需要给客户打电话加以说明。每天工作结束前，她需要写一份当天的客户情况报告，在下班前夕会时交给主管。主管阅读后会和她当面沟通，提示她应该注意的事项，以利于随后的工作。这些具体工作都和“沟通”有密切联系，对她的沟通能力提出了很高的要求。

开篇案例

王平遇到的问题

王平在某保险公司电商部工作，这天，一位客户在阿里旺旺上向他咨询健康保险。他在旺旺上给客户大概介绍了产品的内容，通过初步的在线沟通，他感到客户确实对于健康保险有需求，但是碍于双方打字速度太慢，信息表达效率太低，王平提出给客户打个电话详细说明，客户稍有迟疑后告知了王平其电话号码，随后两人开始在电话里沟通起来，沟通情况良好。电话中王平了解到，客户就在本市，于是提出，可以指派一名业务人员去与客户见面，面对面详细把产品讲解一下。但是客户思虑后说，先不用了，又寒暄了几句就匆匆挂掉了电话。

夕会前，王平把这个客户的情况写了一份工作日志，交给了主管，里面详细描述了与这个客户沟通的细节。在夕会时，王平把此客户的情况介绍给了大家，大家一起讨论下一步该如何开展工作，主管根据大家的讨论也提出了自己的意见。

案例分析：

1. 在此案例中，王平一共使用了几种沟通方式？

2. 如果你是王平，下一步会采取什么措施与该客户沟通？

任务一　掌握面对面沟通方式

任务描述

在开篇案例中，王平与客户电话沟通完毕、预约面谈遇阻，在夕会的时候，王平就此情况与其他同事和主管进行了面对面的沟通，大家一起商议王平该如何开展下一步工作，并给出了很多建议。那么，如何进行有效的面对面沟通呢？

情境一　理解面对面沟通

导入案例

坚持写情书，新郎却不是他

二战期间的美国，有一个小伙子与一位姑娘相恋了。可惜好景不长，美国正式参战，小伙子入伍、远赴战场。此后，无论是战斗间隙还是战壕静守，无论是白天还是黑夜，只要一有空闲，小伙子就坚持给姑娘写信，以遥寄相思之苦。几年后，战争结束了，小伙子荣归故里；姑娘准备好当新娘，但新郎不是小伙子，而是天天给她送信的邮递员。

结合案例分析：

1. 为什么新郎不是小伙子，而是送信的邮递员？

2. 这个案例反映了沟通中的什么问题？

知识储备

随着现代化通信工具的普及，人们查找资料、找朋友、找对象、找工作、学习甚至是工作，可以通过网上交流来解决，许多时候我们对着电脑谈感情、谈人生、谈理想、谈事业等。这些新的媒介给人们的生活带来了方便，同时也带来了众多的问题。尤其是，给人与人之间的沟通带来了极大的障碍，工作方面、生活方面，好像机器设备就成了解决问题的途径。其实通过电脑也好，电话也罢，这些都不是解决问题的上上之选，人与人之间的沟通，面对面是最上乘的沟通方式。

一、面对面沟通及其优势

面对面沟通，即人们当面的沟通，是一种自然、亲近的沟通方式。

人对他人以及事物的第一印象，往往是凭感官的。眼睛的作用占到55%，耳朵的作用占到35%，其他感官的作用占到的比例就更低。可见，面对面沟通的时候，眼睛、耳朵及嘴巴所起的重要作用。并且，人们对对方的行为作出的第一时间的判断，往往是准确的。

管理学大师彼得·德鲁克曾经说过："人无法只靠一句话来沟通，总是得靠整个人来沟通。"如果你想进行双向式的信息交流，想交换一下彼此的意见、看法，想看见、听见和感受他人口头及非口头的反馈，想让沟通更加私人化，面对面的沟通是最有效、最直接的。

面对面沟通的优势：

1. 面对面沟通使人变得更真诚

面对面沟通不仅可以增强彼此之间的重视感，而且还能通过五官的感觉和细微的肢体语言，如眼神的游移、握手的力度等，消除疑虑、增进信任，把发生误会的概率减小到最低。

2. 面对面沟通更有利于解决问题

针对比较复杂的问题，面对面沟通可以使我们利用口头语言、肢体语言等多种方式，把问题阐述得更清楚、更明白，而且可以得到及时、准确的反馈，因此比较容易解决问题。这是电话、即时通讯、电子邮件等沟通方式难以做到的。

3. 面对面沟通能产生更积极的激励作用和长久的影响力

沟通双方直接接触，能看到、听到、感觉到彼此，因此作用更持久、影响更深远，这就是当面夸奖让人振奋、当面斥责更让人不满的原因。对于思想和情感上的交流，面对面的沟通方式更恰当、有效。

二、职场中适合面对面沟通的情形

（1）彼此之间的办公距离较近（如两人在同一办公室）；

（2）彼此之间存有误会；

（3）对对方工作不太满意，需要指出其不足；

（4）彼此之间已经采用了非面对面的沟通方式（电话、电子邮件等），但问题尚未解决。

【情境训练 1】

如果你是王平，应如何利用夕会面对面沟通的机会，针对该客户的情况与同事和主管做详细的沟通？

情境二　如何进行面对面沟通

导入案例

主管与下属

小刘刚办完一个业务回到公司，就被主管马林叫到了他的办公室。

"小刘，今天业务办得顺利吗？"

"非常顺利，马主管。"小刘兴奋地说，"我花了很多时间向客户解释我们公司产品的性能，让他们了解到我们的产品是最适合他们使用的，并且在别家再也拿不到这么合理的价格了，因此很顺利就把公司的机器推销出去一百台。"

"不错，"马林赞许地说，"但是，你完全了解了客户的情况吗？会不会出现反复呢？你知道我们部门的业绩是和推销出的产品数量密切相关的，如果他们再把货退回来，对于我们的士气会打击很大，你对于那家公司的情况真的完全调查清楚了吗？"

“调查清楚了呀！”小刘兴奋的表情消失了，取而代之的是失望的表情，“我是先在网上了解到他们需要供货的消息，又向朋友了解了他们公司的情况，然后才打电话到他们公司去联系的，而且我是请示你、获得批准才出去跟他们谈的呀！”

“别激动嘛，小刘，”马林讪讪地说，“我只是出于对你的关心才多问几句的。”

“关心？”小刘不满道，“你是对我不放心才这样说吧！”

结合案例分析：

1. 小刘和马主管当面沟通出了什么问题？

2. 他们二人应该如何沟通？

知识储备

一、面对面沟通的方法

人与人之间面对面沟通时，通常应使用如下方法。

1. 80％的时间倾听，20％的时间说话

人在倾听时常常出现以下情况：第一，很容易打断对方讲话；第二，发出认同对方的“嗯”“是”等一类的声音。其实比较好的倾听应该是完全没有声音，而且不打断对方讲话，两眼注视对方，等到对方停止发言时，再发表自己的意见。

2. 沟通中尽量先不要急于指出对方的错误，等对方说完后再委婉指出

沟通的目的不是去证明对方是错的，而应该是“求大同，存小异”。生活中我们常常发现，很多人在沟通中不断证明自己是对的，却十分不得人缘。这就是“赢了辩论，输了朋友”。若要表达不同的意见时，切记不要说：“你这样说是没错，但我认为……”而最好说：“我很感激你的意见，我觉得这样非常好。同时，我有另一种看法，不知道你认为如何？”“我赞同你的观点，同时……”要不断赞同对方的观点，然后再说“同时……”。经验丰富的沟通者会寻找方法进入别人的“频道”，让别人喜欢他，从而博得信任，表达的意见也易被别人采纳。

3. 面对面沟通要善于运用沟通三大要素之间的配合

人与人面对面沟通的三大要素是：文字、声音以及肢体动作。行为科学家的研究发现，面对面沟通时，三大要素影响力的比例是：文字占 7％，声音占 38％，肢体语言占 55％。

一般地，人与人面对面沟通时，常常强调讲话内容，却忽视了声音和肢体语言的重要性。其实，沟通是要努力和对方达到一致性以利于进入别人的“频道”。也就是说，你的声音和肢体语言要让对方感觉到你所讲和所想的非常一致，否则对方无法收到正确信息。所以，沟通必须练习三大要素的一致性，把文字、声音和肢体动作统一、配合起来，才能达到良好的沟通效果。

二、面对面沟通的技巧

1. 清楚

思想需要依靠语言来表达。当你要向对方阐明一个非常重要的观点的时候，清楚的语言表达尤为重要。

2. 有力

直接表明观点，不使用含糊的说话方式。语气肯定、有力度，会让别人觉得更可信，

更有说服力。

3. 生动

生动是一种具有独特魅力的语言表达风格。面对面沟通时，应注意语言词汇丰富，音节优美，语调和谐，语气平稳，努力让自己的表达成为一种艺术。

4. 道德

语言美是人的心灵和素养的真实表现。追求语言美表现在准确恰当地使用表示礼貌的称呼语、敬语、谦语和委婉语上。这些不仅能反映出个人的魅力和修养，还能使双方关系融洽，使沟通顺利有效地完成。另外，我们在面对面沟通中，要根据所要谈论的话题，选择适合的沟通环境，或者随着环境的改变运用不同的语言。

小贴士

面对面沟通：20 个口才小技巧

1. 豁出去、敢说话；
2. 真话最能感动听众；
3. 真情胜过滔滔不绝；
4. 要说话就该做好准备；
5. 弄清楚才能把话说明白；
6. 话需要通俗易懂方能流传久远；
7. 记住对方的名字就能赢得好感；
8. 多读好书，增加见识；
9. 研读经典，锻炼思路；
10. 培养说话热情，用理想激发干劲；
11. 培养说话热情，用想象提高自信；
12. 用激情感动听众；
13. 亲身经历最能感动人；
14. 现实素材最有个性；
15. 用个人生活增加趣味；
16. 淡化、排除自我；
17. 把对方“请进”你的谈话中；
18. 适当迎合对方的观点，按照对方的思路说话；
19. 勇敢地“幽”自己一“默”；
20. 增加语言的魅力，用幽默打开交流通道。

【情境训练 2】

夕会结束后，主管把王平叫进办公室，单独和他交流这个客户的情况。假如你是主管，会如何与王平沟通？

拓展阅读

面对面的交流更真实

电子化、信息化的沟通方式正改变着人们的生活，甚至有人说，我们进入了一个不用开口说话的“默声时代”：同坐一个屋，却不知道身边的两个人在说些什么，只能听到敲击键盘的声音；通知、公告全部用电子邮件发送；逢年过节改用祝福短信，变成无声的问候；网络聊天代替了面对面“侃大山”，网上购物代替了当面“讨价还价”……这些场景是不是正发生在你的身边？发短信、在网上留言等，为高效率生活提供了方便，而且方便随时联络远方的客户和亲朋好友。同时，不开口说话，既可以避免插嘴打扰别人的尴尬，也不会担心隐私被人听见。

在如此便捷的同时，我们有必要认识到，生活中情感交流的最好方式是面对面的交谈。因为大部分信息是通过声调、语气、身体语言等传达的。“默声”交流，很难形成鲜活完整的印象，久而久之会让人际间的情感变得淡漠，不安全感上升。此外，这种交流方式容易让人过多关注自我，忽略他人和社会，甚至越来越习惯于伪装。一些不懂“高科技”的老人面对这种情况，则会产生孤独无助、与世隔绝的感觉。

面对面交流感觉更真实。面对面的交流，能带来最真实的感受，是建立情感的最佳方式。对于身边的朋友，我们不妨多找机会、当面交流。比如在单位午休时，大家聚在一起吃饭聊天；朋友之间不定期地组织郊游、聚会；每周记得抽时间和父母一起吃饭、看电视，陪老人唠唠家常等。对远方的朋友，在保持邮件、网络联络的同时，遇到一些“大事”，比如结婚、生子等，也最好通个电话，听到对方的声音，感受相互的关注。

任务二　掌握电话沟通方式

任务描述

夕会结束后，主管把王平叫到自己办公室里面，两人针对王平的客户做了一番分析，王平决定第二天再给这个客户打个电话。电话中，虽然客户态度和蔼，但还是不太想让业务员直接去找他。保险产品属于较为复杂的金融产品，并且属于非渴求品，如果没有业务人员当面讲解，客户很难完全理解，并且如果不抓住客户现有的需求的话，随着时间的推移，客户的购买意愿就不强烈了。所以，一定要在电话中力争使客户同意业务人员和其见面。那么，该怎么用电话沟通的方式达到目的呢？

情境一　认识电话沟通

导入案例

用诚挚打动客户

王猛大学毕业后做了一名电话销售人员。工作中，他总能用一颗诚挚的心去对待客户。每次向客户介绍产品时，他都把产品说得很详细，尤其会注重提出产品的缺点，并向客户解释产品的缺点是怎么形成的，对哪些工作有影响等。客户在听完他的介绍后，往往都会考虑考虑，他也从来不催着客户下单，还会提醒客户一定要考虑清楚，自己公司产品的缺点是否会影响对方的使用。就这样，刚开始的两个月王猛没有任何销售业绩，但是三个月过后，有些客户开始陆续地主动找他。因为客户在经过一番对同类产品的比较之后，还是比较喜欢王猛的真诚介绍。就这样，王猛用一颗诚挚的心打动了客户，工作终于有了起色。

结合案例分析：

1. 王猛的电话营销工作为什么会有了起色？

2. 你是怎样理解电话沟通的？

电话沟通是已经被实践证明的最方便的沟通方式之一，具有省时、省力、快速沟通的优点。电话沟通在人们日常工作、生活中的重要性也无须多言。

那么，电话沟通究竟要如何才能做得更好呢？在电话沟通的时候，必须要做好以下几个方面的准备，否则，电话沟通极易成为一个失败的过程。

知识储备

一、准备

1. 首先是心理准备

在你拨打每一个电话之前，都必须有这样一种认识：你所拨打的电话很可能就是你这一生的转折点或者是你的现状的转折点。有了这种想法之后，你才可能认真对待你所拨打的每一个电话。要抱着认真、负责和坚持的态度，才能使自己有必定成功的积极动力。

2. 内容准备

在拨打电话之前，要先把你所要表达的内容整理出来。最好是在纸上先列出几条，以免对方接电话后、自己由于紧张或者是兴奋而忘了准备好的讲话内容。另外，和对方沟通时要表达的每一个意图该如何说，都应该有所准备，提前演练到最佳。

在电话沟通时需注意两点：第一，注意语气变化，态度真诚；第二，言语要富有条理性，不可语无伦次或前后反复，让对方产生反感。

二、把握沟通时机

打电话时一定要掌握一定的时机，比如要避免在吃饭的时间里与顾客联系。如果把电话打过去了，也要礼貌地征询顾客是否有时间或方便接听。如：“您好，王经理，我是××公司的××。您这会儿说话方便吗？”如果对方表示恰巧要外出或刚好有客人在的时候，应该很有礼貌地与其说清再次通话的时间，然后再挂上电话。

三、接通电话

比如拨打业务电话。在电话接通后，业务人员要先问好，并自报家门确认对方的身份后，再谈正事。例如：“您好，我是××公司的。请问张经理在吗？”“张经理您好！我是××，××公司的。关于……”

1. 讲话时要简洁明了

无论是打出电话或是接听电话，与人交谈都要尽量长话短说。简而言之，除了必要的寒暄与客套之外，一定要少说与业务无关的话题，杜绝电话长时间占线的现象存在。

2. 挂断前的礼貌

打完电话之后，业务人员一定要记住向顾客致谢。如：“感谢您用这么长时间听我介绍，希望能给您带来满意，谢谢，再见！”另外，一定要等顾客先挂断电话，业务人员才能轻轻挂电话，以示对顾客的尊重。

小贴士

电话沟通的20点提示

1. 明晰打电话的主题和目的；
2. 注意打给对方电话的时间、地点、环境；
3. 注意电话沟通过程中的站姿和坐姿；
4. 语气要具有亲和力；
5. 注意声音的活力及节奏；
6. 注意说话的逻辑性与严密性；
7. 永远保持微笑；
8. 清楚地告知对方你是谁；
9. 直接告诉对方沟通的主题，不要绕弯子；
10. 想好先说什么，然后再说什么，注意谈话的步骤；
11. 提前为可能出现的沟通障碍做好准备，例如对方的异议、各种突发情况等；
12. 要致力于和对方建立信赖与友谊；
13. 学会用事实与案例说话；
14. 不要假设对方很了解或很理解你所表述的；
15. 学会确认对方的意见和观点；
16. 学会倾听和理解；
17. 注意你通话过程中的周围影响；
18. 注意你电话的收尾方式；
19. 为下次电话或会面做好铺垫；
20. 电话结束时，等对方先挂断电话。

拓展阅读

电话营销沟通过程中的九大禁忌

要做好电话营销的沟通工作，在沟通过程中，电话营销员应注意以下九大禁忌。

1. 忌争辩。在与顾客沟通时，我们是在推销产品，不是参加辩论，与顾客争辩解决不了任何问题，只会招致顾客的反感。所以，在沟通过程中，首先要理解客户对产品有不同的认识和见解，允许顾客发表不同的意见；如果执意和顾客发生激烈的争论，即使胜利了，得到的只是失去了顾客、丢掉了生意。

2. 忌质问。与顾客沟通时，要理解并尊重顾客的观点，不能强求，无论他买不买你的东西，都不可以用质问的口气与他交谈，最好不要用下面的方式向顾客发问：

(1) 您为什么不买？

(2) 您为什么对我们的产品有成见？

(3) 您凭什么讲这个产品不好？

(4) 您有什么理由说我们公司的售后服务不到位？

用质问或者审讯的口气与顾客谈话，是营销员不懂礼貌、不尊重对方的表现，会伤害顾客的感情和自尊心。

3. 忌命令。在与顾客交谈时，态度要和蔼，语气要柔和，要采取征询、协商或者请教的口气与顾客交流，切不可用命令和批示的口吻与人交谈。要清楚：你需要永远记住的一条——你不是顾客的领导和上级，你无权对顾客指手画脚、下命令或指示。

4. 忌炫耀。与顾客沟通时如果谈到自己，要实事求是地介绍，稍加自我肯定即可，万万不可忘乎所以、得意忘形地自吹自擂、自我炫耀，否则会人为地制造双方的隔阂和距离。

5. 忌直白。要掌握与人沟通的艺术。顾客成千上万、千差万别，分属各个阶层，他们的知识和见解都不尽相同。我们在与其沟通时，如果发现他在认识上有不妥的地方，要把握谈话的技巧，委婉忠告。

6. 忌批评。在与顾客沟通时，如果发现他身上有些缺点，千万不要直接批评，更不要大声地指责。要知道批评与指责解决不了任何问题，只会招致对方的怨恨与反感。与人交谈要多用感谢词、赞美语；要多赞美，少批评，要掌握赞美的尺度和批评的分寸，要巧妙批评、旁敲侧击。

7. 忌“专业”。在销售产品时，一定不要用专业术语，因为各个行业都有一定的特殊性，专业术语固然可以凸显你非常“职业”，但如果客户不能理解，在他的感觉里，你说的话可能就与“欺骗”没有什么区别。

8. 忌独白。与顾客谈话，就是与客户沟通思想的过程，这种沟通是双向的。不但我们自己要说，同时也要鼓励对方讲话。通过他的说话，我们可以了解顾客个人的基本情况，如：工作、收入、喜好、投资、配偶、子女、家庭情况等，双向沟通是了解对方的有效工具，营销员切忌一个人唱独角戏，个人独白。如果喋喋不休，口若悬河，全然不顾对方的反应，结果只能让对方反感、厌恶。在与客户沟通时，如果你的谈话时间等于或大于客户的谈话时间，那么你注定是比较失败的。

9. 忌语气生硬。与顾客谈话，态度一定要热情，语言一定要真诚，言谈举止都要流露出真情实感，要热情奔放、情真意切。营销员在与顾客说话时，声音要洪亮，语言要优美，要抑扬顿挫、生动活泼。切忌说话没有朝气与活力。

【情境训练 1】

请与你的同桌做电话沟通演练：一人扮演王平，另一人扮演客户。王平给客户打电话，试图说服客户，使他同意让业务人员当面去给其讲解保险产品。

情境二　掌握电话沟通技巧

导入案例

引导客户改变初衷

客户：“不好意思，我们一直以来都与 IBM 保持着良好的合作关系，而且我们暂时不考虑更换合作品牌，因为除了 IBM 我们不相信其他任何公司的产品，请您找别人吧。”

电话销售人员：“先生，我想知道您一直都是非常信赖 IBM 公司的产品吗?”

客户：“是啊，这还用说吗?”

电话销售人员：“先生，既然您对 IBM 公司的产品这么信赖，那您能否告诉我，IBM 公司的产品有哪些地方最令人感到满意?”

客户：“IBM 公司的产品质量过硬，它的研究技术在全球领先，在这些方面，全球都没有几家公司可以与之相抗衡；并且它有着多年的良好信誉，几乎就是权威的标志。正因为这些原因，我们与 IBM 公司一直保持着良好的合作关系。”

电话销售人员：“但是假如 IBM 公司的产品可以做得更好的话，您希望它能在哪些方面有所改进呢？”

客户：“希望在两个方面能有所改进，一是希望某些技术上的细节能够进一步完善，让我们的员工操作起来感到更方便些；二是希望能再降低一下产品的价格，因为我们公司对电脑的需求量很大，每年花在这上面的费用也是一笔很大的开销。”

电话销售人员：“先生，对于您的这两个愿望，我们公司都可以满足。我们的技术人才，同样是世界一流的，只要您从我们这里订购了产品，他们就可以为您提供强大的技术支持，保证产品让您用得舒心，对我们公司的产品质量您可以放心；并且我们的价格要比同行低得多，我们的目标就是先以低价策略打开市场，赢得一些像您这样的大客户的支持！”

客户：“真是这样吗？那我们可以尝试先合作一下，可以先购进一部分产品试用一下。”

结合案例分析：为什么客户最终同意尝试合作，先购进一部分产品试用？

知识储备

一、电话接通后的技巧

接电话者要自报家门，如：“您好，这里是××公司业务部。”或：“您好，很高兴为您服务。”绝对禁止抓起电话就问“喂，喂，你找谁呀？你是谁呀？”这样不仅浪费时间还很不礼貌，会让自己的形象在对方心中大打折扣。接听电话前，一般要让电话响一到两个长音，切忌让电话一直响，然后缓慢地去接听。

二、记录电话内容的技巧

最好在电话机旁摆放一些纸和笔，这样可以一边听一边随手将谈话的重点记录下来；电话结束后，应该对记录下来的内容重点处理或上报。

三、强调重点的技巧

比如当对方打来电话订货时，对方一定会说产品名称或编号、什么时间要或取。这时不仅要记录下来，还应该向对方复述一遍，以确定无误。

四、让对方等候的处理方法

如果通话过程中，需要对方等待，接听者必须说：“对不起，请您稍等一下。”之后要说明让对方等候的理由，以免人家因等候而焦急。再次接听电话时，必须向对方道歉：“对不起，让您久等了！”如果预计让对方等待时间较长，接听人应告知理由，并请他先挂掉电话，待处理完事情之后，自己再拨电话回去。

五、电话中对方声音小的处理方法

如果对方语音太小，接听者可直接说：“对不起，请您声音大一点好吗？”或“我听不太清楚您讲话。”绝不能大声喊：“喂，喂，大声点！”——要“大声”的是对方，不应该是你。

六、电话找人时的处理方法

若遇到找人的电话，应迅速把电话转给被找者；如果被找者不在，可以向对方说：“对不起，××现在出去了，如果方便的话，可不可以让我帮你转达呢？”也可以请对方留下电话号码，等被找人回来后，立即通知其给对方回电话。

【情境训练 2】

假定你所在的宿舍的宽带出问题了、不能上网，请你与同桌合作，一人扮演报修者，一人扮演运营商公司的客服人员，进行电话报修演练。

提示：两位同学先上网搜索一下宽带故障的内容，“报修者”尽量提出一些双方都明白的问题；“客服人员”先尝试通过电话沟通，指导对方处理故障，随后详细询问地址、电话号码等，做好记录。

任务三　掌握书面沟通方式

任务描述

在夕会开始之前，王平把自己写的关于客户情况的工作日志，交给了主管，里面详细记录了王平与客户沟通的各种细节。主管在夕会结束之后，会对工作日志进行批改，写上自己的意见和建议等，以备王平随时阅读并指导自己的工作。所以，以书面文字进行沟通，也是沟通方式的一种。那么，该怎么进行良好、有效的书面沟通呢？

情境一　理解书面沟通

导入案例

便　函

致：人力资源部

发自：总裁办公室

主题：饮水机

时间：2015 年 5 月 10 日

现在公司内有许多同事抱怨，在上班时间内喝水困难。我不希望员工认为公司不关心他们的生活，实际上公司一直在致力于员工福利的提高，应该配备既节省时间又清洁卫生的饮水机。

但我不清楚员工对安装饮水机的反应如何，有些其他什么不同意见，请向我呈交一份报告。

人力资源部给总裁的一份报告：

关于饮水机的报告

十分有意思，办公室内的饮水问题引起了这么大的关注。给大家配备饮水机，似乎是一个很好的方案，既能节省员工时间，又能提供清洁卫生的饮用水。但实际上配备饮水机的效果却是很不清楚的。

在好几个办公室，经常谈论谁打水、公司开水供应不足、供应时间不够长、水质差等问题，但实际上大家也就这样过来了，办公室内都已形成了一些固定的规范。如果安装饮水机，则会碰到费用、送水时间、饮水机放置位置等问题，很容易造成矛盾。

因此，我们认为应该加强原有开水供应，个别办公室如有此需求，可让员工自行解决。

结合案例分析：

1. 你认为案例中的便函和报告达到了各自的沟通目的了吗？如果没有，问题出在哪里？应如何调整？

2. 请按照你自己对上文的理解，拟定一份便函和报告。

书面沟通是以文字为媒介的信息传递，形式主要包括文件、报告、信件、书面合同等（口头沟通是以口语为媒介的信息传递，形式主要包括面对面交谈、电话、开会、讲座、讨论等），书面沟通是一种比较经济的沟通方式，沟通的时间一般不长，沟通成本也比较低。这种沟通方式一般不受场地的限制，因此被广泛采用。

知识储备

一、书面沟通的优点

本质上讲，书面沟通是间接的沟通方式，它具有以下优点：

（1）可以采用正式的或非正式的文体格式，可长可短。写作人能够从容地表达自己的意思，词语可以经过仔细推敲，而且还可以不断修改，直到满意表达出个人风格。

（2）书面材料是准确而可信的证据，所谓“白纸黑字”，就是这个道理。

（3）书面文本可以复制，同时发送给许多人、传达相同的信息。但是在群体内部，经常受限于约定俗成的规则。

（4）书面材料传达信息的准确性高。

二、书面沟通障碍

书面沟通的间接性也造成了一些特殊障碍：

（1）发文者的语气、强调重点、表达特色以及发文的目的，经常被忽略而使理解有误。

（2）信息及含义会随着信息内容所描述的情况，以及发文和收文的部门不同而有所变更。这包括：个人观点——收文者很容易忽略与他自己的看法有冲突的信息。发文者的地位——发文者是上司、部属或同一阶层的同事，会影响信息的意义。外界的影响——收文者能否专心阅读收到的信息？收文者的心情如何？你写这封函或备忘录的时候心情如何？这封函送达的时间是大清早或是午餐的时候？不同的情况往往导致书面沟通障碍。

（3）发文者选择的格式或时机不当的话，收文者就很可能不太注意你的信息内容。

三、书面沟通的适用情形

（1）简单问题、小范围沟通时（如3～5个人沟通，结果是最终的评审结论等）；

（2）需要大家先思考、斟酌，短时间不需要或很难有结果时（如项目组团队活动的讨论、复杂技术问题，提前知会大家思考等）；

（3）传达非重要信息时；

（4）澄清一些可能会对团队带来影响的谣传信息时。

四、常用书面沟通的文体类型

1. 公文类

这类书面沟通文体主要指以党政机关、社会团体、企事业单位的名义发出的，表达自己法定意愿、联系与处理公务、记载与传递信息的文件类应用文。如：命令、批复、指示、报告等。

2. 工作文书类

这类书面沟通文体主要指企事业单位、政府部门、社会团体以及个人，为工作、生产和学习的正常运作而制作的一系列文书。如：计划、总结、章程、制度等。

3. 条据文书类

这类书面沟通文体是指人们日常工作、生活中相互交往时所使用、具有凭据作用的一些文书。如：请假条、留言条、借据、收条、欠条、领条、便条、托事条、催托条、馈赠条等。

4. 启事文书类

此类书面沟通文体是组织（或个人）公开向大家说明、让更多人知晓的公告性文体。启事可以张贴、散发或通过报刊、电视、广播等媒体进行广泛传播，是树立组织形象、扩大知名度的有力手段。如：征稿启事、征婚启事、征订启事、开业启事、寻人启事、寻物启事、招聘启事、招生启事等。

小贴士

书面沟通的“7C”准则

1. 完整（complete）

书面沟通应完整地表达发文者需要表达的内容和意思，包括何人、何时、何地、何种原因、何种方式等。

2. 准确（correctness）

文稿中的信息表达应准确无误，从标点、语法、词序到句子结构均无错误。

3. 清晰（clearness）

所有的语句都应能够非常清晰地表达真实的意图，读者可以不用猜测就领会作者的意图，避免歧义或者模棱两可。

4. 简洁（conciseness）

用最少的语言表达想法，去掉不必要的词，把重要的内容呈现给读者，节省读者时间。

5. 具体（concreteness）

内容当然要具体而且明确，尤其是要求对方答复或者对后续的交往产生影响的函电。

6. 礼貌（courtesy）

文字表达的语气，应该表现出一个人的职业修养，客气而且得体。最重要的礼貌是及时回复对方，最感人的礼貌是从不怀疑对方的坦诚。

7. 体谅（consideration）

为对方着想，这是拟定书面沟通文字所一直强调的原则。

【情境训练 1】

根据你自己的理解，请写一份王平在夕会前需要交给主管的工作日志。

情境二　熟悉书面沟通技巧

导入案例

两封信的高下优劣

第一封信：

亲爱的先生/女士：

我已经间接获悉您在寻找一家公司，为公司所有部门安装新电脑。我确信作为一个完全能令人放心的公司，定能被指派为贵公司服务。虽然我们业务方面经验有限，为您服务过的人说我们能胜任此项工作，我是个非常热情的人，对与你相会的可能性，非另行通知，我在周一、周二和周五下午不能拜访您，这是因为……

第二封信：

亲爱的先生/女士：

您好！

这是来自××公司的信，即我们上周的电话谈话之后，我很高兴再邮寄给您一本我公司的最新宣传册。您曾表示过，贵公司对安装新型计算机软件感兴趣，我相信我们的服务符合您的要求，会让您满意！

期待您的回音！并期望很快能和您会面。

此致！

敬礼！

××

××年×月×日

结合案例分析：

1. 上述两封信，你认为哪封信写得比较好？为什么？

2. 谈谈你是怎样理解书面沟通技巧的？

知识储备

要使写出的材料具有可读性，应该注意两点：第一，要了解读者的背景；第二，要简洁。

一、写作准备阶段的技巧

思考：写给谁？写什么？为什么？

提纲：主要的点，使用索引卡。

整理：按逻辑排列各要点位置，去掉无关的信息。

二、写作的技巧

文字沟通，有三种主要类型：

1. 肯定型

直接给出好的消息，解释好的消息，用好的祝愿结束。

2. 否定型

用缓冲式的自然叙述开头，在给出坏消息之前加以解释；告诉坏消息；选择用好的祝愿结尾。

3. 指示型

以一段吸引对方注意力的叙述开始，表述建议或者要求，清楚地指示对方应如何去做，促使其尽早完成工作。

三、检查的技巧

要从三个方面进行书面材料的检查：

（1）是否表述准确；

（2）是否有不适当的描述；

（3）是否有文法、文字上的错误，是否有无关的和重复的内容。

四、写作的一般技巧

（1）不要太在乎写作顺序；

（2）合理安排时间间隔；

（3）尽量不要边写边改；

五、书面沟通的技巧

（1）要做到换位思考；

（2）强调积极面，合理处置负面信息；

（3）既然是书面沟通，就要注意使用书面用语和语气；

（4）突出重点内容；

（5）注意文章格式、排版；

（6）学会使用并适当地插入图表。

【情境训练 2】

假定你准备在校园里开一家小超市，你需要向学院领导及相关部门提出申请。请根据现状拟定一份书面沟通报告。

提示：分析校园商业现状，列举开小超市的理由等。

任务四　掌握在线沟通方式

任务描述

在前面的几个分任务中，我们分析学习了面对面沟通、电话沟通和书面沟通，其实在最开始的时候，王平是利用在线沟通方式与客户进行沟通的。近年来，随着电子商务的蓬勃发展，在线沟通方式被人熟知，并得到越来越多的使用。那么，我们在工作、生活中应该怎么使用在线沟通这种沟通方式呢？

情境一　认识在线沟通

导入案例

淘宝旺旺上的一次对话

顾客：那个瘦脸按摩器有货吗？

我：亲，你好，呵呵，有货的哦。

顾客：26元包邮怎么样？（我的瘦脸按摩器原价26.80，送到他在旺旺上显示的地区，至少还要收10元快递费，他却跟我说26元包邮）

（我拿出3分钟时间不回复，忙其他事情去，因为他真的在意这个东西的话，会再来找我的，所以我保持沉默。果不其然，他说：老板，30元包邮怎么样？）

我：亲，抱歉哦，我们产品本来都已经对折在卖了哦，真的没什么利润的。亲，可以看看我前面的成交记录，全部都是原价出售的哦。亲，望谅解。

顾客：老板啊，30元卖给我吧，效果好的话我再推荐朋友来买。

我：亲，如果我的产品有足够的利润空间我肯定会便宜给你的，谁不想赚钱呢？！可是，你让我都赚不了钱了，我还怎么做生意呢？！亲，你要明白哦。

（他就给我截图看同类产品的价格，然后说：你看，这个瘦脸按摩器比你的好看，也才15元一个；还有这个，比你的漂亮，也才12元啊，老板，你就便宜点吧！

我：亲，我们从不在价格上做竞争的，我们带给顾客的产品是要长期使用的，而不是一次性或者两次性的。所以，亲，我相信你的选择能力。

顾客：那好吧，我再到其他地方看看。

我：嗯，好的，亲，有机会下次合作哦，再见。（我肯定他会回来的，因为真正想买的东西不会在乎那几块钱的差距的。结果，此人真的回来了）。

顾客：算了，服了你了！我也懒得去其他地方了，在你这里买了算了。

我：亲，呵呵，好的噢，谢谢亲对我们的支持哦！

顾客：包装要给我包装好点，质量要注意……

我：嗯，发货前我们肯定严格检查质量的，亲，你放心哦！亲是美女还是帅哥呢？

顾客：我是男的。

我：亲，男生也知道这么省钱的，第一次见哦，亲真是个优秀的男生哦？

（顾客被我逗乐了，终于付款了，还跟我聊得挺好，收到货后第一时间给了好评和不少赞美的话。）

结合案例分析：

1. 这次在淘宝旺旺上的在线沟通为什么取得了较好的效果？

2. 你是怎样理解在线沟通的？

在线沟通又称线上沟通，是指利用互联网工具所进行的人与人之间的实时通信沟通。随着互联网的发展，在线沟通在人们的沟通方式中所占地位越来越重要，尤其受到年轻一代的喜爱，是未来沟通方式的发展方向。

那么，究竟如何才能做好在线沟通呢？

知识储备

一、在线沟通的含义

众所周知，网络是一种传播媒介，网络和人类沟通行为的结合就形成了在线沟通。在线沟通是电子沟通的一种，需要借助计算机网络来实现相互间的沟通。在线沟通突破了时间和空间的界限，使人与人之间的沟通不再受时空的限制，人们步入了一种新型的沟通环境中。

二、在线沟通的特征

1. 在线沟通的虚拟性

传统的沟通行为总要依靠一定的物理空间或场所来进行。网络的迅速发展和全面渗透，彻底改变了人们的沟通方式，使之摆脱了地理空间限制，沟通各方聚集在一个共同的、非物理化的空间。依托这种非物理化的空间，人与人之间的沟通、互动便可以形成虚拟性的社会关系网络。因为这种虚拟性，人们在沟通时可以演绎不同的角色，体会不同的情景，设计身份、自我构建。

2. 在线沟通的隐匿性

沟通是发送和接收信息的过程，必须有发送方、信息和接收方三个要素。在网络沟通中，特殊的网络技术手段使人们沟通的隐蔽性和匿名性得以实现。当然，在线沟通也可以是身份真实的沟通。

3. 在线沟通的平等性和互动性

网络聊天是一种借助科技手段来进行的新型沟通方式，聊天者不受阶层、社会地位、身份等的影响，可以和一个或多个对象进行自由平等的交流。平等地参与网络交流，是网络互动的前提条件。传统大众媒介常使人们成为被动的信息接收者，缺乏互动的空间；而网络则提供了便捷、间接的互动空间，使人们更主动参与交流，发表看法、积极回应。

三、在线沟通与传统沟通的区别

1. 沟通方式的不同

传统沟通主要通过信函、电话、面对面、电视、广播、书刊等方式进行；在沟通过程中，尽管在某些情况下双方之间有互动，但他们之间的互动通常非常有限，信息主要是单向流动的。而在线沟通将互联网作为主要沟通方式，网络是一种拉式媒介，与传统沟通相比，沟通发起者没有那么多控制权。另外，在互联网这个虚拟的世界里，双方都无法确知对方的表情、语气等交流信号，不能及时得知对方的反应，所以不便像传统交流一样及时调整交流策略。

2. 沟通的时空限制不同

传统沟通具有明显的时空限制，但在在线沟通中，双方在任何时刻、任何地点都可以通过互联网进行交流，并且这种信息交流是实时进行的。

3. 一对一的沟通在营销工作中得以普及

由于互联网本身的特性，使在传统营销中因成本等因素而较少采用的一对一个性化沟通方式得以普及。企业可以根据消费者的个性特点，通过电子邮件等方式，进行个性化沟通。在线沟通可使供需双方在互动沟通过程中，更趋向于信息对称，从而实现供方和需方一对一的深层次双向沟通。和传统的以消费者群体为单位进行的沟通相比，这种一对一的个性化沟通效果要好得多。

拓展阅读

几种即时在线工具介绍

说起即时在线沟通工具，我们首先会想到 QQ 或者是微信，下面我们就来简单明了地罗列一下近些年类似的在线沟通工具。

1. 微信

从2012年开始，微信伴随着智能手机的普及，快速走进人们的生活。现在，各个年龄段的用户对于微信的依赖，已经达到一个相当大的程度，微信甚至改变了我们的生活方式。可见，微信这个即时通信工具，在未来可以预见的相当长一段时间内，仍将独领风骚。

2. QQ

1999年2月，腾讯正式推出第一个即时通信软件——“腾讯QQ”。QQ在线用户，由1999年的2人，发展到现在已经有上亿用户了，是目前使用最广泛的聊天软件之一。年轻一代是伴随着QQ而成长起来的一代人，他们对于以QQ为代表的即时通信工具，有着天然的熟悉感。

3. 阿里旺旺

阿里旺旺不仅是淘宝上店主与买家的重要沟通工具，很多的电子商务网站也加上了阿里旺旺的在线客服代码。它已经成为了一种电子商务的通用沟通工具，与QQ齐名。阿里旺旺的经典语录：亲，有什么能帮助您的？

4. MSN

作为微软的一款即时通信工具，使用者基本上都是一些白领用户，市场份额很小。

5. 百度Hi

百度Hi是百度公司推出的一款集文字消息、语音视频通话、文件传输等功能于一身的即时通信软件，可以通过它方便找到志同道合的朋友，并随时与好友联络感情。

6. 中国移动飞信

飞信不但可以免费从PC机上给手机发短信，而且不受任何限制，能够随时随地与好友开始语聊。飞信还具备防骚扰功能，只有对方被自己授权为好友时，才能与自己进行通话。

【情境训练1】

请拿出手机，登录你选用的通信公司网站，与客服人员做在线沟通，询问、了解最新的话费、流量套餐业务等。

情境二 掌握在线沟通技巧

导入案例

利用客户心理坚持报价

客户：这个我买两个，给包邮吧！

（我没理会，过了两分钟后……）

我：亲，抱歉，我们一直都是这个价，上次有个上海的朋友一下买了50个，都没给她包邮哦！

客户：谁知你说的是真是假?！包邮吧，我懒得跟你还价了。

我：亲，我们原本增加一件宝贝加收一元的，那我把你加收的一元免掉，可以吗？这个是底线哦，我不会再便宜了。

客户：你就包邮吧！你看我都买了两件了。

我：亲，真的很抱歉，申通收我们多少，我们就收亲们多少的，我们从不在快递费上赚取利润的，甚至有时候自己还要贴点邮费进去。所以，亲，希望你理解我们，我们也是有原则的。

客户：好吧，算了，我去拍了。等下发货后，单号发我 MSN 上。

结合案例分析：店主采用了怎样的在线沟通技巧与客户进行沟通？

知识储备

一、电子邮件沟通技巧

以下我们从营销工作角度出发，介绍如何利用电子邮件进行沟通。

一般来说，周一不适合发信，因为通常周一客户的邮箱会充满业务信件或是垃圾邮件，这时候他处理邮件就没那么认真了，也许随便扫一眼就拖进垃圾箱了。一般来说，发信的时间最好集中在周二、周三、周四会比较好；由于临近周末，周五客户需要处理的事情会比较多，可能比较忙，这时候客户可能也不会那么认真看你的业务推荐信了。所以，发信一定要注意把握时间，这是有效提高回复率的手段。

另外，第一封推荐函一定不要群发。在我们平时以纯电子邮件方式进行开发业务的电子商务过程中，搜寻客户的方式可能有很多种，但如何让客户看了你的广告函后一定回你的信？没有人敢保证他绝对能做到——事实上，并没有一种方式可以保证你的目标客户一定会理你，所以，我们只能尽量写一封比较对大众胃口的推荐信，以提升客户去看信的欲望，及打开信后耐心看完信的兴趣，并让客户了解介绍的内容后产生某些想法——想法是客户回信的动力，回复才是硬道理。

最后，你的信谁看了最有效？这是你发信前要考虑的问题，最好直接找到这个人。

二、即时在线沟通工具的沟通技巧

首先，当准备与别人谈事情时，需要先打声招呼，"Hi"，或"您好！"，或"您好，有空吗？"等；如果等不到别人的即刻回答，也别死缠烂打，应该耐心等会儿，因为很可能对方这会有别的什么事情，没时间回答你。

其次，在交谈前，先就你想讨论的事情简要交代一下背景，让对方能快速进入你的思路中，千万别没头没脑就甩出一句你自己明白、别人却如听天书的话来。要为对方设身处地地想想，他如何才能理解这个问题。

再次，在描写你的想法时，一种想法尽量在一句话中写清楚，不要分开若干句发送。因为，假如你发给对方的几句话需要连在一起才能表达一个完整的意思，弄不好对方看你的第一句话后就有了他的想法，然后他发表了他的想法，结果却发现有了你的第二句后第一句就不是那个意思了，若干个回合下来，两人还在纠缠不清。

再有，当你有信息发过去后，如果对方暂时没回答，除非需要对前一个信息做非常必要的补充，否则应该耐心等会儿，等到对方的回音后再继续下一句，没必要同时发出几个完全不同的信息。或许对方正在考虑你的话，或许对方打字速度慢；如果速度太快的话，你开始的信息对方可能根本看都看不到，很可能对方最终只是应答你的最后一个信息。

最后，除非万不得已，不要使用纯技术性语言。敲回车键前，将句子读一遍，确定是通顺的，再发送。

拓展阅读

使用阿里旺旺应该注意的问题

第一，不要随意打扰旺旺上的客户。

当一个客户加你为好友后，如果大家有同时在线的习惯，彼此的沟通就非常方便。

1. 坏习惯：只要客户在线就去交流，则会导致有意无意中就打扰到客户，引起客户反感。

2. 建议：先问客户大概性的问题，比如一天中他什么时候会有空；如果确实需要长时间跟客户交流，那么可以先发给他一个电子邮件，大概讲一下希望什么时候跟他交流、谈什么内容。

第二，旺旺上交流时间不要太长，商务交流不等于聊天。

我们是在进行商务交流，其实类似于一个会议，所以一般时间不要太长，因为这不是在聊天。

第三，注意自己的语言态度。

这个问题是很多通过旺旺等软件进行贸易交流的人最容易犯的错误。相对于面谈，在网上交流，人会变得随意和自由。但是我们毕竟是在进行商务交流，所以语言、态度、措辞等，应该认真和严肃。同样的意思、不同的语言态度，可以说到人“跳”，也可以说到人“笑”。在沟通中，语言、态度很重要。

建议：

1. 语言、措辞礼貌得体；

2. 表示善意及诚意；

3. 用词不可过于随意；

4. 记清楚对方的姓氏、礼貌表达；

5. 可以适当地给予客户一定的赞美，但不可夸大事实。

第四，避免一些不必要的话题。

在沟通的过程中，有一些敏感的话题，要尽量避免探讨；因为如果拿捏不好，很可能直接影响你的贸易。

原因：因为文化背景、政治背景、信仰等都是不同的。

建议：除了“价格”“条件”外，处处替对方着想，要取信对方，攻心为上。

第五，巧妙回避和化解旺旺沟通遇到的“冷问题”。

所谓“冷问题”，其实我们在贸易交流中经常遇到，比如你的客户在旺旺上说了些并不合适的话，或者非常情绪化的话。旺旺是个非常微妙的平台，遇到这样的问题一定要处理好。有时候，回避并不代表不礼貌，而是为了更好地和客户洽谈，避免不必要的尴尬。

建议：

1. 保持沉默，不作任何回复；

2. 告诉客户刚刚电脑掉线了，第二天遇到客人根本就不提这事儿，就当没发生过。

【情境训练 2】

练习写一封电子邮件。该邮件属于产品推广的第一封“撒网式”邮件，目的是吸引目标客户的注意力。产品种类自定。

任务五　掌握非语言沟通方式

任务描述

在夕会的时候，大家都把自己这天遇到的客户情况进行了分享。王平做完分享之后，眉头紧锁，其他同事也陷入了沉思之中，不知如何给王平支招以进行下一步的客户跟进。这时主管笑容满面地拍了拍手，把手掌向上抬了抬，示意大家抬头看他，然后主管把自己对于这个客户的意见说了出来。在这个场景里面，无论是王平、其他同事，还是主管，都用到了非语言沟通的行为。在日常生活和工作中，该如何利用“非语言”方式进行沟通呢？

情境一　理解非语言沟通

导入案例

诸葛亮抚琴退兵

我国经典名著《三国演义》中有一个脍炙人口的故事“空城计”，讲的是：诸葛亮守着空城，在城楼上镇定自若，焚香弹琴。司马懿的十五万大军不战自退。这个故事我们都非常熟悉，同时它又是一个经典的非语言沟通案例。

结合案例分析：

1.“空城计”中诸葛亮用了哪些非语言沟通的行为？

2. 你是怎样理解非语言沟通的？

非语言沟通（Nonverbal Communication）：以人体“语言”（非言语行为）作为载体，通过人的眼神、表情、动作和空间距离、身体移动、姿势、饰品服饰、珠宝、发型等，来进行人与人之间的信息交流。在人际交往中，非语言沟通具有非常重要的地位，是人际沟通的重要形式之一。据调查显示，非语言沟通占所有沟通形式的65%，可表达个人很多难以用语言表达的内心真实感受、情感、情绪及感觉等。

知识储备

一、理解非语言沟通

非语言沟通是人们运用表情、手势、眼神、触摸等方式，以他人的空间距离为载体进行的信息传递，是人际沟通的重要方式之一，也是无声语言沟通的一种形式。

美国学者雷蒙德·罗斯认为，在人际沟通中，人们所得到的信息总量，只有35%是语言符号传播的，而其余的65%的信息是非语言符号传达的；其中，仅面部表情，就可传递55%的信息。

二、非语言沟通的特点

1. 无意识性

例如，与自己不喜欢的人站在一起时，保持的距离比与自己喜欢的人要远些；人有心事时，不自觉地就会给人忧心忡忡的感觉。

正如弗洛伊德所说，没有人可以隐藏秘密，假如他的嘴唇不说话，则他会用指尖说话。一个人的非语言行为，更多的是一种对外界刺激的直接、无意识的反应。

2. 情境性

与语言沟通一样，非语言沟通也展开于特定的语境中，情境左右着非语言符号的含义。相同的非语言符号，在不同的情境中，会有不同的意义。同样是拍桌子，可能是“拍案而起”，表示怒不可遏；也可能是“拍案叫绝”，表示赞赏至极。

3. 可信性

当某人说他“毫不畏惧”的时候，他的手却在发抖，那么我们更相信他其实是在害怕。英国心理学家阿盖依尔等人的研究结论表明，当语言信号与非语言信号所代表的意义不一样时，人们相信的是非语言信号所代表的意义。

由于语言信息受理性意识的控制，容易作假；人体语言则不同，大都发自内心深处，极难压抑和掩盖。

4. 个性化

一个人的肢体语言，同说话人的性格、气质是紧密相关的，爽朗敏捷的人同内向稳重的人的手势和表情，肯定是有明显差异的。每个人都有自己独特的肢体语言，它体现了个性特征，人们时常从一个人的形体表现来解读他的个性。

三、非语言沟通的三个重要方面

在非语言沟通中，目光、衣着、微笑是三个最为重要的方面。

1. 目光

眼睛是心灵的窗口，也是人与人之间沟通的窗口，容易发散沟通中最清楚、最正确的信号，因为它是人身的焦点。

2. 衣着

在不同的交往情境中，服饰的搭配可以展示一个人的品位和素质，也象征一个人的身份和地位。服饰的搭配包括衣服样式、颜色和身上的饰品的搭配。从一个人的衣服样式可以知道此人究竟是时尚还是传统，从颜色可以知道此人性格外向还是内向、是否沉稳。

3. 微笑

微笑所发出的讯息是很丰富的，在不同的场合、不同的情况下能表现出愉快、友好、亲切、赞同、欢迎等多种含义。在国家交际中，如果语言障碍无法交流，微笑则是迅速达到交流的“润滑剂”。微笑即是在脸上露出愉快的表情，是善良、友好、赞美的表示。

在绝大多数交往场合中，微笑都是礼仪的基础。亲切、温馨的微笑能使不同文化背景的人迅速缩小彼此间的心理距离，创造出交流与沟通的良好氛围。

小贴士

微笑的10大理由

1. 微笑比紧缩双眉要好看；
2. 令别人心情愉悦；
3. 令自己的日子过得有滋有味；
4. 有助结交新朋友；

5. 表示友善；
6. 留给别人良好的印象；
7. 送给别人微笑，别人自然也会授予你微笑；
8. 令你看起来更有自信和魅力；
9. 令别人减少忧虑；
10. 一个微笑可能随时帮你展开一段终生的情谊。

拓展阅读

一般场合非语言的应用

握手原则：

1. 由年长的、上级或女士先伸出手来握手；

2. 距离对方大约一步远，上身微微前倾，两脚立正，伸出右手，四指并拢，虎口相对，拇指张开下滑，与受礼者握手；

3. 手掌处于垂直状态，是平等自然的握手；掌心向里握手，显示谦卑或毕恭毕敬；掌心向下握住对方的手，则显示出强烈的支配欲、高人一等和傲慢无礼。

4. 全神贯注，专注对方，即把注意力集中在对方身上；

5. 相互注视、微笑、致意、寒暄，尽量表达自己的热情、友善和对受礼者的重视。

着装原则：

男士在穿西装时，整体着装从上至下不能超过三种颜色，最好是黑色或黑灰色或藏蓝，这样整体上看，着装色调会更流畅、更典雅；领带是红基色的斜道；圆头鞋，一定要准备新的皮带；同时还要注意和袜子的搭配，穿西装时一定要搭配深色的西装袜，切记搭配白色的袜子。女士一般在出席正式的场合时都是套裙，裤子是工作服或者是便服，但是要注意套裙的鞋子和袜子的搭配问题。

演讲场合的非语言沟通原则：

当我们登上主席台作演讲时，要注意“庄重礼仪”：行走时，上身挺直，步伐矫健，双膝弯曲度小，步子幅度、速度要适中。

在整个演讲过程中，一般情况下是目光平视，根据内容需要，眼睛的视线或近或远，或轮转环视，或用询问的眼光与某一个听众交流，或用亲切友好的目光寻求听众的支持。

【情境训练1】

互动游戏：你比划，我猜。

物品：1. 镜子　2. 洗发水　3. 冰箱

情境二　掌握非语言沟通技巧

导入案例

她惹怒了下属

小王是新上任的经理助理，平时工作主动积极且效率高，很受上司的器重。那天早晨，小王刚上班，电话铃就响了。为了抓紧时间，她边接电话，边整理有关文件。这时，有位姓李的年长员工来找小王。老李看见小王正忙着，就站在桌前等着。只见小王一个电话接着一个电话。最后，老李终于等到可以与她说话了。小王头也不抬地问他有什么事，并且一脸的严肃。然而，当老李正要回答时，小王又突然想到什么事，与同室的小张交代了几句。这时的老李已是忍无可忍了，他发怒道：难道你们这些领导就是这样对待下属的吗？说完，他愤然离去……

结合案例分析：

1. 案例中的问题主要出在谁身上？为什么？

2. 如何改进其非语言沟通技巧？

知识储备

一、掌握肢体语言沟通技巧

肢体语言是所有非语言沟通形式中内容最丰富、最复杂、使用最频繁的形式。人类的肢体语言是思想的真实反映，比口头语言更具有可信度。

1. 面部表情

表情是所有非语言沟通形式中表现力最强的。面部的表情是比从嘴里讲的更复杂到千百倍的“语言”，大多数人会公开展露自己的表情。所以，要学会察言观色，细心把握对方面部表情中传递的信息。同时要观察对方的肢体语言、识别伪装，准确地了解对方的真实感情和态度。

2. 眼神

一个人的心理状态、欲望和感情，都会通过眼睛反映出来。一个人的目光专注程度表达着对方的内心。要学会观察对方的眼神变化，判断对方的内心状况。同时，与人交谈，要用专注的目光表示对对方的尊重和重视，用冷静的目光表示沉稳，用睿智的目光表示机智，用柔和的目光表示可亲可敬。

3. 手势

人类很早就运用手势来表达信息，并形成了复杂的手语符号。不同的手势表达着不同的信息，同样的手势在不同地区所表达的意思也不同。与声音相比，手势有一定的隐蔽性，但同样可以表达某种意念和感情。适当地运用手势，可以表达某种情意，增强语言表达力和感染力。但是在人际交往中，为了体现对别人的尊重和表达情意，需要了解和掌握一些手势的运用规律和禁忌。

4. 姿态

姿态是指人们身体语言不断变化所呈现的状态。如站姿、坐姿、行姿、蹲姿等。姿态是人们心理活动的晴雨表，反映着人的处事态度，传递着心理状态和情绪，透露着个人的自信度和个性偏好，也常常显示着一个人的地位与权力。人们的姿态能给人很多感受。保持优雅得体的姿态，大方、沉稳、冷静、不拘谨，会给人留下良好的印象，有利于沟通交往。

5. 仪表

仪表指人的外表，主要包括容貌和服饰。仪表是一种无声的语言，它传达着一个人的个性、身份、涵养及其心理状态等多种信息。注重仪表是对别人的尊重，所以，穿着应大方得体，以职业装为佳，庄重、整洁、干练，不可着奇装异服，不能穿太薄、太透、太露的服装。饰品佩戴要简单而不粗俗杂乱。穿戴应与所处的环境、身份相协调。女士可以适当地化淡妆。化妆要遵从淡雅、自然、协调、美观的原则。通过适当的修饰，扬长避短，矫正不足。

二、正确把握空间语言沟通技巧

空间语言也称空间距离或界域。是指人与人相处时应保持的距离和位置，属沟通的非语言形式，同样影响交际沟通。在正式场合，距离、位置、排序是有地位等级之分的，需要把握和遵从。人际交往要考虑对方的身份、地位、性格喜好、所谈事宜、宗教信仰、民族习俗以及熟知程度和个人安全感等，不可随意行事。空间距离的把握尺度，一要体现出对别人的尊重，二要使交往双方感觉轻松，创造和谐交往氛围。

三、使用好辅助语言沟通技巧

辅助语言也称副语言或音调语言。主要指声音的高低、语调的强弱、语速的快慢、语气的急缓变化等。一些如叹息、停顿、嘟囔、冷笑、声音的变化等细微的辅助语言变化，都有着一定的含义，透露出一个人内心深层的心理变化。是暗自欢喜，还是吃惊失望；是愤怒恐惧，还是得意忘形；是据理力争，还是殷勤谄媚，都可以从其辅助语言中感受到。当一个人激动时，声音高、语速快；当想引起注意或压制对方时，语气强烈、情绪高亢；当思考时，语速缓慢、声音平和；当心怀不满或充满敌意时，说话速度迟缓；当心怀企图，说话会抑扬顿挫。面对形形色色的人，一定要学会通过人的声调、音量、语速、口气、笑声、叹息、呻吟、嘟囔、停顿、沉默等副语言，判断对方内心的真实感受。

四、环境语言沟通技巧

沟通与环境是密不可分的。环境是沟通的必要条件，又是沟通的重要工具。它不仅包括环境布置，如建筑设计、办公场所、房间布置、家居摆设、色彩搭配、光线明暗、噪声大小等，而且包括空间环境，如空间利用方式、座位布置、空间距离、时间环境等，这些环境因素都影响沟通。比如，选择的场所周围噪声大，可能导致信息接收者无法获得完整、准确的信息。

拓展阅读

非语言沟通行为在不同文化背景下的差异

同样的动作、手势、表情、眼神，在不同的文化背景下，往往会有完全不同的理解。如“OK”手势，在美国及欧洲广泛使用于各种场合，表示“好”或“是”；但一位西方商人和日本商人谈判结束之后，在签订合同时向对方作了“OK”手势后，却发现日本商人的态度突然变了。在西方人看来，“OK”表示“很高兴我们谈成了这笔交易”，但日本人却理解为“他在向我们提出要钱的暗示”，因为在日本，“OK”手势就像硬币形状一样，表示“钱”的意思。法国人理解“OK”手势为“零”或“不值钱”。在德国和巴西等国，这一手势是非常粗鲁的，甚至是侮辱性的。

在美国，与他人交谈或向他人打招呼时，应目视对方；如果不看着对方，会被认为是羞怯、缺乏信心或不尊重他人。在韩国、日本、泰国等一些亚洲国家，直视对方可能会被视为不礼貌。

在美国和大多数北欧国家，人们相互之间交谈时的距离是18～36英寸，而亲密朋友之间交谈的距离是6～18英寸；拉丁美洲人之间交谈的平均距离则是6～18英寸，这个距离对非拉丁美洲血统的美国人来说，是关系密切的表现，因此美国人认为拉丁美洲人热情冲动、傲慢专横、办事性急；而拉丁美洲人则认为美国人冷漠无情、互不关心、性格孤僻。

在拉丁美洲人看来，触摸是一种“谈话”的方式，见面时拉丁美洲人触摸表示问候“喂”，或作为一种请求的方式，如“我能和你谈一谈吗”。在拉美国家里，妇女见面要相互触摸、亲吻和热烈拥抱，男子也是如此；然而非拉美裔的男性和女性，初次见面只是相互点一点头或轻轻握一下手。

【情境训练 2】

1. 请你和同桌先进行 2～3 分钟的交流，交谈的内容不限，注意观察对方的肢体动作。交流结束后，请彼此说一下对方有什么非语言表现，询问做出这些无意识动作的人是否注意到了自己的这些行为。

2. 大家继续讨论 2～3 分钟。这次注意不要有任何肢体语言。分析与前一次的交流有什么不同。

项目小结

通过本项目的学习，我们了解到五种常用的沟通方式，分别是：面对面沟通、电话沟通、书面沟通、在线沟通和非语言沟通。这五种沟通方式不仅在日常生活中被广泛使用，在具体的营销工作中起到的作用更大。说到底，营销工作是与人打交道的，那么熟练掌握这些沟通方式和技巧，对于未来的工作，无疑会起到极大的积极作用。

巩固与提高

理论知识巩固

一、选择题

1. 一般来说，（　　）是最好的沟通方式。

A. 电子邮件　　B. 电话

C. 面谈　　D. 会议简报

2. 接听电话中要求（　　）。

A. 多使用简略语以提高效率　　B. 要养成复述的习惯

C. 不必注意自己的语气和语调　　D. 不必注意姿态表情

3. 下列选项中，属于同理心沟通赞美语型的是（　　）。

A. “那很好啊!”　　B. “您觉得怎么样（认为呢）?”

C. “看不出来，……”　　D. “向您请教，……”

4. 某著名品牌出现品牌危机，你认为下列哪种沟通方式更有利于与公众沟通（　　）。

A. 面对面沟通　　B. 书面沟通

C. 在线沟通　　D. 电话沟通

5. 以下哪种沟通方式可能是未来人们沟通的重要发展方向？（　　）

A. 面对面沟通　　B. 书面沟通

C. 在线沟通　　D. 电话沟通

6. 从人们的着装来猜测其性格特征，属于（　　）。

A. 面对面沟通　B. 书面沟通　C. 在线沟通　D. 非语言沟通

7. 下列哪项不属于在线沟通工具？（　　）

A. IP 电话　B. 百度 Hi　C. 飞信　D. QQ

8. 非语言沟通的具体作用不包括下列哪一项？（　　）

A. 代替语言信息　B. 强调说的内容　C. 控制对方行为　D. 调整语言沟通

9. 下列哪一项不是书面沟通的特点？（　　）

A. 沟通速度快　B. 歧义性少　C. 内容清晰　D. 信息充分

10. 美国学者雷蒙德·罗斯认为，在人际沟通中，人们所得到的信息总量中有（　　）的信息是由非语言符号传达的。

A. 35%　B. 45%　C. 65%　D. 75%

二、判断题

1. 对于人们的沟通方式来说，没有最好的方式，只有最合适的方式。（　　）
2. 面对面沟通不能产生更积极的激励作用和长久的影响力。（　　）
3. 正确的面对面沟通应该是 80%的时间倾听，20%的时间说话。（　　）
4. 选择打电话的时机的重要性不高。（　　）
5. “白纸黑字”是书面沟通的优点。（　　）
6. 在线沟通中，双方在任何时刻、任何地点都可以通过互联网进行交流，并且这种信息交流是实时进行的。（　　）
7. 在线沟通具有平等性和互动性。（　　）
8. 某些时候非语言沟通不如语言沟通可信。（　　）
9. 当一个人激动时，声音高、语速快，可能是他在暗自欢喜。（　　）
10. 着装是非语言沟通中很重要的一项。（　　）

三、简答题

1. 你认为语言沟通与非语言沟通的区别是什么？
2. 在线沟通的特点有哪些？

技能训练

一、案例分析题

老张的小组例会

老张是某电子公司的项目经理。他身边的员工经常抱怨公司的氛围不好，沟通不足。老张非常希望通过自己的努力改善这一状况，因此，他要求项目组成员每周都要参加例会并且发言。但对例会该如何进行，老张却不知怎么规定。很快，项目组成员就抱怨例会的目的不明、效率太低、缺乏效果等。而且由于在例会上大家意见相左，很多组员开始争吵，甚至影响人际关系的融洽。

会议是一种重要的面对面沟通形式，但是在召开会议的时候，却很有可能出现老张所碰到的这种问题。那么，你认为：

1. 以上问题产生的原因可能是什么？

2. 除了项目例会外，老张还可以采取哪些灵活有效的沟通方法？

二、实训操作题

给十年后的自己写一封信，把信读出来，用手机进行电话录音，把信的电子版和录音发到自己的电子信箱或者是网盘里，不要删除，留给十年以后的自己听。

项目三

克服营销沟通障碍

教学目标

能力目标：能够查找造成沟通障碍的原因，能够运用消除营销沟通障碍的措施。

知识目标：熟记营销沟通中经常出现的障碍因素，识记消除营销沟通障碍的方法。

素质目标：树立良好的营销沟通意识，培养正确的营销沟通心态。

重点难点

教学重点：有效沟通的障碍因素类型，营销沟通障碍的措施与方法。

教学难点：如何消除营销沟通中的障碍，促进营销沟通的有效进行。

教学情境

对于刚走向工作岗位的张玲来说，工作中经常遇到一些沟通障碍。尤其是在产品的促销活动中，当面对不同类型的顾客时，她不知道该如何表达才能让顾客理解她所传递的内容。在经历了几次碰壁之后，她反复考虑自己在沟通中存在的问题，到底是什么原因造成的呢？自己该以怎样的心态去面对这些挫折呢？这对张玲提出了挑战。

开篇案例

一场不该发生的悲剧

1990 年 1 月 25 日，由于阿维安卡 52 航班飞行员与纽约肯尼迪机场航空交通管理员之间的沟通障碍，导致了一场空难事故，机上 73 名人员全部遇难。

1 月 25 日晚 7 点 40 分，阿维安卡 52 航班飞行在南新泽西海岸上空 11 277.7 米的高空。机上的油量可以维持近两个小时的航程，在正常情况下，飞机降落至目的地纽约肯尼迪机场仅需不到半小时的时间，这一缓冲保护措施可以说十分安全。然而，此后发生了一系列耽搁。

首先，晚 8 点整，肯尼迪机场管理人员通知 52 航班：由于严重的交通问题，他们必须在机场上空盘旋待命。晚 8 点 45 分，52 航班的副驾驶员向肯尼迪机场报告他们的“燃料快用完了”。管理员收到了这一信息，但在晚 9 点 24 分之前，没有批准飞机降落。在此之间，阿维安卡机组成员再没有向肯尼迪机场传递任何“情况十分危急”的信息，但飞机座舱中的机组成员却相互紧张地沟通说，他们的燃料供给出现了危机。

晚 9 点 24 分，52 航班第一次试降失败。由于飞行高度低以及能见度太差，因而无法保证安全着陆。当肯尼迪机场指示 52 航班进行第二次试降时，机组成员再次提到他们的燃料将要用尽，但飞行员却告诉管理员新分配的飞行跑道“可行”。晚 9 点 32 分，飞机的两个引擎失灵，1 分钟后，另两个也停止了工作，耗尽燃料的飞机于晚 9 点 34 分坠毁于长岛。

当调查人员考察了飞机座舱中的磁带并与当时的管理员交谈之后，他们发现，导致这场悲剧的原因是沟通的障碍。为什么一个简单的信息既未被清楚地传递又未被充分地接收呢？

首先，飞行员一直说他们“燃料不足”，交通管理员告诉调查者，这是飞行员们经常使用的一句话。当被延误时，管理员认为每架飞机都存在燃料问题；但是，如果飞行员发出“燃料危急”的呼声，管理员有义务优先为其导航，并尽可能迅速地允许其着陆。

一位管理员指出，如果飞行员“表明情况十分危急，那么所有的规则程序都可以不顾，我们会尽可能以最快的速度引导其降落的”。遗憾的是，52 航班的飞行员从未说过“情况紧急”，所以肯尼迪机场的管理员一直未能理解到飞行员所面对的真正困境。

其次，52 航班飞行员的语调也并未向管理员传递“燃料紧急”的严重信息。许多管理员接受过专门训练，可以在各种情境下捕捉到飞行员声音中极细微的语调变化。尽管 52 航班的机组成员相互之间表现出对燃料问题的极大忧虑，但他们向肯尼迪机场传达信息的语调却是冷静而职业化的。

最后，飞行员的文化和传统以及机场的职权也使 52 航班的飞行员不愿意声明情况紧急。正式报告紧急情况之后，飞行员需要写出大量的书面汇报。另外，如果发现飞行员在计算飞行过程需要多少油量方面疏忽大意，联邦飞行管理局就会吊销其驾驶执照。这些严苛的规则某种程度上阻碍了飞行员发出紧急呼救。在这种情况下，飞行员的专业技能和荣誉感可以变成他侥幸的赌注。

案例分析：飞行员、地面控制人员之间的沟通障碍在哪里？如何解决此类沟通障碍？

任务一 了解常见的营销沟通障碍

任务描述

在开篇案例中，由于 52 号航班的飞行员与地面交通管理员的沟通不畅，造成了悲剧的发生。这个案例说明，寻找和避免沟通障碍，做到有效沟通，是促成事物良性结果的关键。当沟通中存在潜在的障碍因素，我们就需要找出这种障碍因素的根源，而不是仅凭自己的主观意识去判断。要客观分析产生这种障碍因素的原因，采取正确的措施去解决问题。作为一名营销人员，必须清楚：在营销沟通过程中经常存在哪些沟通障碍，如何消除这些沟通障碍。

导入案例

一对夫妻由相互抱怨演变成争吵

女：真累，下午谈了四个客户，最后那个人挑东挑西的，烦死人了！

男：不用理他，跟这种人生气不值！

女：不行啊，顾客就是衣食父母！

男：那就换个工作！

女：你说得轻巧，现在工作可不那么好找。无论如何，每个月我还能赚上四千块钱。哪像你，活得倒是轻松，可每个月却没几两银子！

男：你这个人怎么这样不知好赖？我是在帮你，你倒冲我来了?!

女：你这就叫帮我啊？你要像隔壁老刘那样每月拿回来七八千，就真的帮我了！

男：你看他好，和他过去！不就是有几个臭钱吗？有啥了不起的?!

结合案例分析：这对夫妻为什么出现话不投机？

知识储备

在传输信息的过程中，因为传输者的目的不明确，传输者没有对要传送的信息真正理解，或者表达模糊，都会使传递的信息失真，使接收者无法获得正确的信息。在营销沟通中，造成沟通障碍的因素很多，主要表现在以下几个方面。

一、营销员的信息传输障碍

在一个营销沟通过程中，要与顾客建立关系，需要营销员准确无误地表达，选择正确的方式，把握传达信息的时机，运用准确的语言符号把信息内容传送给顾客。

1. 营销员的语言差异性障碍

在营销过程中，语言是最重要的沟通工具。同时，语言也是一项复杂的工具，世界上的语言有多种，有效地运用语言是进行良好沟通的前提。语言的差异性引起的沟通障碍是最为常见的一种。如对方言的使用，不同地区、不同民族，因所处地域不同，会形成一定的语言或口音。营销员在表达时就会因为某些特定词汇的差异，产生不同的传达效果，造成沟通障碍。其次，语义不明确，选用的词语不当，也会影响营销员的表达效果。

2. 营销员的专业术语理解性障碍

在营销沟通中，营销员会因所处的行业环境形成一定的专业语言，而这些专业术语通常只适用于企业内部或者是同行之间。当面对顾客时，如果营销员不及时转换自己的专业语言，或者说运用专业语言不恰当，将会使顾客不能准确地理解，造成营销中的沟通障碍。

二、顾客的信息接收障碍

1. 选择性注意引起的接收障碍

顾客在接收信息时，容易采取有选择性的接收，只接纳中听的、拒绝不中听的，这样片面的接收，就会导致对信息的不完整理解。有时，信息的接收者只相信自己的主观判断，对营销员缺乏信任，也会使信息的传递不能很好进行，对传达的效果造成一定的影响。

2. 认知水平差异引起的接收障碍

由于每个人的认知水平不同，以及个性特点、社会地位的差异，容易对营销员传递的信息内容产生不同认识。同时，顾客的思想差异和思维方式的不同，也容易造成对信息的误解。

三、营销员与顾客的心理障碍

1. 营销员的心理障碍

在营销沟通过程中，营销员的态度、个性特征以及情绪，都会影响他的营销动机与营销行为。例如：很多营销员在与客户初次交流后，会根据自己的经验产生一个基本判断，在后面的沟通中就会依赖自己的主观认识对客户匆匆下结论。这样一来，营销员对待顾客就很难做到客观公正。除此之外，有的营销员还会把自己的情绪带入工作中，这也是对客户不负责任的做法。这些都是影响营销员营销沟通的心理障碍因素。

2. 顾客的心理障碍

有的顾客在接收营销员传递的信息时，不认真倾听，或者对传达的内容没有正确的理解，对传递的内容答非所问，造成一定的沟通偏见，这是营销沟通中的顾客心理障碍。

四、营销员与顾客的文化障碍

由于所处的地域文化背景与民族习俗的不同，营销员在与顾客沟通时，会受到文化障碍性因素的影响。例如：藏民喜欢喝酥油茶抵御严寒。如果游客到西藏旅游，导游会推荐游客购买或者食用这种食品；有些顾客可能因为不喜欢酥油茶，从而产生抵触心理。

此外，人的年龄差异也会使营销员与顾客之间产生文化障碍。年轻的营销员与相对年龄较大的顾客，对商品的认知和欣赏水平也是不同的。比如，售卖韩版泡泡裙，如果销售员给一名年轻的顾客推荐，也许很快就能够成交；相反，年长者会因为泡泡裙的款式过于时尚、年轻化，而抵触购买。

五、顾客的信息筛选障碍

当顾客在较短的时间内接受大量信息时，容易使顾客产生选择性障碍，从而影响有效的沟通。例如顾客去商场购买电饭煲，面对琳琅满目的商品，在接受不同品牌的营销员对商品的讲解后，因为获取的信息量太大，顾客很难在较短的时间内筛选出价位合适、功能性强、款式新颖的电饭煲。因此，营销员在传递商品信息前，需要先弄清楚顾客的购买想法，以防由于营销员过多的产品介绍而造成顾客的信息筛选性障碍。

【情境训练 1】

请根据下列沟通场景，分析产生沟通障碍的原因：

一病人挂了医院的专家号，进门诊室后，医生先拿着病人的检查片子看，发现病人患了脑瘤，就和病人之间有了下列对话：

医生：你一个人来的吗？家里人知道你得的什么病吗？

患者：我自己来的。家里姐弟都知道我的病情，父母暂时还不知道。

医生：你这个病需要手术，你知道吗？

患者：我知道。

医生：手术有很大风险的，你的家人在手术前要签字的。

患者：我知道。

医生：不是让他们知道“需要签字”就完了，不仅要让你父母知道，家里的其他亲人都要知道。不要到时候，如果手术出了意外，你的三姑六舅都来找我讨人命。你回去考虑考虑吧！

病人听后，很郁闷地离开了诊断室。

拓展阅读

做销售，如何快速拉近和顾客的心理距离？

1. 保持一颗真诚的心

想要与顾客拉近距离，首要就是要抱有一颗真诚的心。心里一直想着“我要把货卖给他”，看见顾客甚至“眼冒金光”，你以为你可以做到表面上不显露出来吗？任何心理活动都会有很明显的外在显示，特别是在销售这个行业，顾客先入为主地会有“你想让我掏钱”的想法。所以，保持一颗真诚的心，你不是为了把货卖给顾客，而是为了解决顾客的某些需求。当你这样想的时候，你的眼神，你的语气，就会多一份自信，也多一份真诚，像一个朋友一样。

2. 充分利用你的肢体语言

肢体语言是非常有力的一种情感的表达方式。通常，“微笑＋敞开的双臂＋身子前倾＋接触＋眼神交流＋点头”被认为是最能拉近人与人之间距离的肢体语言。

“微笑”代表你很喜欢对方，“敞开的双臂”代表你很坦诚，“身子前倾”代表你很感兴趣，“接触”代表信任，“眼神交流”代表专注，“点头”代表认同。

3. 对顾客表示浓厚的兴趣和真诚地赞美顾客

对顾客“表示浓厚的兴趣”，不是要去打听顾客的隐私，而是要对顾客讲的话非常感兴趣，能对顾客所分享的信息或提出的困惑给予一定有效的回应，并且对顾客的一些想法表示认同和赞赏。这样做了，顾客就会感到你像朋友一样在真诚地与他交流，而不是一遍一遍只顾介绍你的产品优势。

4. 寻找有效的话题＋有效地倾听

在与顾客相处的过程中，最尴尬的就是顾客对你专业的产品介绍表现得不感兴趣。这时候你就应该停止，换个话题了。那么，怎么寻找有效的话题呢？下列方法同样适用于在与陌生人第一次聊天的时候，不至于没话可说。

首先，你要专注于你所在的情境，认真倾听顾客的每一句话，以顾客的谈论点为中心，向外发散，就会构成一些同心圆，这些圆看起来向外发散，但实际上围绕同一个中心。比如，一个卖车的销售人员，跟顾客谈论买车、考驾照、停车位、居住小区、自驾游等这些话题的同时，不光是让顾客觉得很亲切，连产品的性能也能突出于无形吧！

5. 向顾客表露一些自己的信息或背景，会让顾客更加信任你

这个是推销中可运用的一个小技巧：比如，顾客要为母亲买一套保暖衣，销售人员可以说：“我上个月也是刚给我爸买了一套那个蓝色的，他上个月 56 岁生日，当生日礼物送他的。”这样顾客就自然对你多了一份信任，因为感觉到你很信任他，对他说了自己的私事。这样做的时候，要注意一些要点：一是要有细节描述，才更可信；二是不要太贴近顾客要买的产品，有广告嫌疑；三是不要瞎编，没有发生过的事情，不要乱说，很容易被识破，那就适得其反了！

任务二　掌握消除营销沟通障碍的措施

任务描述

在一次产品促销活动中，面对不同类型的顾客，张玲采用事先设计的信息向顾客解释，有的顾客听了她的介绍后很快就达成交易，但也有不少顾客提出疑问，或者根本就不认同她的介绍。她不知道该如何表达才能赢得顾客的信任。

导入案例

把梳子卖给和尚

有四个营销员接受任务，到庙里推销梳子。第一个营销员空手而回，说：到了庙里，和尚说没头发不需要梳子，所以一把都没有销掉。

第二个营销员回来了，销了十多把，他介绍经验说：我告诉和尚，头皮要经常梳梳，不仅止痒，还可以活络血脉，有益健康；念经累了，梳梳头，可以保持头脑清醒。这样就销掉了十来把。

第三个营销员销了百十把。他说，我到庙里去，跟老和尚说，您看这些香客多虔诚呀！在那里烧香磕头，磕了几个头起来，头发就乱了，香灰也落在他们的头上。您在每个庙堂的前堂放一些梳子，他们磕完头可以梳梳头，会感到这个庙关心香客，下次还会再来。这一来就销掉百十把。

第四个营销员说销掉好几千把，而且还有后续订货。他说：我到庙里跟老和尚说，庙里经常接受人家的捐赠，得有回报给人家，买梳子送给他们是最便宜的礼品。您在梳子上写上庙的名字，再写上三个字"积善梳"，说可以保佑对方，这样可以把梳子作为礼品储备起来，谁来了就送，保证庙里香火更旺。这一下就销掉好几千把。

结合案例分析：

1. 第一个营销员为什么没有卖出梳子？

2. 在整个营销沟通过程中，为什么第四个营销员最优秀？

3. 你还能提出哪些销售创意？

知识储备

一、营销员要明确沟通目的

在营销沟通前，营销员需要调整好自己的心态，明确自己在沟通中的角色，系统地思考沟通的目的、动机，对将要传递的信息做详尽的准备，将信息的接收者以及经过此项沟通影响的人员可能做出的反应，进行全面梳理，检查沟通的各个环节。

二、营销员要注重沟通对象的差异

不管营销员在营销活动中面对的是何种营销对象，首先要注意积极倾听顾客的意见、尊重顾客的想法，成为一个好听众。在与顾客互相传递信息的过程中，如果出现与顾客意见不统一时，应冷静控制自己的情绪。分析沟通对象的差异，应考虑顾客的心理特征、知识背景等情况，调整自己的谈话方式，注意自己的措辞、仪态，同时也要观察顾客的状态，避免过多使用专业术语或者是太咬文嚼字。按照顾客的思路去体会顾客的想法，将自己的观点与顾客交流，谨记换位思考，从容地控制整个营销沟通气氛。

三、营销员要学会利用沟通环境，把握沟通时机

在营销沟通时，营销员要善于把握时机，根据不同的情境采取不同的沟通方式。当面临不同的沟通对象时，营销员要尽快识别顾客最喜欢的沟通方式，并利用周边的沟通环境引导与顾客的交谈，以行动去强化自己的语言，注意言行一致。总之，在对顾客传递信息时，做到张弛有序，让顾客既能轻松愉快地交谈，又能达到良好的沟通效果。

四、运用顾客的非语言反馈

作为信息的发出者，营销员在发出信息时，要密切关注顾客的非语言反馈，做到真正

地了解顾客的意图。非语言反馈往往是顾客真实意图的无意识表达。如果顾客对营销员发出的信号不能准确地把握，就需要营销员积极地与顾客沟通，通过提出问题来了解顾客的真实想法。沟通时还应注意语气、语调的变化，避免一味地说教。

五、营销员要具有亲和力

营销员的亲和力是获取顾客好感的一把钥匙，要快速获得顾客的信任度与接受度，都需要运用亲和力这把钥匙。

让顾客感到你有亲和力，需要营销员寻找与顾客的共同点。例如：在火车上，王销售员与李先生是邻座。两人经过短时间交谈，发现是同乡，亲切感立刻加强。再进一步深入了解，发现彼此有很多相同爱好和观点，谈话越来越投机，从刚开始的陌生人很快变成了朋友。在下车前，王销售员还与李先生互留了联系方式，以便日后的联系。王销售员就是通过亲和力迅速获取顾客的信任，为以后开发潜在客户埋下了伏笔。

【情境训练 2】

假设你是一名中国人寿的保险销售员，你在销售一种新的意外伤害险。在接待顾客前，你如何做才能够成功销售此项保单并避免与客户之间产生沟通障碍？请两位同学互为搭档，一个扮演销售员，一个扮演客户，进行演练。练习结束后，各小组选出代表对销售方案进行阐述。

项目小结

营销沟通过程中存在的障碍因素很多。营销沟通离不开营销员信息的传递与顾客的接收。在信息传递时，一是需要注意营销员语言的差异性所形成的障碍，二是营销员的专业术语理解性障碍。另外，营销员与顾客的心理障碍、文化障碍、信息筛选障碍，都会影响营销员与顾客的沟通。

对于克服以上障碍，要求营销员在营销前应做到明确沟通目的、注重沟通对象的差异、把握时机并利用沟通环境、运用顾客的非语言反馈、具有亲和力等。

沟通是一个环环相扣的过程，不论哪一个环节出现了不畅，都会影响整个沟通的效果。因此，做好沟通规划、处理好沟通的各项环节，是营销员在整个营销过程中的重中之重，也是实现与客户有效沟通的必经通道。

巩固与提高

理论知识巩固

一、选择题

1. 营销沟通中的障碍主体因素是（　　）。

A. 营销员与顾客　　B. 人的理解

C. 答非所问　　D. 语言与非语言

2. 以下哪项是营销员在信息传输过程中的障碍？（　　）

A. 声音障碍　　B. 语言差异性障碍

C. 词语选择障碍　　D. 表达障碍

3. 营销员在营销前最重要的心理障碍是（　　）。

A. 对顾客了解不深刻　　B. 对产品性能不熟悉

C. 对顾客传递的信息规划不足　　D. 对市场环境不了解

4. 以下哪项属于消除营销沟通障碍的首要措施？（　　）

A. 明确营销沟通目的　　B. 考虑营销对象的差异

C. 利用反馈机制　　D. 使用恰当的沟通节奏

5. 如何快速地构建营销员的亲和力？（　　）

A. 善于表达　　B. 善于倾听

C. 善于调节气氛　　D. 寻找与顾客的共同点

二、判断题

1. 形成营销沟通障碍因素的人是营销员。（　　）

2. 顾客在接收信息时可以有选择性地去接收自己喜欢的信息内容。（　　）

3. 在营销沟通中营销员只要不与顾客起争执就不会造成沟通障碍。（　　）

三、简答题

1. 常见的营销沟通障碍有哪些？

2. 结合实际，谈谈营销员与顾客之间如何消除营销沟通障碍。

技能训练

一、案例分析题

一对母子的对话

公交车上，一个四十岁左右的女性，接了自己正读初中的儿子放学，一起乘车回家。

母亲：你看你，这次考试又没考好！真没出息！像你这样下去，别说重点大学，连上重点高中都危险！不要翻眼看我，我是为你好！

儿子：考试，考试，考试！你不要和我说这些好不好?！我从来就没想过要上大学，也没想到要上什么重点高中！"为我好"！"为我好"！我不要你"为我好"！

案例分析：你遇到过此类对话情景吗？你认为这对母子沟通失败的原因在哪里？

二、实训操作题

学生分小组在学校内策划并完成节日的促销活动，体验作为营销员与顾客之间的沟通。具体要求如下：

1. 每组选出合适的商品进行校内销售，在不违反学校的相关规定的情况下，进行销售沟通训练。

2. 在活动结束后，每个小组根据自己销售活动的开展情况，派出代表分享在销售中所遇到的沟通障碍与收获。老师根据学生的阐述，进行点评与指导。

项目四

认知营销沟通礼仪

教学目标

能力目标： 能够熟练运用营销沟通礼仪进行恰当沟通，塑造良好的商务形象。

知识目标： 掌握基本商务接待、座次、着装等沟通礼仪，掌握中西餐的文化礼仪。

素质目标： 培养注重沟通礼仪的职业素养，养成良好的职业习惯。

重点难点

教学重点： 商务接待、座次及着装的礼仪。

教学难点： 中、西餐礼仪。

教学情境

一次，张玲所在单位领导派她去参加一个行业的研讨会。此项工作，要求张玲必须掌握一定的交际礼仪，并能够熟练运用各种礼仪，规范地进行公关活动。这与张玲所学的专业密切相关，对她的沟通能力也提出了挑战。

开篇案例

是无心的失误吗？

大林公司新建的办公大楼需要添置一系列的办公家具，价值数百万元。公司的总经理已决定向A公司购买这批办公家具。

这天，A公司的销售部负责人打电话过来，要上门拜访这位总经理。总经理打算等对方来了，就在订单上盖章，定下这笔生意。

不料对方比预定的时间提前到了2个小时，原来对方听说这家公司的员工宿舍将在近期内落成，希望员工宿舍需要的家具也能向A公司购买。为了谈成这件事，销售负责人还带来了一大堆的资料，摆满了台面。总经理没料到对方会提前到访，刚好手边又有事，便请秘书让对方等一会儿。这位销售员等了不到半个小时，就开始不耐烦了，一边收拾资料一边说："我还是改天再来拜访吧。"

这时，总经理发现对方在收拾资料准备离开时，将自己刚才递上去的名片不小心掉在了地上，对方却没有发觉，走时还无意从名片上踩了过去。这个不小心的失误，却令总经理改变了初衷。这样，A 公司不仅没有机会与对方商谈员工宿舍的设备购买事宜，连几乎到手的数百万元办公家具的生意也告吹了。

案例分析：

1. A 公司销售负责人在哪些方面存在礼仪失误？

2. 正确的做法应该是什么？

任务一　认知商务沟通礼仪

任务描述

在开篇案例中，总经理本来打算等 A 公司的销售员一来就盖章签单的，可由于 A 公司的销售负责人不懂得日常交际的基本礼仪，眼看到手的单子却不翼而飞了。它反映出，营销人员在日常交际中有必要掌握一些基本的沟通礼仪。如果你是 A 公司的销售负责人，应该怎么做才会赢得订单呢？

在营销沟通中，往往是细节决定成败。通常情况下，你的言谈举止、你的妆容、你的发型、你的着装，甚至你的一个细小的动作……都会影响你的沟通效果。

在日常的营销沟通中，该遵循哪些礼仪呢？

情境一　塑造商务形象

导入案例

郑总经理错在哪里？

郑伟是一家大型国有企业的总经理。有一次，他获悉有一家著名的德国企业的董事长正在本市进行访问，并有寻求合作伙伴的意向。于是，他想尽办法，请有关部门为双方牵线搭桥。让郑总经理欣喜若狂的是，对方也有兴趣同他的企业进行合作，而且希望尽快与他见面。

到了双方会面的那一天，郑总经理对自己的形象刻意进行了一番修饰，他根据自己对时尚的理解，上穿夹克衫，下穿牛仔裤，头戴棒球帽，足蹬旅游鞋。无疑，他希望自己能给对方留下精明强干、时尚新潮的印象。然而事与愿违，郑总经理自我感觉良好的这一身时髦的“行头”，却偏偏坏了他的大事。

结合案例分析：郑总经理到底错在哪里？为什么？

知识储备

商务活动礼仪是一种交际的方法，是个人修养、企业文化的体现，是对细节的深入解读，是一门沟通的艺术。在商务场合，礼仪就是人际关系的“润滑剂”，它能非常有效地减少摩擦，最大限度地营造良好的协商氛围，避免冲突，从而实现企业的目标。

一、妆容与发型管理

不需要打扮得多么靓丽迷人，不需要穿得多么昂贵奢华，干净得体、优雅大方的职业形象既是对自己的支持与鼓励，也是对他人的礼貌与尊重。它能让客户、同事产生好感，辅助人们顺利开展工作，提升人们的自我魅力，为企业形象加分。

1. 日常清洁

面部清洁（如图 4-1 所示），不仅指心灵的窗户——眼睛，还包括嘴、鼻、耳、颈部等多个部位。健康的面部皮肤代表着旺盛的活力和良好的生活状态。正确进行日常清洁养护，合理使用护肤品，是塑造商务形象的基础。日常清洁如表 4-1 所示。

图 4-1 面部清洁

表 4-1 日常清洁

部位	清洁要求
眼部	眼部分泌物要及时清除；眉形随脸形修整，纹眉和画眉不能太突兀
鼻部	鼻腔保持干净，定期修剪鼻毛，定期保养，避免“草莓鼻”
嘴部	口腔无异味，饭后无残留；定期修整胡须；无脱皮干裂现象
耳朵	保持耳朵干净，特别是耳郭部位；及时清理耳垢
颈部	保持颈部干净，呵护颈部皮肤，防止过早老化

面部的整体要求，强调干净清爽，无汗渍和油光，没有脱皮现象。

对细节的把握与关注，体现了个人的生活品质与职业修养。

2. 皮肤护理

肤质和性格一样，是因人而异的，不同的皮肤需要不同的护理，只有因材施“护”才能让皮肤保持洁净并焕发自信光彩。皮肤护理要求如表 4-2 所示。

表 4-2 皮肤护理要求

类型	皮肤特点	护理要求
油性皮肤	满脸油光，毛孔粗大，易长痘痘	彻底洗脸，使用收敛性化妆水，尽量不用油性化妆品。入睡时最好不用护肤品，以保持皮肤的“呼吸”正常、排泄通畅
干性皮肤	两颊出现小雀斑，有脱皮现象	不用碱性化妆品，使用保湿性化妆水或乳液；每周做一次营养面膜以促进血液循环
混合性皮肤	面部“T 区”（额、鼻、下颌）易出现油光，其余部位呈干性	分区域进行皮肤保养；加强保湿，不涂油腻的保养品；干燥部分着重保湿，可用热敷促进新陈代谢
敏感性皮肤	皮肤受不良刺激后，会出现红肿、发痒、脱皮等现象	温水洗脸，使用性质温和的护肤霜；饮食均衡，加强运动，保证睡眠质量

3. 妆容选择

商务活动中，妆容应以淡雅为主，如图 4-2 所示。眼影、腮红、口红的颜色不能过亮、过浓，眼影颜色避免选择大红大绿，以棕色系为主。切勿戴假睫毛或用亮粉装饰面部。香水味道以清淡为宜。指甲干净，修剪得体，避免涂成黑色等太过个性化的颜色。休息或用餐之后，妆容容易出现残缺，长时间的脸部残妆会给人懒散、邋遢的感觉，所以，在商务活动中要注意及时检查妆容和补妆。此外，在社交场合补妆是极为失礼的。

图 4-2 妆容淡雅

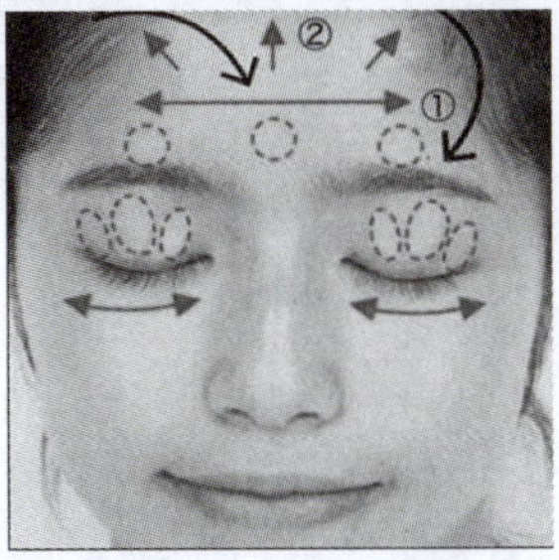

图 4-3 使用粉底液

化妆最基本的步骤有五步，如果熟练，8 分钟左右就可以完成一个社交妆容。

第一步：洗脸后拍爽肤水，等爽肤水完全吸收后擦润肤乳。

第二步：拍粉底液，如果皮肤较白，可以不擦粉底，用隔离霜代替。

第三步：画眉毛。推荐使用眉粉，相对于眉笔来说，眉粉更容易掌握，适合初学者，如果画错也容易修改；眉粉颜色要选与自己眉毛接近的颜色，适合亚洲女性的颜色一般是咖啡色和棕色。

第四步：刷眼影和睫毛。

第五步：使用腮红、护唇膏和口红（唇彩）。

粉底方面，在购买粉底液时，可到专柜选两三种接近肤色的粉底，拭擦于脸颊，来确定需要购买的粉底颜色。使用粉底液时（见图 4-3），用手指蘸取少量，分别点在额头、鼻梁、脸颊、下巴等处，然后轻轻拍打推匀。为了防止涂抹后皮肤起皮，可以把粉底液和润肤乳放在一起搅拌均匀后再涂抹，润肤乳的分量最多不超过所用粉底液分量的 1/2。此外，散粉是用于定妆的，可以让妆容更持久，日常工作中也可不用。

眉毛方面，要画得尽量淡，眉头不用画，从眉峰到眉梢依次刷开，不要依次画得过重，这样不易修改。慢慢地添加，根据自己的脸形来修正。画眉最重要的是，应多加练习。

眼妆方面，刷眼影（见图 4-4）最简单的一种方法就是：不使用叠加眼影，而是选用棕色或咖啡色等易搭配的眼影，在上眼皮眼球突出部位快速淡扫一层即可。稍微复杂一些的刷眼影方法，可以按照以下步骤进行：

第一步：用淡色扫亮眼球部位的眼皮。

第二步：用同色系眼影中的浅色将双眼皮褶处填满。作为职场女性，以大地色系或棕色为主色调，可以突出成熟、稳重的气质。

第三步：将同色系眼影中的深色晕开在靠近睫毛根部的眼皮处。

第四步：在眉骨处，眉尾下面用高光扫亮。睫毛膏以 Z 字形由内往外多刷几层即可，关键的是夹睫毛，可从根部出发分三段夹，逐渐把睫毛往上夹，带来自然效果。此外，用小梳子梳理睫毛，使睫毛不纠结、不结块也是一种礼节。

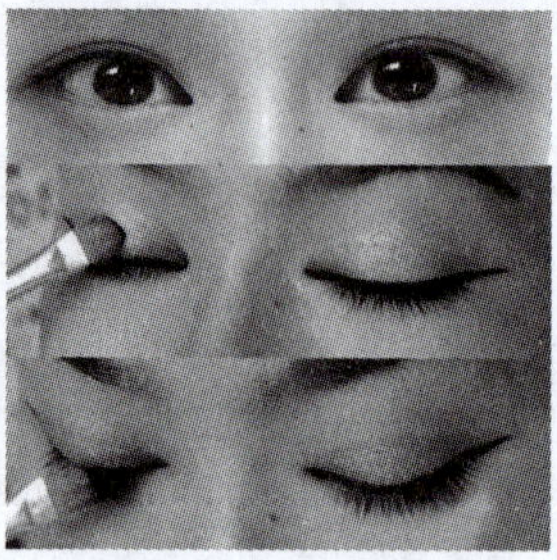

图 4－4　刷眼影

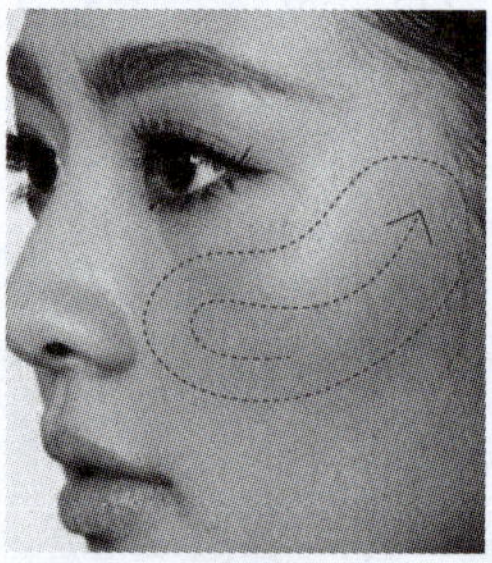

图 4－5　刷腮红

商务女性代表的是公司的形象，妆容所要传达的感觉应该是优雅、端庄，给人一种信任感。腮红的面积不宜过大，颜色不宜过艳，选择粉色、砖红色、橙色的腮红比较合适。刷腮红的时候（见图 4－5），面带微笑，以笑肌突起处（颧骨下）为起点、斜着轻刷就好。此外，商务场合，口红切忌使用大红、大粉等鲜亮颜色，最好用亚光的唇色。

4. 发型选择

头发是人体的制高点，很容易引起他人注意。良好的职业形象需要合适的发型。它既要整洁、干净、时尚，又不能过于前卫。要取得最佳的效果，秘诀只有一个：适合自己的才是最好的。脸形与发型对照，如表 4－3 所示。

男性的发型多以短发为主，切勿光头或过于夸张，满头发蜡。在理发时，告诉理发师自己的职业要求，将有利于设计出适合自己的发型。此外，选择一款容易打理的发型会带来很大的方便。

表 4－3　脸形与发型对照

脸形	特点	发型建议
三角形	额头窄，脸的下部比较宽	强调纵向的长度，有特色的刘海设计感十足
长形	下巴长，脸比较狭长，让人觉得不明朗	增加两侧发量，将头发做成卷曲波浪式，可增加优雅的品位
圆形	颧骨部分比较宽，脸比较短	增加发顶高度，避免面颊两侧头发隆起
方形	腮骨明显与额头差不多宽，下巴较短	用不对称的刘海“破掉”宽直的前额边缘线，避免留齐至腮帮的直短发
菱形	脸形的上半部为正三角形，下半部为倒三角形	额上部头发拉宽，额下部头发逐步紧缩，靠近颧骨处设计为波浪式

二、着装“TOP 原则”

“TOP 原则”是西方人提出的着装原则，分别指时间（Time）、场合（Occasion）和地点（Place）。穿着的“TOP 原则”，要求人们在着装时以时间、地点、场合三项因素为准。除了西方人提出的“TOP 原则”，中国传统商务礼仪中强调着装有四不准：一不准过分杂乱，二不准过分鲜艳，三不准过分暴露，四不准过分透视、紧身。

1. 西装

西装分为单排扣和双排扣两种（见图 4－6）。正式场合：西装色调应比较深，最好用毛料制成；半正式场合：如一般性会见，可穿色调较浅的西装。非正式场合：如穿西装，最好穿单件上装，配以其他色调和面料的裤子。

图 4－6　单排扣西装和双排扣西装

要想西装穿在身上显得大方得体，首先要做到：干净笔挺，去除商标，不放任何东西。其次，纽扣的系法也很讲究。单排两粒扣式的西装上衣，讲究“扣上不扣下”，即只系上边那粒纽扣。单排三粒扣式的西装上衣，可以只系中间那粒纽扣，也可以只系上面两粒纽扣，以示郑重。若是双排扣式的西装上衣，通常情况下，能系上的纽扣都要系上。

西装是男士永恒的时装。如何画龙点睛和凸显个性呢？领带和衬衣的作用不可小视。领带的颜色不要浅于衬衣，尤其不要黑衬衣白领带；不要戴怪异的领带（如：皮的、珍珠的）；除本公司统一配置领带外，最好不要带印有其他公司名称的领带；领带下摆应长过皮带扣少许；穿毛衣或马甲时，领带应放在毛衣、马甲的里面，即贴住衬衣。

衬衣要干净、整齐，尽量不要穿带有明花、明格的衬衣，最好穿质地好的长袖衬衣；浅颜色衬衣不要太薄；袖口、领口要干净、平整；袖口要系好，袖子应比西装的袖子长出1厘米（见图 4－7），并能盖住手背；领角有扣的衬衫，即使不打领带也要扣上；不打领带时，衬衣第一个扣子要解开；不要穿太旧、起泡或起球的衬衣。

特别提醒：领带的长度以到皮带扣处为宜，过长过短都不合适（见图 4－8）。

腰带一定是黑色皮腰带，腰带扣不要太花，不可用其他颜色腰带，也不能太旧。

裤子不得有褶，要有裤线，长度应刚好盖住鞋面。

图 4-7　衬衣

图 4-8　领带

2. 女士套装

相比男士西装来说，女士套装的选择范围就要广很多。如何既体现职业的素养，又展示女性特质呢？答案很简单，色彩柔和、简洁大方、注重细节、不暴露即可。

女士套裙最常见的有西装裙、一步裙等（见图 4-9），款式端庄，线条优美。在颜色选择上，春天阳光明媚，适合选择亮色套装，如杏色、浅棕色、黄绿色；夏天天气炎热，适合选择蓝灰、浅蓝、粉红、熏衣草紫等颜色；秋天色彩华丽，适合选择深棕色、橄榄绿、橙色、金色等颜色；冬天色彩鲜明，适合选择深紫红、玫瑰红、银灰、纯黑等色彩。

图 4-9　女士套裙

3. 饰品选择

饰品在职业套装的搭配中，起着画龙点睛的作用。如何用好饰品、用对饰品，从细节处见品位，是需要特别注意的问题。最基本的原则就是，以职业套装中占大面积的颜色为搭配时的参照。例如，职业套装中占大面积的颜色是黑色、深蓝色，对应饰品可选择亮色条纹的丝巾，扎于领口或胸前，能起到提亮的作用。

在商务交往中有哪些首饰不能戴呢？一是“显富”的珠宝不戴；二是过分个性化、夸张的首饰不戴。男士的饰品比较简单，以皮带、钢笔、公文包、手表和名片夹为主，颜色为深色系，强调稳重得体。而女士的饰品从头到脚比较多，专业戴法是“同质同色”，耳钉、项链、手表都是不错的选择，切记不要戴脚链。色彩选择以柔和低调为主，不能给人“远看圣诞树，近看杂货铺”的印象。

【情境训练 1】

小李是一家公司新上任的营销经理。今天他要参加一个行业研讨会，他希望在这次会上能结交一些新的朋友。你能告诉他，应该如何做才能达到自己的目的呢？

情境二　客户接待

导入案例

秘书的失误

某单位领导与刚来的客商正在会客厅里寒暄，秘书前来泡茶。他用手指从茶叶筒中拈了撮茶叶，放入茶杯内，然后冲上水……这一切，领导和客商都看到了。领导狠狠地瞪了秘书一眼，但碍于客商在场而不便发作。客商则面带不悦之色，把放在自己面前的茶杯推得远远的，同时说："别污染了我的肠胃！"领导知道自己属下做事欠妥，所以只得忍气吞声。

谈判时，双方讨价还价。领导一时动怒，与客商发生争执。秘书觉得自己作为单位的一员，自然应该站在领导一方，于是与领导一起共同指责客商。客商拂袖而去。领导望着远去的客商的背影，气得脸红脖子粗，冲着秘书嚷："托你的福，好端端的一笔生意，让你给毁了。唉！"秘书丈二和尚摸不着头脑，并不知道自己有什么失误，他为自己辩解："我，我怎么啦？客商是你得罪的，与我何干？"

结合案例分析：

1. 你认为这位秘书在接待礼仪上有哪些失误？

2. 正确的做法应该是什么？

知识储备

人际交往，礼貌为先；与人交谈，称呼在前。尊敬得体的称呼，是成功的商务接待的第一步。在商务场合，应以对方的行政职务（如部长、经理、校长等）、技术职称（如工程师、教授、编辑等）或职业名称（律师、医生等）来称呼对方。在不清楚对方职务、职称的情况下，以姓氏加尊称来称呼对方是比较合适的，如张先生、王女士、杨小姐。切勿用张哥、王姐来称呼客人。在正式场合，简化性称呼也会显得不礼貌，例如，把"张局长"改称为"张局"，把"王处长"改称为"王处"。

一、选择酒店

在商务接待过程中，酒店的选择是一门学问，主要遵循 4 个原则。第一，就近原则。选择距离公司或商务活动地点相对较近的地方。第二，安静舒适原则。选择干净整洁的酒店，最好有洗衣服务项目；选择安静的房间，保证客人的睡眠质量。如果是外国客人，尽量选择提供西餐的酒店。第三，便利原则。酒店应有宽带网络，并提供订票服务。是否有商务中心，以及提供打印、传真、扫描等服务也是考虑的因素之一。第四，热情原则。酒店服务质量高，口碑好，服务员热情。

二、迎接与引导

接待客人时，应面带微笑，身体前倾，以点头礼或鞠躬为宜。通行的鞠躬礼有 15°、30°、45°三种（见图 4－10）。15°鞠躬行礼表示轻微寒暄；30°鞠躬行礼是敬礼，表示一般寒暄；45°鞠躬行礼是最高规格的敬礼，表达深切敬意。在行礼过程中，上身应保持直立，以腰为轴，前倾后慢慢恢复直立，鞠躬时切忌臀部后翘。

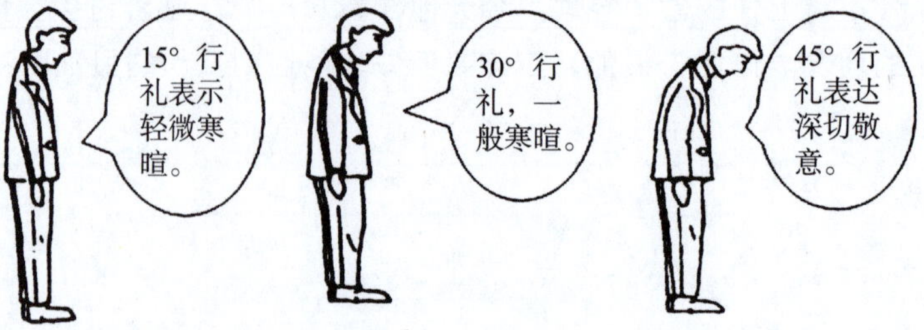

图 4-10 鞠躬礼

在迎接的过程中，要积极响应宾客的需求，多说“您好”“大家好”“谢谢”“对不起”“请”等礼貌用语。引导时动作优雅，注意危机提醒。例如，在引导客人上台阶的时候，提前对访客进行危机提醒：“请小心台阶”；如果地面有些滑，就需要提醒客人：“地面有些滑，请您小心”。

小思考：

天地公司的初萌是一个新员工，她在前台负责接待来访的客人和转接电话。还有一个同事小石和她一起工作。每天上班后一到两个小时之间，是她们最忙的时候，电话不断，客人络绎不绝。一天，有一位与人力资源部何部长预约好的客人，提前20分钟到达。初萌马上通知人力资源部，部长说正在接待一位重要的客人，请对方稍等。初萌转告客人说：“何部长正在接待一位重要的客人，请您等一下。请坐。”正说着电话铃又响了，初萌匆匆用手指了一下椅子，赶快接电话。客人面有不悦。小石接完电话，赶快为客人送上一杯水，与客人闲聊了几句，以缓解客人的情绪。

请问秘书初萌的表现有什么不妥的地方？秘书接待应做好哪几方面的准备工作？

三、介绍与握手

初次见面时，介绍与握手是商务人员给客户留下良好印象的重要组成部分，是取得商务活动成功的重要保证。见面介绍的类型及礼仪要求如表4-4所示。

表4-4 介绍的类型及礼仪要求

类型	礼仪要求
自我介绍	介绍自己的名字、单位和职务；声音清晰，面带微笑
为他人介绍	使用尊称；站在位尊者（领导、长辈、客户、其他公司同行等）的角度，先把位卑者介绍给位尊者
被他人介绍	起立，打招呼，问候，如：“您好，很高兴见到您”“多谢您的关照，再见”

握手礼（见图4-11）起源于欧洲，是当今世界商务社交场合最常见的问候礼节。一般情况下是位尊者先伸出手，位卑者后伸出手。女士不先伸手，男士不应主动握手。但在迎接客人时，为了表示热情友善，先伸手是可以的。握手一定要用右手，要坚定有力，切勿蜻蜓点水。握手时间以2～3秒为宜。在握手的礼仪上应记住“五不”：一是不可交叉握手，也就说当A和B正在握手时，C不可伸手从A或B的手臂上方或下方越过、与B或

A握手；二是不可戴手套或墨镜与他人握手；三是握手时不可东张西望或另一只手插在口袋中；四是不可握手时一脚在门内，一脚在门外；五是不可握手后立即擦拭手掌。

图4-11 握手礼

四、交换名片

名片代表着一个人的形象，应当保持干净整洁，不可折叠、损坏。因此，用名片夹是一个明智的选择。职位低者应先递出名片以表示尊重。递名片时应使文字正面方向朝向客户并用双手递出，这样客户接受名片后即可以直接阅读（见图4-12）。向多人递送名片时，可按照“由尊而卑、由近而远”的原则。值得注意的是，名片的设计要与企业整体风格一致，头衔不宜过多，宜简洁明了，写清楚联系方式和业务范围是关键。

图4-12 接递名片礼仪

五、座次礼仪

商务会议非常讲究座次。一般会议上，离门口最远的地方是主宾的位子，其旁边是主宾的随从的位子，离门口最近的位子安排给年龄较小或辈分比较低的员工。除了遵照一般原则，也要兼顾特殊情况。有些人位居高职，却不喜欢坐在主位，要让客户自己去挑选他喜欢的位置。

对于大型的商务会议，在座次安排上，简单来说，原则是：前高后低、中央高于两侧、左高右低（我国惯例）和右高左低（国际惯例）。主席台的座次以左为尊，如图 4－13 所示。

当领导人数为奇数时，1 号首长居中，2 号首长在 1 号首长左边，3 号首长排在右边。其他依次排列。从台下看即为 9，7，5，3，1，2，4，6，8 的顺序。当领导人数为偶数时，应是 1 号首长、2 号首长同时居中，1 号首长排在居中座位的左边，2 号首长排在右边，其他以此排列。从台下看即为 7，5，3，1，2，4，6，8 的顺序。

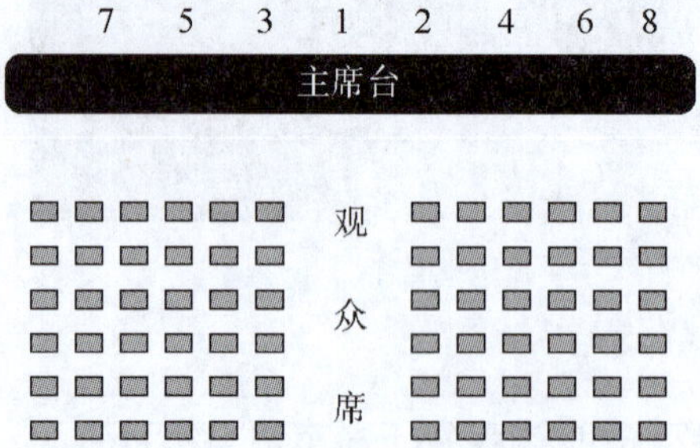

图 4－13　主席台座次顺序

乘坐轿车的座次，按照国际惯例是右高左低、后高前低。具体而言，轿车座次自高而低是后排右位、后排左位、后排中位、前排右位，具体的座次安排如表 4－5 所示。

表 4－5　轿车座次安排

轿车座次尊卑	主人开车时，驾驶座旁边为尊位	司机开车时，司机的右后座为尊位；吉普车驾驶座旁为尊位
九座小客车座位有三排，以中排靠近右车门的座位为尊位，然后依次往左边推算，前排靠近右车门为卑位，负责帮忙拉开及关上车门		
两对夫妻同坐，女主人坐在男主人右侧，男主宾坐在女主宾右侧		
男主人与一对夫妻同车，男主宾陪坐在男主人右侧，女主宾则坐在右后座		
游览车从驾驶座后面第一排右侧开始，由右向左算，越往后面座位越低		

六、签字仪式

1. 布置签字厅

签约仪式前的准备包括：布置签字厅，摆放桌牌，以及待签合同。一间标准的签字厅，室内可铺满地毯，除了必要的签字用桌椅外，其他一切的陈设都不需要。签字桌应为长方形桌，横放于室内，其上铺设深色台布。签署双边性合同时，可放置两张座椅，供签字人就座。签署多边性合同时，可以仅放一张桌椅，供各方签字人签字时轮流就座；也可以为每位签字人都各自提供一张座椅。签字人就座时，一般应面对正门。在签字桌上，应事先安放好待签的合同文本、签字笔、吸墨器等。

2. 摆放水牌

摆放水牌涉及座次安排问题。签字时各方代表的座次，应由主方先期代为排定。在签署双边性合同时，客方签字人在签字桌右侧就座，主方签字人则在签字桌左侧就座。双方各自的助签人，应分别站立在各自一方签字人的外侧，以便随时对签字人提供帮助。双方其他的随员，可依照职位高低，站立于己方签字人的身后。当一行站不完时，可以按照

“前高后低”的惯例排成两行，原则上，双方随员人数应大体相近。

3. 交换合同

商务礼仪规定，签字人签完合同文本后，应交由他方签字人签字。签字人应首先签署需要自己保存的合同文本，并把名字签署在首位。在签字人正式交换签完的合同文本时，全场人员应热烈鼓掌，表示祝贺。签字人应互相握手表示祝贺，还可交换各自使用过的签字笔，作为纪念。按照惯例，签字仪式的最后，有关人员可共饮香槟酒相互道贺。

七、礼品选择

《诗经》云：“投我以木桃，报之以琼瑶。”可见礼尚往来是从古至今人际关系、商务交往的重要方式。以物表情，礼载于物，是商务活动中的重要一环。赠送礼物不仅仅是帮企业做广告，也宣示着自己与客户的关系。礼品本身的贵重与否并不是关键，关键在于它是否成功地将想要表达的思想感情传达给了对方。因人、因事、因时而施以恰到好处的礼品，使赠送或回礼合乎礼仪规范，才能达到最佳效果。

馈赠的礼物可简单分为精神礼物和物质礼物。明信片、礼仪电子邮件、点歌等，属于精神礼物。这类礼物强调“来而不往非礼也”，不一定昂贵，重在情、重在送礼的方式。企业宣传品、特产等则属于物质礼物。这类礼物强调特色、包装精美，能给客户留下深刻印象。此外，商务礼品不要带有私密性，如送女性衬衣、丝袜等就不太合适。

明确赠礼的性质至关重要。礼品是为企业成就、个人高升、开业而贺，还是为道歉、请求原谅而送，还是逢年过节的赠礼，在选购之前就必须明确礼品的性质。了解客户的身份、性格、爱好，也是礼品选购之前必做的功课。

小案例

韩国某公司董事长等企业高层，将到上海考察上海分公司，需要预定一个可容纳200人的场地举办答谢晚宴。A星级宾馆营销部经理唐宁得知此事后，决定主动与韩方联系，做成生意。她知道在韩国文化中，瓷器是地位和文化的象征，便专门托人制作了一套精美的瓷碟，并带着这一特殊礼品直奔韩方上海分公司接待处。在进行了一番自我介绍之后，唐宁把宾馆和宴会厅的资料交给对方，热情邀请对方实地考察。看到唐的努力、热情以及得体的礼物，对方爽快地将宴会举办地定在了A星级宾馆。

送礼的时机一般选择在刚见面或临分手的时候。送礼时，应落落大方，双手奉上。在赠送礼品时说几句祝福的话，可以缓解尴尬的气氛。在接受他人礼品时，应双手捧接，并立即表示喜欢和感谢。如果是外商赠送的礼物，按照国际惯例，最好当面打开并对礼品表示喜欢和感谢。值得注意的是，初次在办公室或公开场合见面就送上重礼，有行贿之嫌。

【情境训练2】

分组进行迎接与引导、介绍与握手、递送名片与告别等接待礼仪训练。

任务二　认知餐饮礼仪

任务描述

小田是一家公司的业务经理，今天要宴请重要客户徐总。席间，小田抖起了二郎腿，斜叼着烟吞云吐雾，偶尔夹点菜吃就发出“吧唧吧唧”的声音。徐总见状，借口有急事、离开了饭局，从此就失去了联系。对于小田的做法，你认为失误在哪里？他应该如何修补与徐总的关系呢？

商务活动中经常涉及的礼仪就是餐饮礼仪。不要为对方夹菜，进餐的时候声音不能过大，嘴里不要含着饭菜说话等——这些基本礼仪常识，大家都有所了解。下面具体探讨中餐、西餐和自助餐的餐饮礼仪。

情境一　中餐礼仪

导入案例

王海的家宴

王海的好朋友长期在国外生活，最近夫妇二人从国外回来了，王海很热情地请好友来家中吃饭。席间，王海不顾好友夫妇的一再推脱，非常热情地为他们夹菜。王海自己在吃肉骨头的时候，突然有肉渣钻进了牙缝。于是，王海拿起桌上的牙签，当众剔牙，还将剔出的肉渣放在了桌上。顿时，好友夫妇面露不悦之色。

结合案例分析：

1. 王海的表现是否符合礼仪规范？为什么？

2. 他怎样做才正确？

知识储备

中华饮食，源远流长。中国作为礼仪之邦，饮食礼仪自然成为饮食文化的一个重要部分。如何坐？如何使用餐巾布？使用筷子、勺子有什么讲究？用餐的时候有什么礼节？这些都是商务宴请中必须注意的细节。

一、中餐宴请的类型

1. 宴会

宴会是一种隆重而正规的、讲究排场与气氛的大型聚餐活动，它往往是为宴请专人而精心安排的，在比较高档的饭店或是其他特定的地点举行。

2. 便宴

便宴是一种非正式宴会。它的形式比较简单，不注重规模、档次。

3. 家宴

家宴即在家里举行的宴请活动，也就是家常便饭。

4. 工作餐

工作餐是现代生活中经常采用的一种非正式的宴请形式，是在商务交往中具有业务关系的合作伙伴，为进行接触、保持联系、交换信息或洽谈生意而通过用餐的形式进行的商务聚会。

二、席位排列

商务宴请中，通常需要将桌次和位次进行排列，我们将按照国际惯例进行讲述。

1. 桌次排列

按照国际惯例：桌次高低以离主桌位置远近而定。“右高左低”，桌数较多时，发摆桌次牌，方便宾主并便于管理。

中餐宴会的主桌有两种：一种是大圆桌，圆桌中央设花坛或围桌，主客围桌而坐。主桌的座位应摆放签名卡。一种是长方形横摆桌，主客面向众席而坐。一般来说，台下最前列的一两桌是为贵宾和第一主人准备的，赴宴者如果不是主宾，最好不要贸然入座。

中式宴会多使用圆桌。如果是多桌中餐，则每桌都有一位主人或招待人负责照应，其两侧的座位是留给本桌上宾的。除非受到邀请，赴宴者也不宜去坐。如果桌数较多时，则将排列序号放在餐桌上。隆重的中餐还为每位客人准备一份菜单。

主桌的确定：居中为上、以右为上、以远为上（距离门的位置）。按习惯，桌次的高低以离主桌位置远近而定。以主人的桌为基准，右高左低，近高远低；桌子之间的距离要适中，各个座位之间的距离要相等。举办正式宴会，应当提前排定桌次和席次，或者只排定主桌席位，其他只排桌次。桌、席排次时，先定主桌主位，后排座位高低。中式宴会通常 8～12 人一桌，人数较多时也可以平均分成几桌。在宴会不止一桌时，要安排桌次。其具体原则是：

（1）以右为上。当餐桌分为左右时，以面门为据，居右之桌为上（见图 4－14）。

（2）以远为上（大）当餐桌距离餐厅正门有远近之分时，以距门远者为上（见图 4－15）。

（3）居中为上。多张餐桌并列时，以居于中央者为上（见图 4－16）

（4）在桌次较多的情况下（见图 4－17），当三桌以上的桌次进行排列时，讲究“面门定位”“以右为上”“居中为上”“以远为上”等原则。

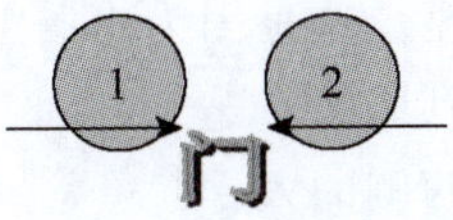

图 4－14　以右为上

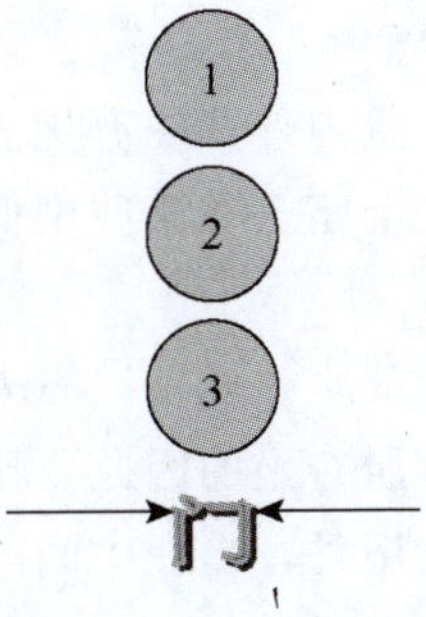

图 4－15　以远为上

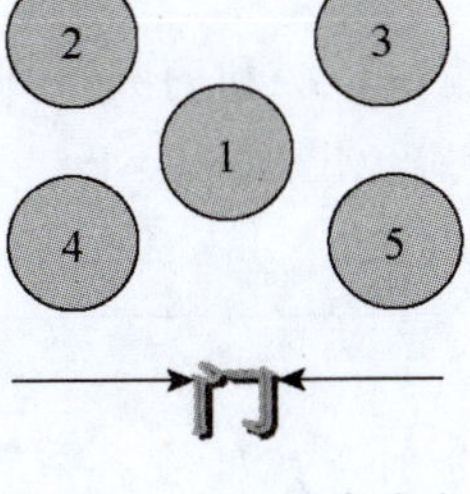

图 4－16　以中为上

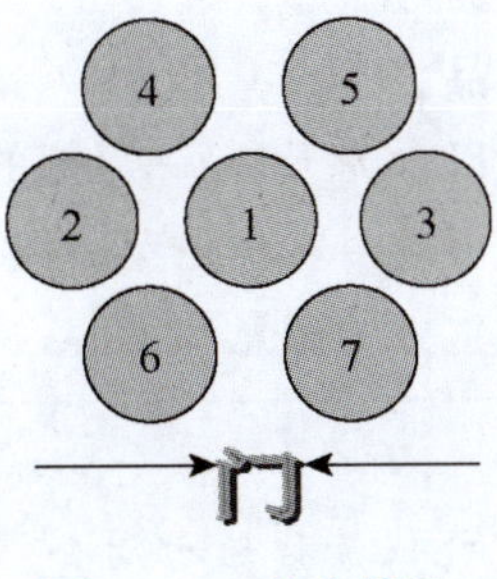

图 4－17　综合情况

2. 位次排列

在国际交往场合和商务交际场合，中餐习惯于按职务和身份高低排列席位。

（1）每桌只有一个主位的排列方法：一般遵循“面门为上”“以右为尊”的原则，主人在主位上就座，第一主宾坐在主人的右手位置，第二主宾坐在主人的左手位置。其余客人按此顺序排列下去（见图 4-18）。

（2）每桌有两个主位的排列：如果每桌有两个主位的时候，第一主人坐在面对正门的位置，第一、第二主宾分别坐在其右手和左手的位置。第二主人则坐在背对正门的位置，第三、第四位客人分别坐在其右手和左手的位置（见图 4-19）。

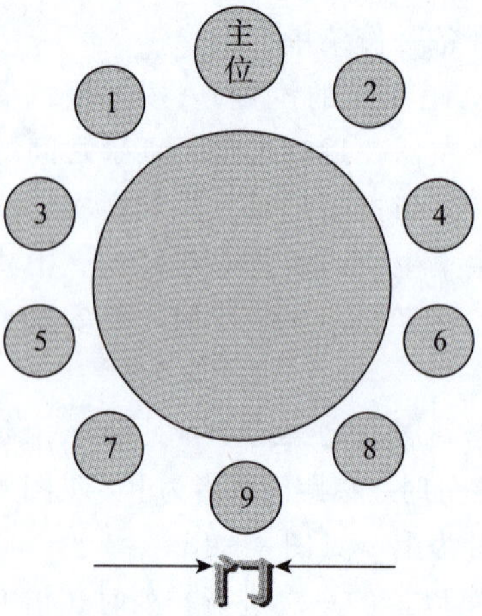

图 4-18

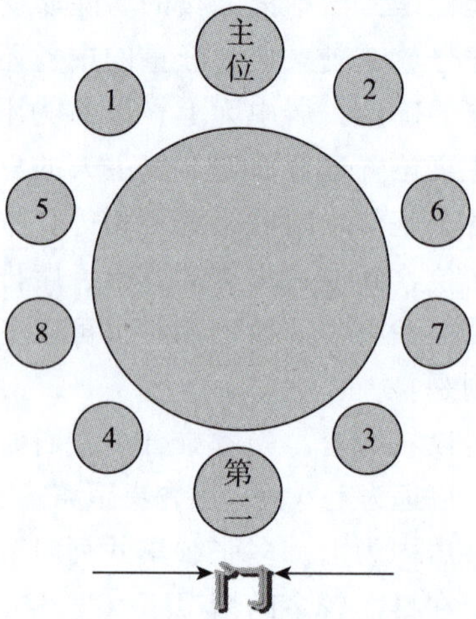

图 4-19

（3）特殊情况。

高档餐厅里，室内外往往有优美的景致或高雅的演出，供用餐者欣赏。这时候，观赏角度最好的座位是上座。在某些中低档餐馆用餐时，通常以靠墙的位置为上座，靠过道的位置为下座。

两人一同并排就座，通常以右为上座，以左为下座。这是因为中餐上菜时多以顺时针方向为上菜方向，居右坐的因此要比居左坐的优先受到照顾。

三人一同就座用餐，坐在中间的人在位次上高于两侧的人。

用餐的时候，按照礼仪惯例，面对正门者是上座，背对正门者是下座。

总的来说，中餐位次的排列，主要遵循以下方法：面门为上；右高左低；中座为尊；观景为佳；临墙为好。

三、选择菜品

正所谓“民以食为天”，一桌好的餐食能令人心情愉悦，缓和商务谈判中的紧张气氛。如果时间宽裕，可以由客户点菜。但一般情况下，为了避免出现餐桌上空无一物等吃饭的现象，为了体现主方的诚意和细心，最好提前预订好菜品。

> **小贴士**
>
> 中国的饮宴礼仪号称始于周公。中国的八大菜系分别是：川菜、鲁菜、粤菜、淮扬菜、湘菜、徽菜、浙菜、闽菜。

点菜是一门学问，点什么样的菜合适呢？在宴请前，主人需要事先对菜单进行再三斟酌。在准备菜单的时候，主人要着重考虑哪些菜可以选用、哪些菜不能选用。优先考虑的菜肴有四种。

第一类：有中餐特色的菜肴。宴请外宾的时候，更要重视这一条。像炸春卷、煮元宵、蒸饺子、狮子头、宫爆鸡丁等，因为具有鲜明的中国特色，所以受到很多外国人的推崇。

第二类：本地特色菜肴。如川菜的五大名菜鱼香肉丝、宫保鸡丁、麻婆豆腐、回锅肉、东坡肘子，鲁菜中的九转大肠、汤爆双脆，粤菜中的广州风味、潮汕风味、客家风味，湘菜中的东安仔鸡、腊味合蒸、冰糖湘莲、发丝牛百合、吉首酸肉等。

第三类：就餐餐馆的特色菜。很多餐馆都有自己的特色菜。上一份本餐馆的特色菜，能说明主人的细心和对被请者的尊重。如果是宴请外国客户或外地客户，担担面、野菜摊饼、炸春卷等小吃可以作为饭后点心供大家品尝。

第四类：主人的拿手菜。举办家宴时，主人一定要当众露上一手，多做几个自己的拿手菜。其实，所谓的拿手菜不一定十全十美，单凭主人亲自动手这一条，足以让对方感觉到你的尊重和友好。

在安排菜单时，还必须考虑来宾的饮食禁忌，特别是要对主宾的饮食禁忌高度重视。这些饮食方面的禁忌主要有四条：

第一条：宗教的饮食禁忌，一点也不能疏忽大意。例如，穆斯林不吃猪肉，并且不喝酒。国内的佛教徒不吃荤腥食品（不仅指的是不吃肉食，而且包括葱、蒜、韭菜、芥末等气味刺鼻的食物）。

第二条：有的人出于健康的原因，对于某些食品，也有所禁忌。比如，患有心脏病、脑血管、脉硬化、高血压和有中风后遗症的人，不适合吃狗肉，肝炎病人忌吃羊肉和甲鱼，胃肠炎、胃溃疡等消化系统疾病的人也不适合吃甲鱼，高血压、高胆固醇患者，要少喝鸡汤等。

第三条：不同地区，人们的饮食偏好往往不同。对于这一点，在安排菜单时要有所考虑。比如，湖南、四川等省的人普遍喜欢吃辛辣食物，少吃甜食。英美国家的人通常不吃动物内脏、动物的头部和脚爪。

第四条：有些职业，出于某种原因，在餐饮方面往往也有各自不同的特殊禁忌。例如，国家公务员在执行公务时不准吃请，在公务宴请时不准大吃大喝，不准超过国家规定的标准用餐，不准喝烈性酒。再如，驾驶员工作期间不得喝酒。要是忽略了这些，有可能使对方犯错误。

到底点多少菜合适呢？简单来说，少于 8 人，菜品数（凉菜、热菜和汤）可以是人数+1；多于 8 人，菜品数（凉菜、热菜和汤）可以是人数+2。其中，冷菜占 30%，热菜 60%，汤类占 10%。以 10 人为例，点 12 个菜，其中凉菜 4 个，热菜 6 个，汤 2 个。

猜一猜：“满汉全席”至少是多少种菜？

凉菜：以清淡爽口为宜，尽量少点动物肝脏，如猪肝、鹅肝，胆固醇高，对健康不利。

热菜：是宴席上的重头戏，点热菜最重要的就是多样化，即口感、风味、烹饪方式都要丰富。最好是 1/3 肉类、海鲜类，1/3 蔬菜、豆制品，1/3 菌类。这样合理搭配荤素、保证营养的平衡，同时还会在菜肴的色泽和口感上有新鲜感。

点汤类时要注意和凉菜、热菜搭配。若肉菜偏多，可选择素汤；还可按照季节点汤。春夏季常喝清肺、解暑汤，如绿豆百合汤等；秋冬季遵循生津润肺的原则，多喝养阴润燥、平补肺气的汤，如萝卜排骨汤、银耳莲子汤等。

注意：不要迷信药膳汤！特别是在不了解药性和客户身体状况的时候，最好不要点。

至于点心部分，可在用餐接近尾声的时候，征求客户意见，点一些有地方特色的小吃或蛋糕、面条、米饭、粥食等主食；还可以点一些水果拼盘作为饭后甜点。

四、餐具的使用

1. 餐巾

餐巾的主要作用是防止弄脏衣服，同时用来擦拭嘴及手上的油渍。使用餐巾时必须等大家坐定后才打开，切记不可一来就把餐巾摊好，一副迫不及待要吃饭的样子。餐巾摊开后，应放在双膝上端的大腿上。另外，不要用餐巾擦拭餐具。

2. 筷子

在长期的生活中，人们对使用筷子也形成了一些礼仪上的忌讳。一忌敲筷：即在等待就餐时，不能坐在餐桌边，一手拿一根筷子随意敲打，或用筷子敲打碗碟或茶杯。二忌掷筷：在餐前发放筷子时，要把筷子一双双理顺，然后轻轻地放在每个人的餐桌前，距离较远时，可以请人递过去，不能随手掷在桌上。三忌叉筷：筷子不能一横一竖交叉摆放，不能一根是大头，一根是小头。筷子要摆放在碗的旁边，不能搁在碗上。四忌插筷：在用餐中途因故需暂时离开时，要把筷子轻轻搁在桌子上或餐碟边，不能插在饭碗里。因为这种插法，只在祭奠死者的时候才用。五忌挥筷：在夹菜时，不能把筷子在菜盘里挥来挥去，上下乱翻，遇到别人也来夹菜时，要有意避让，谨防“筷子打架”。六忌舞筷：在说话时，不要把筷子当作刀具，在餐桌上乱舞；也不要在请别人用菜时，把筷子指到别人面前，这样做是失礼的。

3. 勺子

暂时不用勺子时，应将其放在自己的碟子上，不要把它直接放在餐桌上。用勺子取食物后，应立即食用，不要左挑右取囤积很多后才食用，更不能把刚舀出来的食物再倒回原处。如果取用的食物太烫，不可用勺子舀来舀去，也不要用嘴对着吹，可以先放到自己的碗里等凉了再吃。不要把勺子塞到嘴里反复舔食，更不可因太烫而把嘴里的东西吐出来，可以喝点果汁、凉水。

4. 食碟

食碟主要是用来暂放菜肴。用食碟时，一次不要取放过多的菜肴，看起来繁乱不堪。不要把多种菜肴堆放在一起，弄不好它们会相互“窜味”，不好看，也不好吃。不吃的残渣、骨、刺等，不要吐在地上、桌上，而应轻轻取放在食碟前端，如果食碟放满了，可以让服务员换。

五、祝酒礼节

客户正在咀嚼食物的时候，应避免敬酒。他人给自己敬酒时，应放下筷子、端起酒杯、起身回应。敬酒时面带微笑，用双手举杯敬酒，眼睛注视对方，说一些感谢、祝福的话，喝完后再举杯表示谢意。当离对方比较远时，可以用酒杯杯底轻碰桌面，表示和对方碰杯。

想一想：开始的第一杯酒是由客人来敬还是由主人来敬？

一般情况下，领导相互喝完才轮到敬酒。可以多人敬一人，绝不可一人敬多人，除非自己是领导。敬酒时应掌握节奏，不要一下子喝得太猛。敬酒时端起酒杯，右手握杯，左手托杯底，自首席按顺时针一路敬酒，不要跳跃，不要厚此薄彼。碰杯时，杯子不要高于对方的杯子。中国很多地方都有劝酒的习俗，但在现代商务交往中，应尊重对方的饮酒习惯和意愿，不要以各种理由逼迫对方喝酒，不要把自己杯里的酒往别人杯里加。另外，注意酒后不要失言、失态，不要说大话。

六、其他餐桌礼仪

入席前，烟、茶等不可全部让餐厅服务员代劳，招待人员应礼貌性地亲自递烟、倒茶。入席时，招待方应积极招呼客人入席，以免大家乱作一团。待尊者坐定后，接待人员方可入座。如果席上有女士，应等女士坐定后，才可入座。入座后姿势端正，脚踏在本人座位下，不可任意伸直，手肘不得靠桌沿或将手放在邻座椅背上。用餐时建议端起碗，大拇指扣住碗口，食指、中指、无名指扣碗底，手心空着。伏在桌子上吃饭，不但吃相不雅，而且压迫胃部，影响消化。

除此以外，在餐桌上不能只顾自己，要关心别人，尤其要招呼两侧的女宾。与他人交谈时，要暂时放下筷子，不能一边说话，一边挥舞筷子。为了健康，最好准备公筷、公勺。避免在餐桌上咳嗽、打喷嚏，万一忍不住，要用手或手帕捂住嘴，把头转向后方并说声“对不起”。离席时，应帮助隔座长者或女士托住座椅，并注意不要落下随身物品。

【情境训练 1】

小王作为公司的销售部经理，与一位下属一起接待来自四川的 15 位客户。他需要为这 15 位远道而来的客人选择一个菜系（从八大菜系中选择），同时还要在该菜系中，确定应该点多少道菜，冷菜、热菜、汤的数量分别应该是多少？如果大家用餐的桌子是一张圆桌，该如何安排就座次序呢？他需要提前画一张图来表示大家的座位。(15 位客户按职位大小分为 1 号客户、2 号客户、3 号客户……15 号客户)。请帮助王经理完成本次招待任务，确保宴请不出纰漏。

情境二　西餐礼仪

导入案例

王玲陪客人用西餐

王玲在一家外企做总经理秘书。一天中午，王玲需陪同总经理到某西餐厅宴请利华公司的张总。她到餐厅入座后，摊开餐巾别在衣服领口上，然后躺靠在椅背上叫服务员拿菜谱点菜。

第一道食物面包和汤上来了。喝汤时，由于刚上的汤比较烫，为了加快汤的冷却，她一边用汤匙搅和着热汤，一边用手在汤碗上方不停地扇动。后来，又用刀子切了面包放进汤中，然后用叉子将面包叉出来吃。不一会儿，牛排上来了。她右手拿刀，左手拿叉，将牛排全部切成小块，然后用叉子一块块地送入口中。突然，她的手机响了，她顺手将餐巾放在桌旁，边接电话边往洗手间走去。

结合案例分析：王玲的失礼之处体现在哪里？

知识储备

西餐是一种文化的沉淀，从入座、点餐到用餐程序，都有一套西方人的礼仪，掌握礼仪是用餐的关键。

1. 酒店的预约

在西方，去饭店吃饭一般都要事先预约。在预约时，有几点要特别注意说清楚：首先，要说明人数和时间；其次，要表明是否要吸烟区或视野良好的座位。如果是生日或其他特别的日子，可以告知宴会的目的和预算。在预定时间到达，是基本的礼貌。

2. 衣着礼仪

去餐厅吃饭要穿着得体，是欧美人的常识。去高档餐厅，男士要穿着整洁，女士要穿套装和有跟的鞋子。如果要求穿正式的服装，男士必须穿西服打领带。

3. 入座有讲究

最得体的入座方式是从左侧入座。当椅子被拉开后，身体在几乎要碰到桌子的距离站直，领位者会把椅子推进来，腿弯碰到后面的椅子时，就可以坐下来了。用餐时，上臂和背部要靠到椅背，腹部和桌子保持约一个拳头的距离。最好避免两脚交叉的坐姿。

4. 座次安排

如果男女二人同去餐厅，男士应请女士坐在自己的右边，注意不可让她坐在人来人往的过道边。若只有一个靠墙的位置，应请女士就座，男士坐在她的对面。如果是两对夫妻就餐，夫人们应坐在靠墙的位置上，先生则坐在各自夫人的对面。如果两位男士陪同一位女士进餐，女士应坐在两位男士的中间。如果两位同性进餐，那么靠墙的位置应让给其中的年长者。西餐一般都使用长桌。每个人入座或离座，均应从座椅的左侧进出。

5. 上菜的次序

正式的全套西餐上菜顺序是：(1) 头盘，(2) 汤，(3) 副菜，(4) 主菜，(5) 甜品，(6) 饮料，还有餐前酒和餐酒。头盘、主菜（鱼或肉择其一）、汤加甜点是最恰当的组合。点菜并不是由前菜开始点，而是先选一样最想吃的主菜，再配上适合主菜的汤等。

6. 点酒的学问

在高级餐厅里，会有精于品酒的调酒师拿酒单来。对酒不太了解的人，最好告诉他自己挑选的菜色、预算、喜爱的酒类口味，由主调酒师帮忙挑选。主菜是肉类的话，应搭配红酒，鱼类搭配白酒。上菜之前，可来杯香槟或雪利酒等较淡的酒。

7. 餐巾的使用

点完菜后，在前菜送来前的这段时间把餐巾打开，往内折 1/3，让 2/3 平铺在腿上，盖住膝盖以上的双腿部分。最好不要把餐巾塞入领口。

8. 刀叉的使用

英美人的饮食习惯不一样。吃肉菜时，英国人左手拿叉，叉尖朝下，把肉叉起来，送入口中，如果是烧烂的蔬菜，就用餐刀把菜拨到餐叉上，送入口中；美国人用同样的方法切肉，然后右手放下餐刀，换用餐叉，叉尖朝上，插到肉的下面，不用餐刀，把肉叉起来，送入口中，吃烧烂的蔬菜也是这样叉起来吃。

9. 刀叉摆放礼仪

用餐中为八字形：如在用餐中途暂时休息片刻，将刀叉分放盘中，刀头与叉尖相对成

“一”字形或“八”字形，刀叉朝向自己，表示还在继续吃。如谈话，可拿着刀叉，无须放下，但若需作手势时，就应放下刀叉，千万不可手执刀叉在空中挥舞、摇晃。用餐结束后，可将叉子的下面向上，刀子的刀刃侧向内与叉子并拢，平行放置于餐盘上。刀叉柄朝向自己、并列放在盘子里，则表示这一道菜已经用好了，服务员就会把盘子撤去（见图 4－20）。

注意：千万不可把刀叉一头放在盘子上，另外一头放在桌子上，这是失礼的哦！

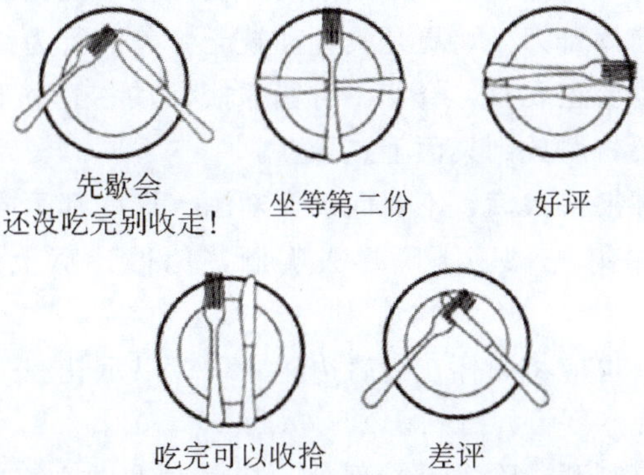

图 4－20　刀叉各种摆放的含义

10. 进餐礼仪

进餐时，除用刀、叉、匙取送食物外，有时还可用手取。如吃鸡、龙虾时，经主人示意，可以用手撕着吃。吃饼干、薯片或小粒水果，可以用手取食。面包则一律手取，注意取自己左手前面的，不可取错。取面包时，左手拿取，右手撕开，再把奶油涂上去，一小块一小块撕着吃。不可用面包蘸汤吃，也不可一整块咬着吃。

喝汤时，切不可以汤盘就口，必须用汤匙舀着喝。姿势是：用左手扶着盘沿，右手用匙舀，不可端盘喝汤，不要发出吱吱的声响，也不可频率太快。如果汤太烫时，应待其自然降温后再喝。

吃肉或鱼的时候，要特别小心。用叉按好后，慢慢用刀切，切好后用叉子进食，千万不可用叉子将其整个叉起来，送到嘴里去咬。鱼或肉类菜盘里，一般有些生菜，往往是用于点缀和增加食欲的。

餐桌上的佐料：通常已经备好，放在桌上。如果距离太远，可以请别人帮忙递一下，不能自己站起来伸手去拿，这是很难看的。

11. 如何吃水果

在宴席上，要用手拿取苹果或梨，放在盘里。你可以用螺旋式将其削皮。如果很难这样做，就把水果放在盘上，先切成两半，再去核切块，然后用叉或水果刀食用。如果就餐场合更加随便点的话，你可以用手拿着吃。

12. 喝酒的讲究

酒类服务通常是由侍者先将少量酒倒入酒杯中，让客人鉴别一下品质是否有误，客人只需把它当成一种形式，喝一小口并回答：“Good。”接着，侍者会来倒酒。这时，客人不要动手去拿酒杯，而应放在桌上由侍者去倒。喝酒时绝对不能吸着喝而是倾斜酒杯，像是将酒放在舌头上似的喝。轻轻摇动酒杯，让酒与空气接触以增加酒味的醇香，但不要猛烈摇晃杯子。一饮而尽、边喝边透过酒杯看人、拿着酒杯边说话边喝酒、吃东西时喝酒、口红印在酒杯沿上等，都是失礼的行为。不要用手指擦杯沿上的口红印，要用面巾纸擦。

正确的握杯姿势是用手指握杯脚。为避免手的温度使酒温增高，应用大拇指、中指和食指握住杯脚，小指放在杯子的底面固定。

13. 得体用餐的表现

吃西餐时相互交谈是很正常的现象，但切不可大声喧哗、放声大笑，也不可抽烟，尤其在吃东西时应细嚼慢咽，嘴里不要发出很大的声响，更不能把叉刀伸进嘴里。至于拿着刀叉做手势、在别人面前挥舞刀叉，更是失礼和缺乏修养的行为。

吃西餐的坐姿：坐姿要正要直，脊背不可紧靠椅背，一般坐于座椅的3/4。不可伸腿，不能跷起二郎腿，也不要将肘放到桌面上。

饮酒时：不要把酒杯斟得太满，不要向别人劝酒（这些都不同于中餐）。

刚吃完油腻食物：最好先擦一下嘴再去喝酒，免得让嘴上的油渍将杯子弄得油乎乎的。

干杯时：即使不喝，也应将酒杯在嘴唇边碰一下，以示礼貌。

14. 红酒礼仪

开瓶：用小刀将封口割开，除去上端部分。接着对准中心将螺旋锥慢慢拧入软木塞，然后扣紧瓶口，进而平稳地将把手柄缓缓拉起，将软木塞拉出。

伺酒：开瓶之后不要马上饮用，而是要晾一会儿，酒的香味会更醇。成熟期的红酒只需提前半个小时就足够了，陈年老酒通常结构比较脆弱，换瓶去渣后应尽快饮用。

斟酒：最好用餐巾裹着酒瓶，以免手温使酒升温。倒到杯容量的1/3为度，让酒在杯口处留香。

品酒：先观色，再摇晃，后闻酒。最后当然就是“品”。一般的说法是啜一口酒，让酒在口内停留一会儿。品过酒最好再给点时间回味一下。

饮酒小细节：

（1）服务员一般会按顺序倒酒。如果你不想让服务员给你倒酒，那么就用指尖碰一下酒杯的边缘，以示不想要了。

（2）为避免手的温度使酒温增高，正确的握杯姿势是用三根手指轻握杯脚，即用大拇指、中指和食指握住杯脚，小指放在杯子的底面固定。

（3）喝酒时绝对不能吸着喝，应该倾斜酒杯，就像是将酒放在舌头上似的喝。你可以轻轻摇动酒杯让酒与空气接触以增加酒味的醇香，但不要猛烈摇晃杯子。

（4）非敬酒时的一饮而尽，或是边喝酒边透过酒杯看人、拿着酒杯边说话边喝酒、将口红印在酒杯沿上等，都是失礼的行为。

总之，西餐既重礼仪，又讲规矩，只有认真掌握好，才能在就餐时表现得温文尔雅、不失风度。

15. 自助餐礼仪

自助餐是一种非正式宴会，通常穿插在正式的活动、会议之中或之后，作为辅助的招待形式。商务宴请一般不采用这种形式。由于是自助形式，所以在用餐过程中，一定要注意照顾好主宾，如陪同其就餐，与其进行适当的交谈，为其引荐其他客人等。

注意：给主宾留下一点供其自由活动的时间，不要始终伴随其左右。

除以上之外，参加自助餐应遵循以下礼仪：

(1) 排队取菜。享用自助餐时，讲究先来后到，排队选取食物。不允许乱挤、乱抢、乱插队，更不允许不排队。

(2) 照顾他人。取菜时用公共餐具，不要犹犹豫豫，选来选去，影响后面的人，更不要挑挑拣拣或直接用自己的餐具取菜。

(3) 循序取菜。取菜的时候不要盲目、什么都拿。各种菜混在一起，既坏了味道，又容易造成浪费。取菜的顺序是冷菜、热菜、汤、点心、甜品和水果。

(4) 多次取菜。遵守“多次、少取”的原则。为了省事一次取用过量、装得太多，是一种失礼的行为。

【情境训练 2】

某公司林总请刚回国的朋友刘先生吃饭，叫秘书小欧去安排，小欧便安排在上岛西餐厅吃西餐。在吃西餐时，小欧把餐巾围在了衣领前；为了对刘先生的到来表示欢迎，她一口气喝完餐前的开胃酒，而林总和刘先生只是随意地喝了一点点。刘先生略显惊讶地说：“欧小姐真是好酒量啊！”林总却尴尬地笑了笑。在吃饭过程中，林总与刘先生聊得十分开心，小欧嘴里含着还没有咽下去的食物，手里摇晃着刀叉，时不时插上几句话。中途小欧外出接电话时，就把刀叉和餐巾往桌上一丢说：“不好意思，我先离开一会。”

分小组评价小欧吃西餐时的言行举止，然后分角色演示正确的做法。

项目小结

本项目主要学习三个方面的内容：

(1) 商务形象的塑造：妆容与发型的管理、着装的“TPO”原则。另外，在接待客户时要注意酒店的选择、客户的迎接与引导、商务场合的介绍与握手、名片的递接、座次的安排、签字和礼品赠送等相关方面的礼仪。

(2) 中餐礼仪：包括中餐宴请的类型、席位排列、菜品选择、餐具使用、祝酒礼节等方面的礼仪。

(3) 西餐礼仪：酒店的预约、衣着礼仪、入座有讲究、座次安排、上菜的次序、点酒的学问、餐巾的使用、刀叉的使用、刀叉摆放、进餐、如何吃水果、喝酒的讲究、得体用餐的表现、红酒、自助餐等方面的礼仪。

巩固与提高

理论知识巩固

一、选择题

1. 以下握手礼仪中不正确的是（　　）。

A. 女士不先伸手，男士不应该主动握手

B. 握手一定要用右手，要坚定有力，切勿蜻蜓点水

C. 可戴手套或墨镜与他人握手

D. 一般情况下，位尊者先伸手，位卑者后伸手

2. 在预订菜品时，必须考虑客户的饮食禁忌，如患有脑血管疾病、高血压的人不适合吃盐味过重的食品，这属于（　　）。

A. 宗教禁忌　　B. 健康禁忌　　C. 国籍禁忌　　D. 其他

3. 以下哪一项不是自助餐应遵循的礼仪？（　　）

A. 照顾他人　　B. 循序取菜　　C. 插队取菜　　D. 多次取菜

4. 一般西餐的上餐顺序为（　　）。

A. 酒水—开胃菜—汤鱼—果汁—肉—沙拉—甜食—水果—咖啡

B. 水果—酒水—开胃菜—汤鱼—果汁—肉—沙拉—甜食—咖啡

C. 果汁—酒水—开胃菜—汤鱼—肉—沙拉—甜食—水果—咖啡

D. 甜食—酒水—开胃菜—汤鱼—果汁—肉—沙拉—水果—咖啡

二、判断题

1. 商务活动中，妆容应以淡雅为主。（　　）

2. 在正式场合，简化性称呼也会显得不礼貌。（　　）

3. 一般情况下，握手是位尊者先伸出手，位卑者后伸出手。女士不先伸手，男士不应主动握手。（　　）

4. 如果是外商赠送的礼物，按照国际惯例，最好不要当面打开并对礼品表示感谢。（　　）

5. 吃中餐有事暂时离席，可以把筷子插在碗里。（　　）

三、简答题

1. 中国的八大菜系有哪些？

2. 中餐有哪些礼仪？

3. 西餐礼仪有哪些？

4. 自助餐礼仪有哪些？

技能训练

一、案例分析题

案例 1：某男士参加西餐宴会，在宴会开始后，他为了吃得畅快，在座位上先是脱掉了西装外衣，后来又摘下了领带。在用餐的过程中，他一边嚼东西一边与左右的人说话，手中的筷子还在空中不断挥舞，时不时地劝周围的客人喝酒。在就餐即将结束时，他可能吃东西塞牙了，直接用手抠牙齿，满手沾的都是口水。之后，用抠过牙的手直接抓水果吃。

请找出这位男士就餐时的不当之处。

案例 2：老张的儿子留学归国，还带了位洋媳妇回来。为了讨好未来的公公，这位洋媳妇一回国就诚惶诚恐地张罗着请老张一家到当地最好的四星级饭店吃西餐。

用餐开始了，老张为了在洋媳妇面前显示自己也很讲究，就用桌上一块“很精致的布”仔细地擦了自己的刀、叉。吃的时候，学着他们的样子使用刀叉，既费劲又辛苦，但他觉得自己挺得体的，总算没丢脸。用餐快结束时，习惯吃饭喝汤的老张盛了几勺精致小盆里的“汤”放到自己碗里，然后喝下。洋媳妇先一愣，紧跟着也盛着喝了，而他的儿子早已是满脸通红。

讨论：老张在吃西餐的过程中到底哪里做得不对？

二、实训操作题

1. 假如你即将毕业，为找到一份满意的工作，为自己设计一个合适的商务形象。

2. 请收集你身边最“囧”的用餐小故事，上传到你QQ空间日志及微信朋友圈，与你的朋友分享。

模块二

营销沟通实务

项目五

营销团队沟通

教学目标

能力目标： 能够熟练运用营销团队内部上下级、同事沟通技巧；能够处理团队外部的沟通，保证团队工作的高效。

知识目标： 识记上下级、同事沟通的原则和技巧，识记团队外部沟通的原则和技巧。

素质目标： 具有团队意识和大局观念。

重点难点

教学重点： 营销团队内部沟通的原则和技巧，营销团队外部沟通的原则和技巧。

教学难点： 如何运用团队沟通技巧实现团队内外部沟通。

教学情境

张玲大学毕业后，取得了助理营销师资格，应聘到一家大型旅游餐饮公司的市场部工作。她的主要工作内容为负责对新老产品的具体宣传，如广告、促销、公关活动、产品介绍等。此项工作与张玲所学专业联系密切，同时对她的沟通能力提出了较高的要求。她需要与团队内部不同成员和外部单位做好沟通，以便顺利开展工作。

开篇案例

王岚应该继续留下来吗？

王岚是一个典型的北方姑娘，她喜欢坦诚，有什么说什么，总是愿意把自己的想法说出来和大家一起讨论，正是因为这个特点，她在上学期间很受老师和同学的欢迎。

今年，王岚从西安某大学的人力资源管理专业毕业，经过将近一个月的反复投简历和面试，在权衡了多种因素的情况下，王岚最终选定了东莞市的一家研究、生产食品添加剂的公司。她之所以选择这家公司是因为，该公司规模适中、发展速度很快；最重要的是，该公司的人力资源管理工作还处于尝试阶段，如果王岚加入，她将是人力资源部的第一个员工，因此她认为自己施展能力的空间很大。

但是到公司实习一个星期后，王岚就陷入了困境中。

原来，该公司是一个典型的小型家族企业，企业中的关键职位基本上都由老板的亲属担任，其中充满了各种裙带关系。尤其是，老板给王岚安排了自己的大儿子做王岚的临时上级，而这个人主要负责公司研发工作，根本没有管理理念，更不用说人力资源管理理念。在他的眼里，只有技术最重要，公司只要能赚钱，其他的一切都无所谓。但是王岚认为，越是这样，就越有自己发挥能力的空间。因此，在到公司的第五天，王岚拿着自己的建议书走向了直接上级的办公室。

"刘经理，我到公司已经快一个星期了，我有一些想法想和您谈谈，您有时间吗？"王岚走到经理办公桌前说。

"来来来，小王，本来早就应该和你谈谈了，只是最近一直扎在实验室里，就把这件事忘了。"

"刘经理，对于一个企业，尤其是处于上升阶段的企业来说，要保证企业的持续发展必须在管理上狠下工夫。我来公司已经快一个星期了，据我目前对公司的了解，我认为公司主要的问题在于：职责界定不清；雇员的自主权力太小，致使员工觉得公司对他们缺乏信任；员工薪酬结构和水平的制定，随意性较强，缺乏科学合理的基础，因此薪酬的公平性和激励性都较低。"王岚按照自己事先所列的提纲开始逐条向刘经理叙述。

刘经理微微皱了一下眉头说："你说的这些问题我们公司也确实存在，但是你必须承认一个事实——我们公司在赢利。这就说明我们公司目前实行的体制有它的合理性。"

"可是，眼前的发展并不等于将来也可以发展，许多家族企业都是败在管理上。"

"好了。那你有具体方案吗？"

"目前还没有，这些还只是我的一点想法而已，但是如果得到了您的支持，我想方案只是时间问题。"

"那你先回去做方案，把你的材料放这儿，我先看看然后给你答复。"说完，刘经理的注意力又回到了研究报告上。

王岚此时真切地感受到了不被认可的失落，她似乎已经预测到了自己第一次提建议的结局。果然，王岚的建议书石沉大海，刘经理好像完全不记得建议书的事。王岚陷入了困惑之中，她不知道自己是应该继续和上级沟通还是干脆放弃这份工作，另找一个发展空间。

案例分析：

1. 王岚向经理提建议时，她失误的地方在哪里？

2. 作为下属，王岚应如何说服上级接受自己的建议呢？

任务一　营销团队内部沟通

任务描述

在开篇案例中，王岚作为一名新员工，工作热情很高。在工作中善于观察和思考，仅用五天时间，就找出了公司在人力资源管理方面存在的问题。但是，她第一次向上级提建议就以失败告终。它反映出了一个团队内部沟通的问题：上下级之间究竟应该如何沟通？作为下级，王岚该如何向上级反映问题呢？

在一个营销团队内部，存在着上下级和平级之间的工作关系。自然，营销团队内部的沟通，就表现为与上级沟通、与下级沟通、与平级之间的沟通。那么，该如何处理团队内部的沟通问题呢？

情境一　与上级沟通

导入案例

小杨这样辞职对吗？

小杨是某大学广告专业的学生，下学期即将毕业，目前正在一家大型公司的销售部做兼职。小杨工作十分出色，销售部冯经理对她的工作非常认可，向高层汇报小杨工作时全是赞美之词，并承诺待小杨毕业后立刻雇用她，让她领导公司里新成立的媒体研究部。

小杨对此感到受宠若惊，但她对这个新职位并不感兴趣，因为她对目前正在做的工作并不满意，然而她从来没有告诉冯经理她对当前工作以及将来工作的想法。由于冯经理培养了小杨，并且对每个人都夸赞她，小杨对冯经理十分忠诚并心怀感激。因此，小杨觉得如果拒绝这项工作就等于背叛了冯经理。

几个星期后，小杨还是决定辞职，但她不知道该如何面对冯经理，觉得有点难以启齿，便一直拖到她要辞职的那天。

当天，冯经理准备出差，小杨走进经理办公室，当时还有其他人在里面讨论项目。冯经理问小杨什么事情，小杨回答说："我要辞职。"冯经理大吃一惊，问小杨为什么要辞职，心里还想着该怎样处理小杨正在负责的项目。小杨为未能早些通知冯经理而道歉，并解释说从明天开始就要在其他地方做兼职。冯经理对这位下属非常失望，说："如果你早点告诉我，我还能慢慢将项目交给其他人，现在可怎么办？"

结合案例分析：

1. 小杨应该怎样处理辞职一事？如果换一个环境，冯经理会理解她吗？

2. 冯经理的哪些做法使得小杨不愿与他沟通？

知识储备

在一个组织内部，下情不能上达的原因通常表现为：沟通渠道不顺畅，上级对下级的意见不重视，下级缺乏主动反映意见的意愿，下级受到多种因素影响而不能向上级反映意见，等等。

一、与上级沟通的表现形式

在一个营销团队内部，下级与上级沟通主要表现在：

（1）汇报工作或思想；

（2）回答上司的询问；

（3）向上司反映情况或意见；

（4）向上司请示汇报；

（5）接受上司安排的任务或给予的工作指导；

（6）向上司提建议或说服上司；

（7）与上司谈心。

二、与上级沟通的七个要点

(1) 要主动报告工作进展状况；

(2) 对上司的询问，有问必答而且清楚明了；

(3) 充实自己，不断学习，想上司之所想；

(4) 虚心接受上司的批评，同样的过错不犯第二次；

(5) 在个人时间和能力允许的情况下主动帮助他人，赢得上司好感；

(6) 毫无怨言地接受任务；

(7) 对自己的业务主动提出改善计划，帮助上司了解自己。

三、与上级沟通的技巧

1. 向上级请示汇报

向上级请示汇报是与上级沟通的主要表现形式。

(1) 向上级请示汇报的基本原则。

1) 尊重而不吹捧。

作为下属，一定要充分尊重领导，在各方面维护领导的权威；在出现难题时，要主动出面，勇于解决矛盾、承担责任，这既是对领导工作的支持，也是下属的本分。

2) 请示而不依赖。

作为下属，在自己职权范围内应该大胆负责、创造性地工作，该请示汇报的必须请示汇报。但不能遇事没有主见，大小事不做主，对领导产生依赖心理。

3) 主动而不越权。

下属对工作要积极主动，敢于直言，善于提出个人意见。但是这种积极主动是有条件的，要有利于维护领导的权威，维护团体内部的团结，不能擅自超越自己的职权。

(2) 向上级请示汇报的程序。

1) 仔细聆听上级的命令。

在接到领导下达的命令后，下属一定要明白领导的意图和工作的重点。首先，要采用“5W2H”方法来快速搞清工作要点，即弄清楚该命令的时间（When，含命令下达时间和完成指令的最后时间）、地点（Where，含命令下达地点和执行地点）、执行者（Who，含负责人、执行人）、为了什么目的（Why，要达到的目标）、需要做什么工作（What，工作内容）、怎么样去做（How，工作方式与方法）、需要多少工作量（How many，含工作的数量、时间、费用等）。其次，在领导下达命令之后，立即整理自己的记录。再次，简明扼要地向领导复述一遍，看是否还有遗漏或者自己没有领会清楚的地方，并请领导加以确认。

2) 与上级探讨目标的可行性。

接受上级的命令后，要对即将负责的工作有一个初步的认识，积极开动脑筋，告诉领导你的初步解决方案，尤其是对于可能在工作中出现的困难要有充分的认识。对于在自己能力范围之外的困难，应及时提请领导协调别的部门加以解决。

3) 拟定详细的工作计划。

在明确工作目标并和领导就该工作的可行性进行讨论之后，下属应尽快拟定一份工作计划，再次交予领导审批。在工作计划中，要详细阐述自己的行动方案与步骤，列出明确的工作进度表，以便领导进行监督。

4）在工作进行中随时向上级汇报。

要时刻留意工作进度是否与计划书保持一致。如果有变动，无论提前还是延迟了工期，都要及时向领导汇报，让领导知道你现在干什么、取得了什么成效，并及时听取领导的意见和建议。

5）在工作完成后及时总结汇报。

完成工作后，要及时将此次工作进行总结汇报，总结成功的经验和其中的不足之处，以便在下一次的工作中改进提高。在总结报告中，要记得提及领导的正确指导和部下的辛勤工作。

2. 说服上级

（1）有效说服的三原则。

1）自信并尊人。

自信是成功的必要条件。欲说服他人，首先要对自己的意见和观点充满自信，在沟通中态度诚恳、语气坚定，如果连自己都不确定，别人就更不会相信你了。

自信对人很重要，但切记不能趾高气扬、飞扬跋扈，要尊重他人。例如，在向上司反映问题或提建议时，不打听对方隐私，做到守时，在交谈中耐心倾听，不随便打断对方讲话，能够站在对方的角度去体会遇到的事情等。

2）实事求是。

说服别人但是不欺骗，这是实事求是原则的本质。做到实事求是，最重要的是真诚。真诚沟通就是保持思想、情感、行为一致，即言行一致、表里如一。实事求是还必须具备辩证的态度，即一分为二地看待事物、看待自己、看待别人。既要发现问题，也要肯定优点。

3）逻辑严谨。

说服不是压服，需要摆事实、讲道理来进行论证。而论证是否有力，很大程度上取决于话语的逻辑性。严谨有力的逻辑通常让对方无力辩驳，甚至能够起到让对方自我说服的作用。

（2）说服上级的技巧。

1）充分的准备工作；

2）设计说服的程序；

3）把握说服的时机；

4）提出多种建议供上司选择；

5）表现出自信；

6）对上司要尊敬；

7）注意避开上司的忌讳；

8）要突出重点；

9）了解上司最关心什么。

【情境训练 1】

如果你是王岚，应如何向刘经理提建议，以说服对方重视人力资源管理工作呢？请设计自己的说服方案。

小贴士

六种经典的说服别人的话语模式

说服别人是一种技术也是一门艺术，需要不断学习、锻炼。具有说服别人的能力，对自己本身也是一种很好的资本。要想说服别人，就要掌握一些说服别人的技巧。

话语模式 1

第一种经典的说服别人的话语模式就是“因为”。只要在你的话语中一提到“因为”这两个字，一般都表示你有足够而充分的原因来说服对方，而且也会让对方感觉到你有很多充分的理由来说服他，自然他也就会被你说服。比如，你在排队取票，你可以向前面的人说，“我能不能先取票呢，因为我带着孩子，而且所买的车次还有八分钟就开车了，因为现在已经检票了，我实在没有时间了……”站在前面的那个人一定会让给你的。

话语模式 2

第二种经典的说服别人的话语模式是勾选法，这种方法常用不衰，尤其是出现在销售领域里。就拿早上买鸡蛋饼来说，一般卖家都会问：“是要一个鸡蛋还是要两个鸡蛋?”或是：“要一个鸡蛋还是要一个香肠?”勾选法就是不管你选择哪一个，都在他预设的范围内，你都得接受其中一种，这是一种很好的说服模式。

话语模式 3

第三种经典的说服别人的话语模式是未来场景法。这种方法也叫假设法，一般说服者会给对方描绘一下未来可能出现的场景，并且试图让对方进入到他所设定的场景中。一般情况下，对方都能接受并且认可这种观点。

话语模式 4

第四种经典的说服别人的话语模式是心理强迫法。这种方法一般都会出现“能”“必须”“一定”“肯定会”等这样的话语词汇。比如我们要帮助别人克服“恐高症”，我们一定要在语言上强迫，让他在心理上就必须接受“自己一定行”，这样说服的胜算就大得多了。

话语模式 5

第五种经典的说服别人的话语模式是模糊引用法。说服别人一般并不一定非要给出一种标准，而是没有确切的标准或者判断来源，只是说“这个最适合你，这件事只有你能做”等等话语表述，而且这种想法都能得到实现，这就是用模糊的引用说服了对方。

话语模式 6

第六种经典的说服别人的话语模式是因果法。这种因果式的话语模式最便捷也最为优雅。这种模式具有一定的逻辑性，不管你要说服对方什么事情，一定存在因果。比如，房地产销售员会说：“你来到了我们的门前，就会有一种家的感觉”等话语，来强调房子的亲切和温馨。

3. 和不同性格的上级沟通

(1) 控制型上级。

其性格表现为态度强硬，充满竞争心态，要求部下立即服从，注重实际，决策果断。与他们沟通时，重在简明扼要，干脆利索，直截了当，开门见山。由于他们很重视自己的权威性，不喜欢下属违抗自己的命令，因此应更加尊重他们的权威，认真对待他们的命令。

（2）互动型上级。

其性格表现为善交际，喜欢与他人互动交流，喜欢享受他人的赞美，爱参与，注重细节。与他们沟通时，最好当面沟通，开诚布公地谈问题。赞美他们时要公开、真诚，言之有物。

（3）实事求是型上级。

其性格表现为讲究逻辑，不喜感情用事，理性思考问题，喜欢弄清楚事情的来龙去脉。与他们沟通时，可直截了当地谈论他们感兴趣而且实质性的东西，对他们提出的问题最好直接作答。在进行工作汇报时，就一些关键性的细节可多加说明。

小贴士

和上级沟通时的15个建议

1. 确认上级的话，记在笔记本上；
2. 尊重上级的面子和立场，不要当众给他难堪；
3. 有功劳要记在上级头上，避免“功高震主”；
4. 切忌越级报告；
5. 和新上级沟通，要避免开口闭口提及以前的上司如何如何做；
6. 提出问题，同样提出解决方案；
7. 对你提出的建议或决策有相当把握时，不妨表现出“信心十足”的模样；
8. 提出你的观点、建议时，不妨“简明扼要”；
9. 提供重大消息，最好有“书面资料”或支持性的“证据”；
10. 意见相同时，归功于上司的英明领导；
11. 双方意见相左时，先认同上级，再表达自己的意见，请教上司；
12. 问题十万火急时，赶快敲定时间和上级商讨对策；
13. 切忌“报喜不报忧”，有不利消息，就火速报告；
14. 随时让上级明了状况，特别是在刚出状况之际；
15. 受领任务，不提条件，不抱怨。

【情境训练2】

你认为王岚的上司刘经理属于何种类型的上级？请提出与此类上级沟通的建议。

情境二　与下级沟通

导入案例

张丹峰的苦恼

张丹峰是刚刚从名校毕业的管理学硕士，出任某大型企业的制造部门经理。张丹峰一上任，就对制造部门进行改造。他发现生产现场的数据很难及时反馈上来，于是决定从生产报表上开始改造。借鉴跨国公司的生产报表，张丹峰设计了一份非常完美的生产报表，从报表中可以看出生产中的任何一个细节。

每天早上，所有的生产数据都会及时地放在张丹峰的桌子上，张丹峰很高兴，认为他拿到了生产的第一手数据。没有过几天，出现了一次大的品质事故，但报表上根本没有反映出来，张丹峰这才知道，报表的数据都是随意填写上去的。

为了这件事情，张丹峰多次开会强调，认真填写报表的重要性。在开始几天可以起到一定的效果。但过不了几天，又返回了原来的状态。张丹峰怎么也想不通这是为什么。

后来，张丹峰将生产报表与业绩奖金挂钩，并要求干部经常检查，工人们才开始认真填写报表了。

结合案例分析：

1. 张丹峰与下级沟通的做法有什么变动？

2. 本案例反映出上下级沟通应注意什么问题？

知识储备

在与下级沟通时，作为一名上司，要促进下级向上沟通，必须肯于放下架子，多鼓励、多肯定，处事要公正、公平。

一、与下级沟通的表现形式

（1）进行工作安排；

（2）下达指令、命令；

（3）与下级谈心；

（4）激励、鼓励下级；

（5）称赞、表扬下级；

（6）批评、指正下级。

二、与下级沟通的原则

（1）平易近人；

（2）多激励少斥责；

（3）站在下属的角度考虑问题；

（4）以情感人；

（5）语言幽默，营造轻松的交流氛围；

（6）常与下属谈心，增加集体凝聚力；

（7）公开表扬，私下批评。

三、与下级沟通的技巧

1. 下达指令、命令的技巧

（1）正确传达命令意图。

作为上级，在下达命令时，要正确地传达命令，不要经常变更命令；不要下一些连自己都不知道原由的命令，让部下无法掌握命令的目标；不要为了证明自己的权威而下命令。正确传达命令的意图，要注意运用“5W2H”方法的重点（与下级聆听上级命令的方法相同）。

【情境训练 3】

一天，市场部经理对张玲说：“张小姐，请你将这份调查报告复印两份，于下班前送到总经理室交给总经理；请留意复印的质量，总经理要带给客户参考。”请运用“5W2H”

法找出此命令的七要素。

（2）如何使部下积极接受命令。

1）态度和善，用词礼貌；

2）让部下明白此工作的重要性；

3）给部下更大的自主权；

4）共同探讨状况、提出决策；

5）让部下提出疑问。

2. 赞扬下级的技巧

（1）赞扬的态度要真诚；

（2）赞扬的内容要具体；

（3）赞扬的场合要适当；

（4）适当运用间接赞美的技巧。

3. 批评指正下级的技巧

（1）批评下级五步法。

1）直截了当地提出问题；

2）提出事实，不要谈个人感受；

3）让下级认识到问题的存在；

4）提出后果；

5）找到解决的办法。

（2）批评下级的技巧和注意事项。

1）以真诚的赞美做开头；

2）要尊重客观事实；

3）不要伤害下级的自尊和自信；

4）批评时问清下级犯错的原因；

5）友好地结束批评；

6）选择适当的场所；

7）不要威胁部下。

【情境训练 4】

王先生是公司的一名销售员，工作能力很强，每次都能圆满完成交代给他的工作任务，因此销售部经理对其非常放心。上个月，销售部经理让他跟进一个大客户，认为他完全有能力胜任这项工作。但是，王先生的表现却令人失望，没有及时与客户联系，服务不到位，导致客户投诉。此外，销售部经理还发现，近期王先生还出现了迟到、早退现象，严重影响了工作。考虑到事情的严重性，销售部经理决定与王先生进行一次谈话。

如果你是销售部经理，你应如何与王先生沟通？沟通中需注意哪些问题？

拓展阅读

美捷步的 10 大核心价值

创立于 1999 年的美捷步公司，是一家从事销售鞋子的电子商务公司，2009 年被亚马逊以12亿美元的价格收购。2005年，公司提出了10条核心价值，并沿用至今。

1. 通过服务让人们感到惊叹

达到这一点，意味着要做一些超越传统的、创新的事情。你必须把事情做得超出预期，而且不管做什么，你都要以情动人。

2. 拥抱并驱动变革

我们都必须学会不但不害怕变化，而且要热情地拥抱它。或许更重要的是，支持并驱动它。我们必须时刻为持续的变化做好计划和准备。

3. 创造欢乐及一点点搞怪

这一方面让大家生活更有趣生动，让公司拥有独特而且值得纪念的个性；另一个效应就是鼓励人们思考常规之外的事物，变得更有革新精神。

4. 敢于冒险，敢于创新，开放思想

一直以来，我们希望每个人都能提升他们做商务决定的胆量。我们希望人们发展和提高他们做决定的能力。只要能从错误中吸取教训，我们鼓励人们犯错。

5. 积极进取和不断学习

实现员工自身素质和专业技能两方面的提升相当重要。每个员工的内在潜力比他们自己意识到的要多得多。我们的目标就是帮助这些员工释放那些潜能。当人们上班时觉得疲倦、无聊或者缺乏挑战的时候，其实不是工作本身造成的，而是工作环境和游戏规则造成的。

6. 通过沟通，建立开放和诚实的关系

建立深厚的人际关系的关键因素就是建立情感上的联系。最困难的就是建立互信。开放、诚实的沟通是建立任何人际关系最好的基础。但是最终起作用的是，你让人们感受到了什么。要让人们对一段关系感觉良好，就必须让他们感到你不管在个人生活上还是在事业上，都在关心着他们。

7. 建立积极的团队，塑造家庭精神

最好的领导者就是那些以身作则，既是团队的追随者又是团队领导者的人。而最好的团队成员看到问题时能够积极主动、把公司的问题当作自己的事情去处理；并且无论出现任何挑战，都能与团队其他成员合作解决。最好的团队成员努力在任何与他们交往的人之间建立和谐的关系。

8. 追求事半功倍

相信把事情做好需要辛勤的工作加上额外的努力。为了在竞争中保持领先地位，我们的运作需要不断创新及一步步地改进，总是努力让自己更有效率，也总是试图找出如何把事情做得更好的办法。做一件事绝不只有一种方法，而是有很多惊人的方式。这需要一个开放的、有创造性的思维，能够发现并且执行它们。

9. 充满激情和决断力

激情和决心是会传染的。我们要用激情和乐观（但要实事求是）的态度来做所有正在做的事情，因为这会激发其他人持同样的态度。

10. 虚怀若谷

不论发生了什么，都应该对每个人保持敬意。一个人的核心价值观界定了他是个什么样的人，一个公司的核心价值观最终界定了公司的特质和品牌。对于个人而言，性格决定命运。对于组织而言，文化造就命运。

情境三　平级沟通

导入案例

从同事到冤家

小贾是公司销售部的一名员工，为人比较随和，不喜争执，和同事的关系处得都比较好。但是，前一段时间，不知道为什么，同一部门的小李老是处处和他过不去，有时候还故意在别人面前指桑骂槐，对跟他合作的工作任务也都有意让小贾做得多，甚至还抢了小贾的好几个老客户。

起初，小贾觉得都是同事，没什么大不了的，忍一忍就算了。但是，看到小李如此嚣张，小贾一赌气，告到了部门经理那儿。经理把小李批评了一通，从此，小贾和小李成了绝对的冤家。

结合案例分析：

1. 为什么小贾和小李成了冤家？

2. 如果你是小贾，应该如何处理与小李的矛盾？

知识储备

平级沟通，是指在组织内各阶层间横向的一种沟通程序。平级之间的沟通多表现为协助工作、谈心或聊天等。

一、平级沟通困难的原因分析

原因一：每个人都过高地看重自己的价值，而忽视其他人的价值；

原因二：不能设身处地对待其他人的工作；

原因三：失去权力的强制性；

原因四：职权划分有问题；

原因五：人性的弱点——尽可能把责任推给别人；

原因六：利益冲突——唯恐别人表现得比自己强。

二、平级沟通的原则

（1）用建议代替直言；

（2）提问题代替批评；

（3）让对方说出期望；

（4）诉求共同的利益；

（5）顾及别人的自尊。

三、平级沟通的技巧

（1）同事间要多注意礼节和人际关系；

（2）和跨部门的高层沟通时，先请自己的同级主管打电话沟通一下；

（3）就事论事，尽量协商出对彼此有利的结果；

（4）有争议时，避免争吵，可请上司出面协商、调整；

（5）平时要建立起互助、团队合作的良好默契。

小贴士

平级之间如何积极地沟通？

1. 坚持原则，维护权利

(1) 不做老好人；

(2) 摆正工作原则和私人交情之间的关系；

(3) 工作的原则性与灵活性的统一。

2. 积极地提出要求

(1) 采取直截了当的态度；

(2) 简明扼要、不必费心找借口；

(3) 说明请求对方办事的理由；

(4) 不要利用别人的友谊或是善意，不必以奉承或利诱来“推销”你的建议或请求；

(5) 不要认为拒绝、争执就是不给面子，就是严重的事件。

3. 学会拒绝

很多人不会说“不”的原因，在于他们认为：

(1) 开口拒绝会使对方生气或难过；

(2) 拒绝会影响双方关系；

(3) 我无权拒绝；

(4) 拒绝在别人看来会是自私的表现；

(5) 意味着放弃了日后寻求援手的机会；

(6) 别人的需要比我的需要更为重要。

4. 表明不同意见

(1) 明确向对方表示反对；

(2) 表示怀疑；

(3) 说明你反对的理由；

(4) 承认他人的观点；

(5) 清楚地表明你赞成的或反对的。

5. 求同存异，以大局为重

(1) 多补台，不拆台；

(2) 有分歧，巧处理；

(3) 避免心生嫉妒。

【情境训练 5】

你是 A 部门（柜组）的员工，上级安排你一项任务，要求下午 5 点前完成。下午 3 点，B 部门（柜组）跟你关系较好的一名员工，请你帮忙协助完成一项工作，可能要占用你大量的时间。遇到这种情况你应该怎样处理？

拓展阅读

工作中如何沟通才到位？

1. 汇报工作说结果

不要告诉上司工作过程多艰辛，你多么不容易。上司最喜欢举重若轻的人，一定要把结果给上司，“结果思维”是第一思维。

2. 请示工作说方案

不要让上司做问答题，而是要让上司做选择题。请示工作时，至少给上司两个方案，并表达自己的看法。

3. 总结工作说流程

做工作总结要描述流程，不只是先后顺序逻辑清楚，还要找出流程中的关键点、失误点、反思点。

4. 布置工作说标准

工作有布置就有考核，考核就要建立工作标准，否则下属不知道如何做、做到什么程度才最合适。标准不但建立了规范，又划定了工作边界。

5. 关心下属问过程

要注意聆听下属反映的问题，让其阐述越详细越好。关心下属就是关心细节，明确让下属感动的点和面。

6. 交接工作讲道德

把工作中形成的经验、教训，毫不保留地交接给继任者，把完成的与未完成的工作分类逐一交接，不要设置障碍，应帮助接替者迅速进入工作角色。

7. 回忆工作说感受

交流中多说自己工作中的感悟，哪些是学来的，哪些是悟到的，哪些是要反思的，哪些是需努力的。

8. 领导工作别瞎忙

比尔·盖茨说过：“一个领袖如果每天很忙，就证明一件事，能力不足。”如果作为领导者的你很忙，不妨问自己四个问题：（1）我在忙什么？（2）我忙的事情有多大价值？（3）我做的事情别人会不会做？（4）我为什么会这么忙？

任务二　营销团队外部沟通

任务描述

刘先生是一名销售部经理，在日常的工作中他总是要碰到各种各样的问题。在处理这些问题时，他发现问题的源头就是公司内部其他部门不能很好地配合销售部的业务工作，一些制度往往不能落实到位。每次处理完问题以后，还要和其他部门之间协调关系，他感觉非常烦琐。为此，刘经理和公司老板也多次沟通，并开会进行了明确。可过不了多长时间，又恢复了原状（其他部门的经理大部分都是公司的元老）。针对此类情况，有什么好的方法来解决？

情境一　跨部门沟通

导入案例

横向沟通

某年，恒大公司所有部门都卷入一场内讧，大家彼此指责对方。产品研发部对市场营销部大为不满，认为他们没有为新产品提供详细的计划书；他们对销售人员也不满，认为销售人员没有向他们反馈客户对新产品的意见。生产部认为销售部的人员只关心他们的销售额，不惜以牺牲公司利益的方法来推销产品；同时，他们也信不过市场营销部的人，因为他们缺乏准确预测市场趋势的能力。另外，市场营销部则认为，生产部的人思想保守、不愿冒险，他们对生产部的不合作和无休止的批评非常愤怒。他们也看不惯产品研发部的人，认为他们动作迟缓，对生产部的要求根本没反应。而销售部的人则认为，市场营销部的人没有工作能力；销售部的人有时在电话里跟生产部的人大吵大闹，指责生产部的人对客户提出的售后服务要求置之不理。

结合案例分析：

1. 恒大公司面临什么危机？

2. 产生这场内讧的原因是什么？

3. 怎样才能帮助恒大公司走出这场危机？

在一个组织内部，存在多个职能部门。沿着组织结构中横向进行的沟通就是横向沟通，包括同一层次上的管理者的跨部门沟通和不同部门间不同层次上的管理者和员工之间的斜向沟通。

知识储备

一、跨部门沟通不畅的原因分析

其一，部门“本位主义”和员工短视倾向；

其二，“一叶障目”，对公司组织结构的偏见；

其三，性格冲突；

其四，猜疑、感到受威胁和恐惧。

二、跨部门沟通的技巧

（1）尊重和欣赏他人；

（2）学会换位思考；

（3）知己知彼。

1）多了解其他部门的业务运作情况；

2）多学习其他部门的业务知识；

3）凡事应站在整体利益的立场考虑问题；

4）对本部门要求严一些，对其他部门要求松一些；

5）从自己做起，从现在做起。

小贴士

与他人沟通如何换位思考?

(1) 强调用易被他人接受的方式进行沟通;

(2) 设身处地地为沟通对象着想;

(3) 坚持不骄不躁、不卑不亢的原则;

(4) 沟通之前,理清角度和定位;

(5) 既要有自己处事的原则,也要有清晰的思路和自己的观点,以及被他人说服的心理准备;

(6) 不能以自我为中心,好方案也需良好的沟通;

(7) 多理解,多沟通,注重场合与时机;

(8) 谦让、严于律己、宽厚待人。

三、企业应如何促进跨部门沟通

(1) 在企业文化中提倡和鼓励员工跨部门沟通;

(2) 制定一些制度,创造一些条件,促使大家跨部门沟通;

(3) 成立一些跨部门的项目小组/委员会等,来进行工作;

(4) 互派主管到其他部门兼职;

(5) 实行岗位轮换。

拓展阅读

Cubic HR:如何加强部门间的沟通

部门之间关系处理得融洽与否,直接影响到企业的运转效率。企业员工在进行跨部门的沟通时,选择适当的沟通方式是首要前提。在工作中,如果在了解对方想法的前提下进行沟通,那会使手头的工作进展得更加顺利。当不同的个体在沟通时,总会有一些矛盾产生。如果你首先主动了解对方的想法,就更容易突破这层障碍,为促进下一步的沟通打下基础。

Cubic HR 专家认为可以从以下几个方面加强部门间的沟通:

1. 增加沟通途径

我们现有的沟通途径主要是生产会、专题会等等。而大家参与这些会议,一般都比较谨慎。一些细节问题很难在这种会议上体现出来。那么,我们可以考虑采取报纸、看板、茶话会、内部联谊会、培训会等多种方式,通过不断变换讨论主题和环境,增进沟通,使部门之间能够增进了解,也使得各种问题能充分暴露出来。

2. 关于问题的解决

对于各部门提出的问题,要提出相应的解决方案。但有些系统性的问题,不是靠解决一个或两个问题就能够达到管理目标的,必须通盘考虑,避免做无用功;或是避免解决了一个问题引发另一个问题的状况出现,需要对未来可能出现的问题做充分的预测。

3. 认真履行岗位职责,加强管理制度的执行力

岗位不同,职责各异,企业制定的各个岗位职责,是围绕中心工作和长远目标,在综合权衡利弊的基础上逐步修订和完善的。如果各个岗位的人都能严格履行岗位职责,保质保量地完成各自的工作任务,企业就能实现预期的目标。在发生人员变动时,能够通过规

范的管理制度流程，避免不必要的损失，使日常工作能够有条不紊地运行。

4. 确立部门之间接口工作的有效衔接

企业管理的纵向指挥相对容易，横向协调却相对困难。据调查统计，企业的内讧70%是来自横向矛盾，主要原因是部门责权不清，碰到交叉的工作，相互都不主动配合，甚至还处处设障，相互推诿责任。其次，不恰当的激励政策也会因不公正或不能平衡公众利益而引发争端和分歧。作为管理者，要积极深入地了解实际情况，找出部门内部岗位之间和部门之间的接口工作，明确定义这些接口该如何处理；并将处理的过程纳入日常工作，进行审核和监督。

5. 开展各类活动，提升管理水平

比如，可以通过阶段性的管理成果讨论会、接口问题解决周、“我身边的小问题”等类似的活动，营造一种相互学习的氛围。

和谐而高效的跨部门沟通是增进合作的基础，也是提升绩效的源泉。部门之间的配合默契与否，关系到企业的长远发展，加强部门之间的沟通与协作，应成为每一个管理者的工作重点。

【情境训练1】

如果你是刘先生，针对其他部门不配合销售部业务的做法，为便于问题的真正解决，请拿出一个可行的横向沟通方案给公司老板。

情境二　对外沟通

导入案例

精心准备赢谈判

我国某冶金公司要向美国购买一套先进的组合炉，派一高级工程师与美商谈判。为了不负使命，这位高工做了充分的准备工作。他查找了大量有关冶炼组合炉的资料，花了很大的精力对国际市场上组合炉的行情及美国这家公司的历史和现状、经营情况等了解得一清二楚。谈判开始，美商一开口要价150万美元。中方工程师列举各国成交价格，使美商目瞪口呆，终于以80万美元达成协议。当谈判购买冶炼自动设备时，美商报价230万美元，经过讨价还价，美方同意压到130万美元，中方仍然不同意，坚持出价100万美元。美商表示不愿继续谈下去了，把合同往中方工程师面前一扔，说：“我们已经作了这么大的让步，贵公司仍不能合作，看来你们没有诚意，这笔生意就算了，明天我们回国了。”中方工程师闻言轻轻一笑，把手一伸，做了一个优雅的“请”的动作。美商真的走了，冶金公司的其他人有些着急，甚至埋怨工程师不该抠得这么紧。工程师说：“放心吧，他们会回来的。同样的设备，去年他们卖给法国只有95万美元，国际市场上这种设备的价格100万美元是正常的。”

果然不出所料，一个星期后，美方又回来继续谈判了。工程师向美商点明了他们与法国的成交价格，美商又愣住了，没有想到眼前这位中国商人如此精明，于是不敢再报虚价，只得说：“现在物价上涨的厉害，比不了去年。”工程师说：“每年物价上涨指数没有超过6%。一年时间，你们算算，该涨多少？”美商被问得哑口无言，在事实面前，不得不让步，最终以101万美元达成了这笔交易。

结合案例分析：中方在谈判中取得成功的原因及美方处于不利地位的原因分别是什么？

知识储备

一、对外沟通的原则

1. 一致原则

对内有分歧，对外要一致，一个团队要一种声音说话。面对不同的对象甚至可以选用特定的发言人。

2. 非正式的沟通有利于关系的融洽

像语言环境一样，人们的语言风格往往和他的意识里扮演的角色有关，在正式场合，说话正规、书面、自我保护的意识也强烈一些。而在私下的场合，人们的语言风格可能是非正规和随意的，反倒能获得更多的信息。

3. 采用对方能接受的沟通风格

注意肢体语言、语态给对方的感受。在语言和肢体表达上，都需要传递一种合作和双赢的态度，使双方无论在问题的解决上还是在气氛上都达到双赢。

4. 沟通的升级原则

横向沟通有平等的感觉，但合理使用纵向沟通，有助于问题的快速解决。借用联想的沟通四步骤：第一步，和对方沟通；第二步，和对方的上级沟通；第三步，和自己的上级沟通；第四步，自己的上级和对方的上级沟通，这反映了沟通的升级原则。

5. 扫清沟通的障碍

职责定义不清、目标不明确、文档制度不健全、过多使用行话等，都是沟通的障碍。要进行良好的沟通管理，逐步扫清这些障碍。

二、商务谈判的沟通技巧

商务谈判是指两个或两个以上存在利益互补或利益差异的商务活动当事人，在一定的条件下，为了各自的经济利益目标所进行的相互协商的过程。商务谈判的本质是当事人为了实现各自的经济利益目标而相互协商的过程，是一种目的性较强的沟通形式。商务谈判沟通过程中的信息符号，依其性质可分为语言沟通和非语言沟通两种状态。

1. 商务谈判的语言沟通技巧

语言沟通是指以语言为传播符号的谈判沟通过程。谈判语言沟通包括陈述、提问、回答、说服、辩论、赞美等语言表达形式。

商务谈判语言的表达技巧，整体表现为：

（1）准确、正确地应用语言；

（2）不伤及对方的面子和自尊；

（3）及时肯定对方；

（4）注意说话方式；

（5）富有感情色彩。

2. 商务谈判的非语言沟通技巧

非语言又称为肢体语言、行为语言或无声语言，指谈判者通过姿态、手势、眼神、表情、身体距离等非发音器官来表达的沟通方式。世界著名的非语言传播专家伯德维斯泰尔指出：两个人之间一次普通的谈话，口头语言部分传播的信息不到35%，而行为语言部分传播的信息达到65%以上。由此可见，非语言在人际沟通中的作用更大。

掌握非语言沟通的技能包括两个方面：观察对方的非语言信息，适当地发出自己的非语言信息。就前者而言，如果能敏锐地感受到他人发出的信号，并且加以适当地回应，则不论在人际关系、讨论、谈判还是在销售拜访中都能占有优势，还可以从中了解对方的情绪和真实意图，以便能适时采取应对措施，引导出想要的结果。就后者而言，如果能熟练地运用肢体语言，就能在沟通中更多、更快地表达自己的信息用意，轻松地达到沟通目的。

增强商务谈判的非语言沟通能力，应从以下方面做起：

（1）注意同时接收来自多重途径的信息，并加以综合判断；

（2）多观察谈判对手在各种不同情境场合中的非语言行为，同时注意非语言沟通所表现出的强烈程度；

（3）在考察非语言的含义时，加入对相关情境的考察；

（4）从面部表情、声调、眼神等的变化，侦测可能有的欺骗。

小贴士

商务谈判中带有小动作的8种人

摇头晃脑：日常生活中常见有人用摇头或点头表示自己对某事物的看法，这种人特别自信，以至于唯我独尊。他们在社交场合很会表现自己，对事业一往无前的精神常受人赞叹。

边说边笑：这种人与人交谈时会让人轻松愉快。他们大都性格开朗，对生活不苛刻，很“知足常乐”，富有人情味。他们感情专一，对友情、亲情特别珍惜，人缘较好，喜欢平静的生活。

掰手指关节：有些人习惯于把自己的手指关节掰得咔咔直响。这种人通常精力旺盛，非常健谈，喜欢钻“牛角尖”。他们对事业、工作环境比较挑剔，如果是喜欢干的事，会不计任何代价而踏实努力地去干。

腿脚抖动：有些人总是喜欢用脚或脚尖使整个腿部抖动。这类人最明显的表现是自私，很少考虑别人，凡事从利己出发，对别人很吝啬，对自己却很宽容。但是这种人很善于思考，能经常提出一些意想不到的问题。

拍打头部：这个动作多数时候的意义是表示懊悔和自我谴责。这种人不太注重感情，而且对人苛刻，但对事业有一种开拓进取的精神。他们一般心直口快，为人真诚，富有同情心，愿意帮助他人，但守不住秘密。

摆弄饰物：有这种习惯的人大多为女性，而且一般都比较内向，不轻易使感情外露。这类人的另一个特点是做事认真踏实，大凡有座谈会、晚会或舞会，人们都散了，但最后收拾、打扫会场的总是他们。

耸肩摊手：习惯于这种动作的人，通常是摊开双手，耸耸肩膀，表示自己无所谓。他们大都为人热情，而且诚恳，富有想象力，会创造生活，也会享受生活。他们追求的最大幸福是生活在和睦、舒适的环境中。

抹嘴捏鼻：习惯于抹嘴捏鼻的人，大都喜欢捉弄别人，却又不能“敢作敢当”，喜欢哗众取宠。这种人最终是被人支配的人，别人要他做什么，他就可能做什么，购物时常拿不定主意。

三、危机公关的沟通技巧

危机公关，又称被动营销公关，是指针对外界影响而采取的营销公关活动。一般说来，危机公关需要应付的是对公司造成负面影响的变化，企业通过公关活动试图修补公司的声誉和形象，防止市场份额下降，并夺回失去的销量。危机公关，重点在防御，包括竞争对手的行动、消费者态度的变化、政府政策的改变等。处理危机的过程，就是一个企业与各种公众进行沟通、解决问题的过程。

1. 危机的特点

企业危机是指在企业经营的过程中，由于外部大环境的突然变化（如国家标准、行业问题的暴露）以及企业自身没有按照规范进行安全生产运营，未达到客户的要求等情况引发的一系列危害企业的行为。

（1）突发性。

危机爆发的具体时间、实际规模、具体态势和影响深度，是始料未及的。

（2）聚焦性。

进入信息时代后，危机信息的传播比危机本身发展要快得多，就像大火借了东风一样。

（3）破坏性。

由于危机常具有“出其不意，攻其不备”的特点，不论什么性质和规模的危机，都必然不同程度地给企业造成破坏，造成混乱和恐慌；而且由于决策的时间以及信息有限，往往会导致决策失误，从而带来无可估量的损失。

（4）紧迫性。

对企业来说，危机一旦爆发，其破坏性的能量就会被迅速释放，并呈快速蔓延之势。如果不能及时控制，危机会急剧恶化，使企业遭受更大损失。

2. 危机公关的“5S原则”

（1）承担责任原则（shouldering the matter）。

危机发生后，公众会关心两方面的问题：一方面是利益的问题。利益是公众关注的焦点，因此无论谁是谁非，企业应该承担责任。即使受害者在事故发生中有一定责任，企业也不应首先追究其责任，否则会各执己见，加深矛盾，引起公众的反感，不利于问题的解决。另一方面是感情问题，公众很在意企业是否关注自己的感受，因此企业应该站在受害者的立场上表示同情和安慰，并通过新闻媒介向公众致歉，解决深层次的心理、情感关系问题，从而赢得公众的理解和信任。

（2）真诚沟通原则（sincerity）。

企业处于危机漩涡中时，是公众和媒介的焦点。因此，企业应该主动与新闻媒介联系，尽快与公众沟通，说明事实真相，促使双方互相理解，消除疑虑与不安。

真诚沟通是处理危机的基本原则之一。真诚，即诚意、诚恳、诚实。

1）诚意。在事件发生后的第一时间，公司的高层应向公众说明情况，并表达歉意，从而体现企业勇于承担责任、对消费者负责的企业文化，赢得消费者的同情和理解。

2）诚恳。一切以消费者的利益为重，不回避问题和错误，及时与媒体和公众沟通，向消费者说明事件处理的进展情况，重获消费者的信任和尊重。

3）诚实。诚实是危机处理最关键也最有效的解决办法。人们会原谅企业犯错误，但不会原谅其撒谎。

（3）速度第一原则（speed）。

危机发生后，能否首先控制住事态，使其不扩大、不升级、不蔓延，是处理危机的关键。公司必须当机立断，快速反应，果决行动，与媒体和公众进行沟通，从而迅速控制事态。否则会扩大突发危机的范围，甚至可能失去对全局的控制。

（4）系统运行原则（system）。

在进行危机管理时，必须系统运作，绝不可顾此失彼。危机的系统运作主要应做好以下几点：

1）以冷对热，以静制动。危机会使人处于焦躁或恐惧之中，所以企业高层应以“冷”对“热”、以“静”制“动”，镇定自若，以减轻企业员工的心理压力。

2）统一观点，稳住阵脚。在企业内部迅速统一观点，对危机有清醒认识，从而稳住阵脚，万众一心，同仇敌忾。

3）组建班子，专项负责。一般情况下，危机公关小组的组成由企业的公关部成员和企业涉及危机的高层领导直接组成。一方面保证高效率，另一方面保证对外口径一致，使公众感到可以信赖企业处理危机的诚意。

4）果断决策，迅速实施。由于危机瞬息万变，在危机决策时效性要求和信息匮乏条件下，任何模糊的决策都会产生严重的后果。所以必须最大限度地集中使用资源，迅速做出决策，系统部署，付诸实施。

5）合纵连横，借助外力。当危机来临，应充分和政府部门、行业协会、同行企业及新闻媒体配合，联手对付危机，增强公信力、影响力。

6）循序渐进，标本兼治。要真正彻底地消除危机，需要在控制事态后，及时准确地找到危机的症结，对症下药，谋求治“本”。如果仅仅停留在治标阶段，就会前功尽弃，甚至引发新的危机。

（5）权威证实原则（standard）。

在危机发生后，企业不要自我辩护，而要“曲线救国”。比如，请权威的第三者在前台说话，使消费者解除对企业的警戒心理，重获他们的信任。

3. 危机公关的技巧

（1）出现负面信息后，企业首先应做出真诚的表态。一句“对不起，这是我们的失误，我们将承担责任”，就远远胜过千言万语。

（2）等消费者平静之后，再进行调查，查找真实原因，然后及时公布。

（3）在调查原因的过程中，企业要源源不断地在网上发布企业正面信息（避开当前话题），这样，网络上一方面有负面信息在传播，同时也有正面信息在传播，有助于让消费者看起来企业依然是正常的。

（4）等调查结果出来，公布于众。等媒体和消费者慢慢平静之后，则可以根据实际情况对网络上的负面信息进行一一处理。

拓展阅读

危机公关的处理对策

1. 组织内部对策

（1）迅速成立处理危机事件的专门机构。假如企业已成立危机管理小组，可在该小组的基础上增加部分人员。这个专门小组的领导应由企业负责人担任。行政部公关事务人员必须参加这一机构，汇同各有关职能部门的人员组成一个有权威性、有效率的工作班子。

(2) 了解情况，进行诊断。成立专门机构，应迅速而准确地把握事态的发展，判明情况。确定危机事件的类型、特点，确认有关的公众对象。

(3) 制定处理危机事件的基本原则、方针、具体的程序与对策。

(4) 急需援助的部门，共同参加急救。

(5) 将制定的处理危机事件的基本原则、方针、程序和对策，通告全体职工，以统一口径，统一思想认识，协同行动。

(6) 向传媒人士、社区意见领袖等公布危机事件的真相，表示企业对该事件的态度和通报将要采取的措施。

(7) 危机事件若造成伤亡，一方面应立即进行救护工作或进行善后处理，另一方面应立即通知受害者家属，并尽可能提供一切条件，满足受害者家属的探视或要求。

(8) 如果是由不合格产品引起的危机事件，应不惜代价立即收回不合格产品，或立即组织检修队伍，对不合格产品逐个检验。通知有关部门立即停止出售这类产品。

(9) 调查引发危机事件的原因，并对处理工作进行评估。

(10) 奖励处理危机事件的有功人员；处罚事件的责任者，并通告有关各方。

2. 受害者对策

(1) 认真了解受害者情况后，诚恳地向他们及其家属道歉，并实事求是地承担相应的责任。

(2) 耐心而冷静地听取受害者的意见，包括他们要求赔偿损失的意见。

(3) 了解、确认和制定有关赔偿损失的文件规定与处理原则。

(4) 避免与受害者及受害者家属发生争辩与纠纷。即使受害者有一定责任，也不要在现场追究。

(5) 企业应避免使用为自己辩护的言辞。

(6) 向受害者及受害者家属公布补偿方法与标准，并尽快实施。

(7) 应由专人负责与受害者及受害者家属谨慎地接触。

(8) 给受害者安慰与同情，并尽可能提供其所需的服务，尽最大努力做好善后处理工作。

(9) 在处理危机事件的过程中，如果没有特殊情况，不可随便更换负责处理工作的人员。

3. 新闻媒介对策

(1) 向新闻界公布危机事件，对于公布时如何措辞、采用什么形式、有关信息怎样有计划地披露等，应事先达成共识。企业需要通过权威媒体渠道发布企业最新的信息，第一时间通过“新闻”的方式，多角度多层次地为企业、产品或人物进行正面宣传，吸引公众的注意，尽量消除企业信任危机，消除危机对企业形象的负面影响。

(2) 成立记者接待机构，专人负责发布消息，集中处理与事件有关的新闻采访，向记者提供权威的资料。

(3) 为了避免报道失实，向记者提供的资料应尽可能采用书面形式。介绍危机事件的资料应简明扼要，避免使用技术术语或难懂的词汇。

(4) 主动向新闻界提供真实、准确的消息，公开表明企业的立场和态度，以减少新闻界的猜测，帮助新闻界作出正确的报道。

(5) 必须谨慎传播。在事情未完全明了之前，不要对事故的原因、损失以及其他方面的任何可能性进行推测性的报道，不轻易表示赞成或反对的态度。

(6) 对新闻界，应表示出合作、主动和自信的态度，不可采取隐瞒、搪塞、对抗的态度。对确实不便发表的消息，亦不要简单地“无可奉告”，而应说明理由，求得记者的同情和理解。

(7) 不要一边向记者发表敏感言论，一边又强调“不要记录”。

(8) 注意以公众的立场和观点来进行报道，不断向公众提供他们所关心的消息。

(9) 除新闻报道外，可在刊登有关事件消息的报刊上发歉意广告，向公众说明事实真相，并向公众表示道歉与承担责任。

(10) 当记者发表了不符合事实真相的报道时，应尽快向该报刊提出更正要求，并指明失实的地方。同时，向该刊提供全部与事实有关的资料，派重要发言人接受采访，表明立场，要求公平处理。特别应注意避免产生敌意。

4. 上级领导部门对策

(1) 危机事件发生后，应以最快的速度向企业的直属上级部门实事求是地报告，争取他们的援助、支持与关注。

(2) 在危机事件的处理过程中，应定期汇报事态发展的状况，求得上级领导部门的指导。

(3) 危机事件处理完毕后，应向上级领导部门详细地报告处理的经过、解决方法、事件发生的原因等情况，并提出今后的预防计划和措施。

5. 客户对策

(1) 危机事件发生后，应尽快如实地向有关客户传达事故发生的消息，并表明企业对该事件的坦诚态度。

(2) 以书面的形式通报正在或将要采取的各种对策和措施。

(3) 如有必要，还可派人直接与重点大客户面对面地进行沟通、解释。

(4) 在事故处理的过程中，定期向各界公众传达处理经过。

(5) 事故处理完毕，应用书面形式表示歉意，并向理解和援助的单位表示诚挚的谢意。

6. 消费者对策

(1) 迅速查明和判断消费者的类型、特征、数量、分布等。

(2) 通过不同的传播渠道向消费者颁发说明事故概况的书面材料。

(3) 听取受到不同程度影响的消费者对事故处理的意见和愿望。

(4) 通过不同的渠道公布事故的经过、处理方法和今后的预防措施。

7. 消费者团体时策

(1) 所有的对策、措施，都应以尊重消费者权益为前提。

(2) 热情地接待消费者团体的代表，回答他们的询问、咨询。

(3) 不隐瞒事故的真相。

(4) 及时与消费者团体中的领导以及意见领袖进行沟通、磋商。

(5) 通过新闻媒介向外界公布与消费者团体达成的一致意见或处理办法。

8. 社区居民对策

(1) 社区是企业生存和发展的基地，如果危机事件给社区居民带来了损失，企业应组织人员专门向他们致歉。

(2) 根据危机事件的性质，也可派人到社区居民家庭中分别道歉。

(3) 在全国性的报纸和有影响的地方报刊上发布谢罪广告。广告中应包括：作为谢罪广告对象的有关公众；公众了解的事项；明确而鲜明地表示企业敢于承担社会责任、知错必改的态度。

(4) 必要时应向社区居民赔偿经济损失或提供其他补偿。

除上述关系对象外，还应根据具体情况，采取适当的传播对策，分别对与事件有关的交通、公安、市政、友邻单位等公众通报情况、回答咨询、巡回解释，调动各方面的力量，协助企业尽快度过危机，把企业形象的损害控制在最低限度。

【情境训练 2】

台湾富士康科技集团创立于 1974 年，是专业从事电脑、通讯、消费电子、数位内容、汽车零组件、通路等 6C 产业的高新科技企业。自 2010 年 1 月 23 日富士康员工“第一跳”起，至 2014 年 7 月 27 日，富士康已发生 16 起跳楼自杀事件，引起社会各界乃至全球的关注。针对富士康的员工跳楼自杀事件，请为富士康公司设计危机公关对策。

项目小结

1. 营销团队内部的沟通，表现为与上级沟通、与下级沟通和平级之间的沟通。团队内部不同级别之间的沟通，尊重是最根本的沟通原则。

2. 营销团队外部的沟通，主要表现为企业内部的跨部门沟通与对外沟通。跨部门沟通应本着相互理解、真诚合作的原则进行。对外沟通主要包括商务谈判沟通和危机公关沟通。商务谈判沟通分为语言沟通和非语言沟通两种方式。掌握不同沟通方式的表达技巧，有助于提高商务谈判沟通能力。危机公关，又称被动营销公关，是指针对外界影响而采取的营销公关活动。危机公关，重点在防御，包括竞争对手的行动、消费者态度的变化、政府政策的改变等。

巩固与提高

理论知识巩固

一、选择题

1. 领导在下达命令时要尽可能做到（　　）。

A. 下达抽象的命令　　B. 不要经常变更命令

C. 应下达足以证明自己权威的命令　　D. 以上都不是

2. 向领导提建议较好的时间是（　　）。

A. 上午十点左右　　B. 刚上班时　　C. 午休前　　D. 快下班时

3. 有效说服他人的三原则是（　　）。

A. 自信尊人　　B. 实事求是　　C. 逻辑严谨　　D. 直截了当

4. 在商务谈判中，最好的提问技巧是提一些（　　）的问题。

A. 使对方捉摸不透的问题　　B. 对方敏感而且难以回答的问题

C. 对方能回答的问题　　D. 使对方感兴趣的问题

5. 危机公关具有（　　）的特点。

A. 突发性　　B. 聚焦性　　C. 破坏性　　D. 紧迫性

二、判断题

1. 与实事求是型的领导交谈，直接谈他们感兴趣的话题，不用做过多的说明。（　　）

2. 与控制型领导交谈时，要委婉地表达，要具体说明细节。（　　）

3. 领导批评部下时，为体现个人权威，应做到声色俱厉。（　　）

4. 危机公关要态度真诚、勇于承担责任。（　　）

5. 上下级沟通不畅主要在于单位内部沟通机制有问题。（　　）

三、简答题

1. 简述领导下达命令的“5W2H”法。

2. 向领导请示汇报的程序是什么？

3. 作为下属，如何说服上司接受自己的建议？

4. 作为上级，批评下属应注意什么？

5. 平级沟通的原则有哪些？

6. 危机公关的基本原则是什么？

技能训练

一、案例分析题

谁的报告更能打动领导？

A主管：关于在通州地区设立灌装分厂的方案，我们已经详细论证了它的可行性，大概3～5年的时间就可以收回成本，然后就可以盈利了。请董事长一定要考虑我们的方案。

B主管：关于在通州地区设立灌装分厂的方案，我们已经会同财务、销售、后勤等部门详细论证了它的可行性。根据财务评价报告显示，该方案在投资后的第28个月，财务净现金流将由负值转为正值，这预示着该项投资将从第三年开始盈利。经测算，该方案的投资回收期是4～6年。从社会经济评价报告上显示，该方案还可以拉动与我们相关的下游产业的发展。这有可能为我们将来的企业前向、后向一体化方案提供有益的借鉴。与该方案有关的可行性分析报告我已经带来了，请董事长审阅。

分析：上述两位主管的报告，谁的更具说服力？为什么？

二、实训操作题

实训项目一

实训目标：学会在谈判中运用沟通技巧化解谈判冲突。

实训内容：根据以下场景，模拟谈判沟通的过程。

一位怒气冲冲的顾客来到乳制品公司，声称自己在奶粉里发现了一只活的苍蝇。但事情的真相是：该公司的奶粉经过严格的卫生处理，罐内的空气已被抽空，苍蝇是不可能存活的，过失明显在于消费者。然而面对消费者的严厉批评，争执显然无助于谈判的成功。那么，应该怎样运用沟通技巧来消除这场客户纠纷呢？

实训要求：

(1) 写出沟通方案和谈判体会。

(2) 两位同学组成一组，互为谈判对手。

实训形式：

(1) 以小组为单位练习，每组由两名同学组成；

(2) 选出几组进行模拟示范，同学相互点评。

实训项目二

背景：一家化工厂由于没及时处理废水而使其注入附近水域，致使鱼类大量死亡。于是，以捕鱼为生的渔民愤怒地涌入化工厂，引发了社区关系的公关纠纷。

如果你是该厂公关部经理，请围绕如何平息这起社区关系纠纷，制订一个可行的公关计划。

项目六

电话营销沟通

教学目标

能力目标：能够在电话沟通中运用沟通礼仪和沟通技巧挖掘客户需求，化解客户异议，赢得客户信赖，促使电话营销工作顺利进行。

知识目标：掌握电话沟通的各种礼仪，掌握拨打电话与接听电话的程序与技巧。

素质目标：培养学生有耐心、勇于挑战的职业习惯，提高抗压能力。

重点难点

教学重点：电话营销沟通技巧。

教学难点：如何运用电话沟通技巧与客户顺利沟通，达到营销目的。

教学情境

张玲的工作离不开与客户进行电话沟通。她不仅需要接听客户打来的各种电话，有时还需要向一些潜在客户推介公司新开发的产品。由于电话那边的客户看不到张玲本人，遭遇客户的拒绝和刁难就在所难免。因此，张玲在打出每一个电话时都要想办法取得客户的信赖，争取实现沟通目的。这要求她必须掌握电话营销的沟通技巧和相关的沟通礼仪知识。

开篇案例

姜经理的电话示范

电话销售员小林像很多新手一样，紧张地对着话筒机械地说："陈先生吗？你好！我姓林，是泰安公司的业务代表。您是成功人士，我想向您介绍……"

电话那头的陈先生直率地说："对不起，林先生。你过誉了，我正忙，对此不感兴趣。"说着就挂断了电话。

小林放下电话，硬着头皮又打了半个小时，每次和客户刚讲上三两句，客户就挂断了电话。

小林的上司姜经理问他："小林，你知道为什么客人不肯和你见面吗？"

小林想："约见客户难，大家都知道，我约不到，有什么奇怪。"

姜经理见他不吱声，便解释起来："首先，你应该说明来意，是为会面而打电话的。其次，捧场话讲得太夸张不行。你开口便给对方戴了个'成功人士'的大高帽，对方会立刻产生一种戒备。和陌生人通话，太露骨的奉承会令人觉得你是在刻意推销，也容易给人急功近利的感觉。最后一点也是最重要的，电话是方便我们约见客人，但你要'介绍'产品，见面是最佳途径。隔着'电话线'，有些事是说不透的。就算客人肯买，难道能电传支票给你吗?"

姜经理说完亲自示范给小林看。

姜经理精神饱满地对着电话那头的客户微笑着说："邹先生，您好！我姓姜。我们没见过面，但可以和您谈一分钟吗?"他有意停一停，等待对方理解了说话内容并作出反应。

对方说："我正在开会!"

姜经理马上说："那么我半个小时后再给您打电话好吗?"

对方毫不犹豫地答应了。

姜经理对小林说，主动挂断与被动挂断电话的感受不一样。尽可能主动挂断，可以减少失败感。

半个小时后，姜经理再次接通电话说："邹先生，您好！我姓姜。您叫我半个小时后再来电话……"他营造出一种熟悉的回电话的气氛，缩短了双方的距离感。

"你是做什么生意的?"

"我是泰安公司的业务经理，是为客人设计一些财经投资计划……"

邹先生接口说："教人赌博，专搞欺骗?"两人都笑了。

"当然不是!"姜经理说，"我们见见面，当然不会立刻做成生意。但看过资料印象深些，今后你们有什么需要服务的，一定会想到我啊!"

邹先生笑了笑，没说什么。

"这两天我在您附近工作。不知您明天还是后天有时间?"姜经理问。

"那就明天吧。"

"谢谢。邹先生，上午还是下午?"

"下午吧！4点。"邹先生回答。

"好！明天下午4点钟见!"姜先生说。

姜经理放下电话，小林禁不住拍手赞叹。

结合案例分析：为什么小林邀约客户没有成功而姜经理却成功了?

任务一　电话沟通礼仪

任务描述

开篇案例中，小林作为电话销售的新手，在邀约客户的过程中屡遭失败。面对同样的人和同样的事情，姜经理却能获得成功。这说明，在与顾客进行电话沟通时，是需要有一些技巧的。那么在电话中怎样与顾客沟通才能获得成功呢?

在现代人际交往中，电话已日益成为人们沟通的桥梁，电话营销也逐步成为许多企业的重要销售手段之一。由于电话里只闻其声，不见其人，电话营销员的语言行为便成为客户对企业的第一印象，所以电话礼仪必须作为营销员的基础训练项目，使客户在第一次接听电话时就对公司感觉良好。电话礼仪可分为拨打电话的礼仪、接听电话的礼仪两个方面。

情境一 拨打电话的礼仪

导入案例

这样做多此一举吗？

夏目志郎是日本的一位著名的人际沟通训练师。一天晚上，夜已经很深了，准备休息时，他突然想起忘了给一位客户打电话。于是，他赶紧走到衣柜前，脱掉睡衣，穿上西服，把头发整理好，站在镜子前给自己一个微笑，然后打电话给客户。

结合案例分析：夏目志郎的做法是多此一举吗？

知识储备

在日常生活中，人们通过电话可以粗略判断对方的人品、性格。因而，掌握正确、礼貌的打电话方法是非常必要的。打电话看起来很容易，对着话筒和对方交谈，仿佛和当面交谈一样简单。其实不然，打电话大有讲究，可以说是一门学问，也是一门艺术。

一、电话礼仪的基本要求

电话沟通时注意力一定要集中，认真应答，记录要详细；态度要真诚，解释要耐心，传达要准确，动作要轻柔；吐字要清晰，声音要平稳，语言要简洁，措辞要得体。

二、拨打电话的礼仪

1. 选择合适的时间

当需要打电话时，首先应确认一下此时打电话是否合适。也就是说，要考虑对方此时接电话是否方便。一般应选择在对方方便接电话的时间打，尽量避免在对方忙碌或休息的时间打电话。否则，不仅达不到效果，还会让对方心生厌烦。因此，拨打电话，需把握好以下几点。

（1）给对方家里打电话，早晨 8 点以前和晚上 10 点以后不要打，除非有紧急的事。当然，当对方有可能非常忙碌的时候打电话去，也是不合适的。工作上的事情，尽量不要打电话到别人的家里。

（2）打电话到对方的工作单位，最好不要在星期一一大早打过去。因为，经过一个周末，对方要处理的公务也许会很多。当然，在对方快要下班的前几分钟打电话，也不太适合，因为快要下班了，人家也许有些事情要处理，处理完后会急着回家。如果因为你的电话而耽误了对方的私人时间，也许对方会不快。

（3）一般情况下，不要为私人的事情打电话到对方的工作单位，除非对方不介意。如果因为私人的事情打电话到对方的单位，最好问一声："你现在方便听电话吗？"而且，即使得到对方的肯定回答，通话也应尽量要简短，因为占用对方的工作时间，可能会影响对方工作单位的正常业务往来。

2. 开头要自报家门

拨通电话时，自报家门是对对方的尊重。即使是你熟悉的人，也应该主动报出自己的姓名，因为接电话方往往不容易通过声音准确无误地确定打电话人的身份。另外，自报家门还包含着另外一层礼仪内涵：直接将你的身份告诉对方，对方就有权选择是否与你通话。

在打电话之前，确定打内线或打外线是很重要的。具体做法是：打外线——不认识对方时，应该做详细的自我介绍。如：“你好，我是××，××公司销售部经理的秘书。”若你认识对方，而且对方一接听电话你马上就能确定听电话的人是谁，那么不妨直接说出此人的名字或正确的称呼。这样，会使对方感到被重视。如：“王经理，您好，我是××，××公司销售部经理的秘书。”打内线——可以有几种方式，如：“我是××，王经理的秘书”；“我是销售部的××”；“王先生，你好，我是××。”

3. 通话尽量简明扼要

自我介绍后，应简明扼要说明通话的目的，尽快结束交谈。因为，随意占用对方的电话线路和工作时间是一种失礼行为。在业务通话中，“一个电话最长三分钟”是通行的原则。超过三分钟，应改换为其他的交流方式。如果估计这次谈话涉及的问题较多，时间较长，那么，应在通话前询问对方此时是否方便长谈。如果对方不方便长谈，应该有礼貌地请对方约定下次的通话时间。因此，在通话前，要告知对方可能要占用多长时间。如，“王先生，此次我想和您谈谈分配方案的事宜，时间大约需要一刻钟。您现在方便吗?”

4. 要找的人不在时的处理方法

如果你要找的人恰巧不在，你可以有以下几种应对方式。

(1) 直接结束通话。

在事情不很紧急，或者自己还可采取其他的联系方式的情况下，可以直接用“对不起，打扰了，再见”来结束通话。

(2) 请教对方可联系的时间或其他可能联系的方式。

此种方式通常在比较紧急的情况下采用。具体做法是：“请问我什么时候再打来比较合适?”或“我有紧急的事情要找王经理，不知道有没有其他的联系方式?”不管对方是否为你提供其他的联系方式，都应该礼貌地说：“再见。”

(3) 请求留言。

若要找的人不在，或恰巧不能听电话，最好是用礼貌的方式请求对方转告。留言时，要说清楚自己的姓名、单位名称、电话号码、回电时间、转告的内容等。在对方记录下这些内容后，千万不要忘记问：“对不起，请问您怎么称呼?”对方告知后要用笔记录下来，以备查找。

5. 打错电话的礼仪

当打错电话时，不要一声不响地挂掉。这样会给人不舒服的感觉，也是不礼貌的行为。当意识到打错电话时，应及时道歉，可以说：“对不起，打错了!”然后轻轻挂上电话。

6. 适时结束通话

结束通话时，一般是尊者先挂电话。但如果通话的两人地位相当，应由打电话的一方先挂电话。而且不能只要自己话讲完了就挂电话，要有明确的结束语，可以说一声：“谢谢，再见。”在挂电话时，一定要轻轻挂上，切忌发出很响的声音。

【情境训练 1】

小张是 A 公司的电话销售人员，前几天，曾给一个客户李某打过一次电话，向其销售产品。李某当时说要考虑一下，这几天一直也没有回复。小张打算再给李某打个电话跟踪一下。请你告诉小张，这个电话应该怎么打？应该注意什么？两位同学一组，进行模拟练习。

情境二　接听电话的礼仪

导入案例

一个电话丢了合作机会

一位先生要找 A 公司，但拿起电话却顺嘴说成了 B 公司。A 公司的员工一听对方要找的是自己的竞争对手，马上说“你打错了”，“啪”地一下就挂断了电话。这位先生回过神来，觉得心里很不舒服。他以前也跟接电话的这位员工联系过几次，没想到对方的温文尔雅都是装出来的、实际上是这副“德性”。他再也不想和对方合作了。

结合案例分析：

1. 案例中的这位先生为什么再也不想和 A 公司合作了？

2. A 公司的这名员工在接电话时有什么不对的地方？

知识储备

一、“铃声不过三”原则

即在电话铃声响起三声内接听电话。电话铃响后，如果立即接通，会让对方觉得唐突；但若在响铃超过三声以后再接听，是缺乏效率的表现，势必给来电者留下公司“管理不善”的第一印象，同时也会让对方等得不耐烦，变得焦急。如果因为客观原因（如电话机不在身边，或一时走不开），不能及时接听，就应该在拿起话筒后，先向对方表示自己的歉意并作出适当的解释，如：“很抱歉，让你久等了。”

如果是在家里接听电话，尽管没有必要像在单位里那样及时，但尽快去接听是对对方的尊重，也是一个人的基本礼貌。如果铃响五声以上才去接听，也应向对方表示歉意。老朋友之间尽管没有必要作出郑重其事的道歉，但向对方解释一下延误的原因也是必要的。

二、规范的问候语

在工作场合接听电话时，首先应问候，再自报家门。若对外接待，应报出单位名称，接内线电话应报出部门名称。比如：“您好，××公司”“××大学音乐系，您好”“您好，销售部办公室，我是××”，等等。自报家门是让对方知道有没有打错电话，万一打错了电话就可以少费口舌。规范的电话问候语体现的不仅是对对方的尊重，而且也反映出本单位的高效率和严管理。

在家里接电话可以有很多选择，规范点儿的可以用：“喂，你好!”问候对方。在家里接听电话，关键是要让对方感到亲切友好，而这种亲切友好主要是通过接听电话的人的语调、语气来体现的，过于规范化的电话反而会让人觉得“公事公办”的冷淡。

三、对方要找的人不在或不能接听电话时的处理

如果对方要找的人不在，或者暂时不能接听电话，在询问对方姓名前，先告知他要找的人不在，然后记录下对方的姓名、电话，并告知对方，见到他要找的人会转达。如果对方要找的人暂时不能接听电话，要告诉对方是由于什么原因不能接听电话，要么告诉对方留下姓名和电话进行转达，要么告诉对方在多长时间以后再打进来。

四、学会记忆并引用对方的名字

在办公室工作的人员，应该有意识地训练自己的听辨能力。假如对方是老顾客、经常打电话来，一开口就能听出他或她的声音，那么可以用合适的称谓问好："您好，王经理。"这样一来，会给对方留下特别受到重视的感觉，增加对方对你的好感。

五、接到错误的电话时也应礼貌应对

接到错打的电话，人们很容易忽略了礼貌问题，甚至很粗鲁，这是因为人们认为错打的电话与自己没有关系。事实上，并非错打的电话必定与自己没有关系。有时，对方也恰恰是与自己有重要关系的人。因此，接听电话时，最好每一个电话都讲究礼貌，保持良好的接听态度。

六、在对方挂掉电话后再挂电话

当对方向你说"再见"时，别忘了你也应该说"再见"，并等对方挂了以后再挂电话。最好不要一听到对方说"再见"就马上挂电话，尤其不能在对方一讲完话，还没来得及说"再见"时就把电话挂了。注意挂电话时应小心轻放，别让对方听到很响的挂电话声。

小贴士

接打电话注意事项

（1）接打电话的礼仪。

就算客户看不见，也要让他感觉到你的礼仪。

（2）重要的第一声。

要使用标准开场白。

（3）要有喜悦的心情。

欢快的语调会感染你的客户，对方看不到你的微笑，但能感觉到你快乐而和煦的心情。

（4）认真清楚的记录。

（5）语速均匀，没有乡音或杂音，语调柔和，恰当把握轻重缓急，抑扬顿挫、吐字清晰，每分钟平均吐字120字。

（6）多使用积极的语言。

【情境训练2】

某软件公司和某销售公司一直有业务上的往来。小A是软件公司的业务代表，小B是销售公司的业务代表。小B所在的销售公司的有关人员，打算下周末到小A的公司进行参观考察。于是，小B给小A打电话通知这件事情。请两位同学分别扮演小A和小B，来进行模拟练习。

任务二　电话营销沟通技巧

任务描述

小张是平安保险的一名新进电话营销人员。经过一段时间的工作，他发现电话营销工作不是一件简单的事情，工作时他经常会遇到不顺利的情况。那么，电话营销究竟是一项什么样的工作？有哪些沟通技巧可以用于电话营销以提高工作效率呢？

情境一　认识电话营销

导入案例

小张的困惑

小张进入平安保险公司工作不久，经过公司的初级培训，大致明白了电话营销到底是做什么的。在其他老员工的指导下，小张尝试了一段时间的电话营销工作，有了一定的实践经历。这天，电话营销主管和小张攀谈起来。主管问道："小张，经过这段时间电话营销的实际工作，想必你有很多的心得体会吧？你能告诉我，电话营销究竟是什么吗？它的重要性在哪里呢？"小张一时语塞，心想："对啊，我做了好几天电话营销了，但要完整地说出来，还真是难度挺大啊！"小张陷入了困惑，不知该如何回答主管的问题。

结合案例分析：小张该怎样回答主管的问题呢？

知识储备

一、电话营销的含义

电话营销最早出现于20世纪80年代的美国。随着以消费者为主导的市场的形成，以及电话、传真等通信手段的普及，很多企业开始尝试这种新型的市场手法。但电话营销绝不等于随机地打出大量电话、仅靠碰运气去推销几样产品。这种电话往往会引起消费者的反感，结果适得其反。

据此，我们将电话营销定义为：通过使用电话，来实现有计划、有组织并且高效率地扩大顾客群、提高顾客满意度、维护顾客等市场行为的手法。

二、电话营销的作用

作为一种销售模式，电话营销具有省时、省力、快速沟通等特点。在信息传播速度极快的今天，它在营销活动中的优势极为明显。

电话营销能为企业解决以下问题：

（1）可以帮助企业降低销售成本；

（2）可以帮助企业提高销售效率；

（3）可以帮助企业更有效地利用资源；

（4）可以帮助企业扩大品牌影响力；

（5）可以与客户建立长期的信任关系；

(6) 可以更清楚地直接把握客户的需求。

如今，电话营销已渗透到金融保险、教育、餐饮娱乐等各行各业，越来越受到企业的重视和依赖。因此，掌握一定的电话营销沟通技巧，就成为广大营销人员必须具备的一种职业技能。

【情境训练1】

一天，某保险公司的电话营销部经理递给小张一份资料，说："小张，你已经工作一段时间了，今天我把一位准客户的资料交给你。这位客户是一家大公司的主管，他对养老保险很感兴趣，你先电话联系一下，了解一下客户的情况，然后继续跟进。"小张回答道："您把准客户交给我，说明对我很信任。我一定好好跟进这个客户！"小张暗自琢磨："这个客户很重要，我要自己先梳理一下思路，第一次电话联系一定要非常成功。"

如果你是小张，该如何给客户打第一次电话呢？

情境二　电话营销的沟通技巧

导入案例

小吴的电话邀约

小吴是A银行C支行网点资深的理财经理，在与陌生客户进行电话邀约上很有心得，我们来看看他是怎么电话邀约客户的。

小吴："喂，您好，请问是赵××女士吗？"

客户："我是，你是谁啊？"

小吴："我是A银行C支行的理财经理小吴，请问您现在方便说话吗？"

客户："嗯，你有什么事吗？"

小吴："是这样的，赵女士。因为您是我行的尊贵客户，我们行里特别安排我为您提供一对一的专属服务。未来您有任何银行方面的需求，都可以与我联系，我也会不定期向您汇报金融市场及银行资讯的。"

客户："好的，谢谢。"

小吴："另外，我们还准备了一张金卡送给您。以后您来网点便可以优先办理业务，很方便的。"

客户："金卡是免费的吗？"

小吴："对，这是我们送给您的，当然是免费的。这张卡需要您的签名才能生效，您看明天上午或下午方便来我们银行一趟吗？"

客户："明天下午方便。"

小吴："好的，那下午三点可以吗？"

客户："可以。"

小吴："好的，赵女士，那明天下午我会提前为您准备好资料；来之前您也可以先给我打个电话，这样也能节省您的时间。稍后我会把网点的地址及我的电话通过短信发送给您，请您注意查收。"

客户："好的，知道了。"

小吴："好的，谢谢您，赵女士，祝您生活愉快！再见。"

结合案例分析：上述电话营销中，小吴的沟通技巧体现在哪里？

知识储备

现代营销学认为，电话营销是由一系列专业化、系统化的管理动作所构成的，集目的性、可操作性于一体的营销行为。在此营销行为中，蕴含着人与人之间沟通的目的、方式和技巧，而应用于电话营销中的沟通技巧显得尤为重要，营销行为的成功与否与之密切相关。

一、电话营销流程

1. 做好电话营销前的准备工作

(1) 明确打电话的目的和目标。

作为一名营销人员，在拨打电话前一定要非常清楚本次电话的目的和预期目标。电话沟通不同于面对面交谈，你看不到对方在电话那端做什么、有什么样的表情，你随时面临着对方挂掉电话、导致沟通失败的风险。所以，你此次电话是为了达成约对方来公司洽谈的目的？还是初步介绍产品？或是仅仅为了联络感情？应确定一个目标，不要在电话中拖泥带水。简单的寒暄过后，直奔主题，不然既耽误对方时间，也浪费自身精力和成本。

(2) 确定为达到目标所必须问的问题。

电话营销的最终目的是把产品销售出去。那么，在销售产品之前，你需要对电话另一端的客户有一定的了解。假如你给一位陌生客户打电话，在客户表示愿意继续交谈之后，你必须询问客户的姓名，直接叫出“张先生”或“李女士”，这样更容易拉近彼此之间的心理距离。

(3) 设想客户可能会提到的问题，提前写好话术脚本，并做好准备。

1) 要从客户的角度出发。

从客户的角度出发，这是对电话营销人员最基本的要求。因此，在脚本设计过程中，我们也不应该忘记这点。只有从客户的角度出发，我们才能设计出真正让客户认同的话术。

2) 多用正面表达。

谁都喜欢得到肯定。因此，在话术脚本中应尽可能避免使用否定的语言，如“不”，“没有”等词汇，要让客户感觉到自己是被肯定、被认同的。

3) 用“FAB”的技巧引导客户。

“FAB”(Feature＋Advantage＋Benefit) 即“特点＋优势＋利益”。在介绍产品的过程中，与其死板地说一些产品的特性和专业名词，还不如从产品能给客户带来什么好处出发，用形象的比喻来帮助客户想象产品会给他带来的利益。

4) 使用更具说服力的词语。

在电话营销中，巧妙添加一些数字或者与数字有关的词，能够让客户印象深刻，且让你的推荐更具说服力。如：“本产品在同类排名中连续三年赢得第一”。

5)“先讲明原因”。

在沟通中，我们都喜欢问为什么。当客户接到一个陌生人的电话时，他的第一反应是：这是谁？为什么要打电话给我？因此，在刚开始时，主动表明身份并告诉对方你是为何而打电话的，就能有效地打消对方的顾虑。这样做，也能避免浪费时间，提高电话沟通效率。

6）口语化。

电话营销员不能将手册或网站上的文字简单复制成为自己的固定话术流程，而是要根据口语听说、日常交流的习惯，重新编写相关内容。同时，要满足普遍性的口语习惯，所以常常需要不同的人在一起反复斟酌。

7）对话式/互动式。

话术脚本不是发言稿，不能不考虑客户的反应而一气呵成，必须留给对方反应的时间与机会，并针对不同反应决定下一步怎么说。

（4）设想电话中可能发生的事情并做好准备。

每个人的性格、职业、生活背景不尽相同，所以思维、表达方式也不一样。面对面沟通时可能发生的沟通不顺畅，在电话营销中也会发生且程度有可能更深。比如客户突然问了一个连营销人员自己也答不上来的专业问题，是僵持到这里，还是急中生智答复客户："您的这个问题非常好，但是电话里面几句话说不清楚，我们公司有专门的工程师可以当面向您解释，欢迎您随时来访。"当然后者的效果更好，既能让自己顺利过关，还能让客户感觉自己提的问题很有水平。

（5）态度上做好准备：一定要保持微笑。

营销人员在打每一个电话之前，都要调整好心态。无论结果怎么样，先端正自己的态度才有可能取得良好的效果。积极进取的精神态度，可以通过电话传递给对方。试想，如果自己像霜打了的茄子一般有气无力地讲电话，连自己都不知道说了什么，怎么能让客户放心、高兴地下订单？所以，拨通电话前，深吸一口气，给自己一个微笑，积极的心理暗示法无疑能够取得较好的效果。

2. 设计电话营销中的开场白

（1）作自我介绍。

自我介绍要做到清晰礼貌、简洁明了。例如："您好，我是××保险公司的业务员小张。很抱歉打扰您了。请问您现在说话方便吗？"

（2）进行相关的人或者物的说明。

如果我们一上来就说自己是销售保险产品的，会显得比较唐突，对方极有可能会敷衍几句后挂掉电话。如果我们告诉对方，他（她）是经其他人转介的，就更容易建立关系，也便于更好、更快地沟通。

例如："王经理，您好！我是××保险公司的小张。前几天，我跟您的一位朋友陈××经理在一起讨论关于公司团体保险的事情，陈经理提到可以与您联系一下，说您可能会有这方面的需求。"

如果是打给陌生客户的电话，我们该如何开场呢？请体会以下对话场景：

A：您好，我是××保险公司的小张。很抱歉打扰您了。请问您现在说话方便吗？

B：请讲。

A：您好，首先感谢您的聆听，耽误您两分钟的宝贵时间。今天给您打电话是告诉您，为庆祝××保险公司成立25周年，本周末在××宾馆会议厅有一个我公司与××知名咨询公司共同举办的"目前经济形势分析及个人投资理财研讨会"，免费邀请本市各行业精英参加研讨并相互结识。我这里给您预留一个座位，您看可以吗？

(3) 介绍打电话的目的。

要突出自己所讲的事情对客户的好处。如前述的，“本周末的个人投资理财研讨会，不仅可以免费获得专家对于近期的经济形势分析，还能拓展人脉。”姑且不论会议效果如何，抽个时间去参与一下，至少没有损失。既然底线是没有损失，还有可能有收获，那么客户来参加的概率就大大增加了。

(4) 确认对方时间的可行性。

如果客户确定能参与你所推荐的营销活动，需要进一步确认对方时间的可行性。请体会以下对话场景：

A：您好，首先感谢您的聆听，耽误您两分钟的宝贵时间。今天给您打电话是告诉您，为庆祝××保险公司成立25周年，本周末在××宾馆会议厅有一个我公司与××知名咨询公司共同举办的“目前经济形势分析及个人投资理财研讨会”，免费邀请本市各行业精英参加研讨并相互结识。我这里给您预留一个座位，您看可以吗？

B：哦，××保险的。会议是推销保险么？

A：嗯，是这样的（欲言又止）……哦，先生，怎么称呼您呢？

B：我姓王。

A：是这样的王先生（获得对方的姓氏，拉近心理距离），您有这样的疑问很正常（先肯定客户，目的是使之放下戒备心，让客户感觉自己主导着谈话）。我们的会议虽然是我公司花巨资邀请专家来做报告，但我们不是以销售为目的的（欲擒故纵），本次会议的目的是知识讲座。当然，其中也会涉及保险。如果您感兴趣或有需求的话，我们可以会后再联系。会议的另一个主要目的是提供一个平台，让各行业精英相互结识。所以如果王先生您到时有空，我这里提前给您预留一个座位，就当是学习嘛，同样的时间周末上午睡个懒觉就过去了，何况您又不会有任何损失。如果中途有事的话，提前先走就行了。

B：那好吧，你先帮我留个位置吧。

A：好的，王先生，因为我们其他同事也在邀请其他的客户来参加，为了确定您能到场、留住座位，请您先告诉我您的全名和单位，我先备注一下。

B：王××，××公司。

A：好的，那就确定了，您周六上午9点务必到达××宾馆，我们会有工作人员负责招待和签到。

B：好的，谢谢。

如果客户在电话中明确表示不能参加，营销人员该怎么办？请体会以下对话场景：

A：您好，首先感谢您的聆听，耽误您两分钟的宝贵时间。今天给您打电话是告诉您，为庆祝××保险公司成立25周年，本周末在××宾馆会议厅有一个我公司与××知名咨询公司共同举办的“目前经济形势分析及个人投资理财研讨会”，免费邀请本市各行业精英参加研讨并相互结识。我这里给您预留一个座位，您看可以吗？

B：哦，××保险的，周末我没有时间。

A：先生您好，主要是本次讲座机会难得，既能了解到最新的经济形势和投资理财机会，还能拓宽一些人脉，所以希望您能在百忙之中来参加。不会在现场有销售保险的情况，您可以放心。（打消客户顾虑，尽力说服对方。）

B：不好意思，确实没有时间。

A：没关系，下次如果有机会的话我再联系您。先生您贵姓啊？我留一下您的姓名。您放心，不会经常联系您的，只是下次有这种大型讲座的话再联系您。（再次打消对方顾虑，获得对方姓名也算另一个成果。）

B：好吧，我姓王。

从以上情境对话我们可以发现，优秀的电话营销人员对于客户的心理把握是比较到位的，从始至终都是由自己把握节奏和主导交流。当然，除了非常娴熟地运用话术脚本之外，对于人性的了解也至关重要。

（5）转向探询需求。

（客户同意参加讲座）

A：好的，那就确定了，您周六上午9点务必到达××宾馆，我们会有工作人员负责接待和签到。

B：好的，谢谢。

A：对了王先生，关于投资理财方面您最想了解哪些知识？这次讲座我们也会根据与会者的需求来和专家沟通，力求满足大家的需求，让您有所收获。（切入探寻需求，对客户越了解，后续工作越顺利，顺带表示可以根据客户需求定制讲解内容，锁定客户参加讲座。）

B：主要是理财方面的，现在通货膨胀太厉害了嘛。

A：好的，那我们就把您的想法告诉专家，可以单独针对您的情况做分析。您方便告诉我您的大概年收入和家庭年收入吗？（预先代入式提问，假定王先生已经成家。）专家可以先帮您进行分析组合。（用独特的主张、个性化的定制锁定客户，涉及收入等敏感方面时，粗略询问即可。）

B：个人收入××，家庭收入××。

A：好的。您是三口之家？您和爱人及小宝贝的年龄分别是多少呢？（继续了解客户详细信息，为下步工作做好资料准备。）

B：分别是××岁、××岁。

一个优秀的电话营销人员一定是个“好提问者”。“好提问者”的标准是，在提问时能够起到“随风潜入夜，润物细无声”的效果。所以，话术脚本中“如何提问”“如何提好问题”就显得尤为重要。提问环节做好了，对随后的销售流程大有裨益。

关于探寻客户的需求，要注意以下三点：

第一，对客户需求的了解：对客户需求要做到完整、清楚、明确地了解，然后才能够推荐产品。不但要知道客户需求的是什么，还要知道为什么客户产生这种需求。

第二，明确的需求和潜在的需求：先找出客户的潜在需求，然后去引导客户，让他表达一种明确的需求。在这个时候再去介绍产品，客户接受的可能性就会非常大。

第三，提出高质量的问题。

3. 在电话中促成交易

所谓“促成”，即营销流程中的“临门一脚”，是指客户处于交易达成的边缘，需要电话营销人员给予“推力”，使其确认成交的动作。为促成交易，营销人员要对成交信号出现的时机非常敏感。

电话营销中，成交信号出现的时机有以下几种表现：

第一，客户询问细节。

当客户不停询问产品细节时，营销人员千万不要感觉烦躁：客户怎么会有这么多的问题。要知道“嫌货才是买货人”的道理。我们换位思考一下，自己买东西时，是不是也是必须对产品各项细节都了解清楚了之后，才能作出购买决定。所以，客户多问，我们一一对其解答，才有可能营销成功。在此环节，切记要有耐心，并且态度友善，让客户感觉到真诚。

第二，客户不断认同。

通过我们仔细的解答，客户对产品的各项细节不断表示认同，就意味着客户已经接受产品，愿意购买。那么，在此环节，电话营销人员一定要对客户的认同表示赞同，夸奖客户的选择是最正确的，加深客户的认同感。

第三，解决客户疑问后，客户反应良好。

我们打消了客户对于产品的各项疑问，客户没有提出反对意见，对于解答表示认同。客户的反应比较积极，也是成交信号出现的象征。此时，客户可能内心正在衡量、估算，在电话中我们要适时停顿，给予其思考时间。

第四，客户兴趣浓厚。

如果客户对于产品的兴趣很浓厚，则说明我们的解答非常成功。此时，顺着客户的思路，我们辅以说明，会更加深其购买欲望。

下面，我们以客户参加完讲座之后的二次电话回访为例，促成见面详谈。

A：王先生您好，我是××保险的小张啊!

B：你好，小张。

A：上次参加完讲座您感觉怎么样？我看您听得很认真，和专家也单独沟通了一会儿。

B：是啊，感觉很不错。你们××保险举办的这个活动还挺好的。专家建议的家庭资产配置里面的健康保险部分，讲的比较粗略，这个可以详细了解下。（客户对产品感兴趣，是因为借用“专家建议”，营销中的第三方总是更能够让人产生信任。）

A：是的，专家简单建议的健康保险确实非常有用。您看这样吧，我去当面给您详细讲解一下吧。您是周二有空还是周三有空？（二择一法，封闭式问题，及时促成当面会见。）

B：哦，周二周三都很忙。

A：要么，放到周六或周日，邀请您来我们公司吧，顺带参观一下。你看是上午合适还是下午合适？（继续二择一法。）

B：周六上午 9 点吧。

A：好的，王先生，到时我们再联系。

4. 电话中达成协议

如果客户在电话中已经表示对产品的浓厚兴趣，并愿意购买，那么我们可以直接进入具体购买环节。达成协议有以下关键步骤。

（1）总结客户购买后的好处。

当客户作出购买决定后，我们首先要做的就是恭喜他作出了正确决定。无论销售什么产品，目的都是满足人的需求；当人们的需求得以满足的时候，其心理状态是良好而积极的。此时，我们在电话中要表现得冷静又不失活泼，不能因为产品得以销售而沾沾自喜，而是时刻以客户为主体，面带笑意，祝贺其得到心仪的产品；并不失时机地加以确认，告诉对方获得产品之后能给他带来什么，给其以憧憬，加深其满足感。

A：王先生，上次见面详谈之后，您考虑得怎么样了？和家人商量得挺好的吧？

B：还不错，这个健康保险挺好的，先给我自己买一份吧。

A：对，我们这个险种确实非常划算，现在购买还赠送意外险。要不您给爱人也买一份，共同享受我们公司的保障多好啊！

B：先给我自己买吧，随后资金宽裕了再给爱人买。

A：也好，那先恭喜您了王先生，马上就能享受到我们公司优质的保障服务了！

(2) 给客户建议下一步行动。

电话营销不同于当面销售，客户作出购买决定之后可以立即付款。虽然客户作出了购买的决定，但是依然存在反悔的可能性，在实践中这种情况相当普遍。为了达成销售，我们需要在电话中指导客户尽快进行下一步行动。例如：

A：王先生，您需要在我们的投保单上签字，我们公司还要进行核保审核，为了尽快让您享受到保障，我今天下午就带着投保单去您单位找您吧？

B：下午可能会比较忙。

A：那就下午快下班的时候我去找您，不耽误您正常工作。

B：好吧，那就下午 5 点钟吧。

(3) 引导客户签协议。

除了类似保险营销等需要双方见面签署的协议之外，在电话营销中销售低值快消品等物品的，还可以直接让客户在网上自主支付。针对此种营销类别，本步骤可以省略，故在此不再赘述。

5. 电话后的跟进

在电话营销中，并不总是每次营销结果都是成功的，针对暂时没有达成销售的客户，我们首先要根据电话结果对客户分类。

第一，对真正的客户的跟进方法：建立信任关系。

人与人之间的接触、交往以及交易，都是以信任为基础的。在电话营销过程中，陌生的客户在电话的那端和我们沟通，彼此看不到对方，难免产生不信任感。但是，不信任感是可以随着沟通的深入而逐渐消散的，只要我们报以真诚的态度，辅以沟通上的技巧，让客户感到电话那端的销售人员声音甜美、态度和蔼可亲，我们就有机会与客户继续沟通下去。具体而言，建立初步信任的方式有：主动告知客户自己的姓名、单位、打电话的目的。建立更深层信任的方式有：朋友式主动倾诉、提供额外“消费者剩余”——超出客户对产品的期望值等。

第二，近期内会有需求的客户（准客户）的跟进方法。

(1) 消除营销人员自身的恐惧心理。

如果客户在电话中拒绝了自己，那么我们首先要分析客户是“真拒绝”还是“假拒绝”。“真拒绝”的话，就不必再刻意追寻下去；“假拒绝”的话，营销活动还可以持续下去。但是无论“是真是假”，营销者都要战胜自己“畏难”“找借口”的情绪和思维。作为营销人员，自身心理状态的强大，对于销售成功与否影响深远，所以克服掉自己的恐惧心理，电话跟进行为就成功了一半。

（2）采用不同的跟进方法和手段。

现代社会，沟通方式多样，我们除了运用电话二次跟进之外，电子邮件、微信、QQ等网络方式都可以运用。利用何种沟通工具不重要，重要的是与客户联系上；只要能联系上，有了互动，就有可能达成营销目的。

第三，跟进时请求转介绍。

无论是真正的客户，还是准客户，或者无论营销成功与否，我们在跟进的过程中，完全可以提出转介绍的请求。因为“一个客户身后有七八位客户资源”，为什么要浪费掉呢？所以，请求转介绍的目标范围一定要缩小。比如说，“在您认识的同事当中，有没有谁需要这种产品的？”或者，“麻烦您转告一下家人和朋友，我们这款产品对于老人和小孩的效果也很好，他们也许能用得到。”

二、电话营销沟通技巧

1. 增强声音的感染力

在电话营销过程中，人们互不见面，不知道电话那端的对方的模样，但是通过声音却能大体了解对方的情况，并加以想象。所以，我们要尝试利用“声音的力量”给予对方积极的心理暗示，因为良好的声音感染力当然可以促进营销活动的开展。

影响声音感染力的因素有：

（1）声音。

增强声音感染力的要素：

1）热情适度：可以在自己面前放上一面镜子，练习让自己保持微笑；

2）语速适中；

3）音量适中；

4）语音清晰；

5）表达专业性；

6）善于运用停顿。

（2）措辞。

1）要有逻辑性：如用“第一、第二、第三……”去描述，客户容易明白了解；

2）措辞要积极；

3）要有自信；

4）语言简洁。

（3）身体语言。

1）要面带微笑；

2）可以站着打电话（适度保持紧张感）。

2. 与客户建立融洽关系

第一，适应客户的性格。拿起电话后，就要开始判断客户的性格。比如说，客户讲话非常快，那我们也要尽量说快点配合他；如果客户讲话比较慢，那我们也要调慢语速配合他；如果客户比较热情，那我们也要热情相待；如果客户比较冷漠，那我们也要稍微把我们的热情度降一降。总之，就是模仿客户的类型，配合客户，尽量跟客户保持一致。

第二，赞美客户。譬如，赞美一下对方的声音，或者赞美对方的公司。如，客户很防备地问："你怎么知道我们公司电话的?"较好的回答是："王经理，像您这么大的公司，在我们这里可是按重要客户来对待的，都在我们的数据库里面。所以找到你肯定是非常容易的事情，对不对?"

3. 电话倾听的技巧

(1) 抱着热情与负责的态度来倾听。

正确的倾听态度是达到优秀倾听效果的前提。微笑着接起电话，听到里面的声音，不论对方是男高音或女低音，年轻人或老人，吐字清晰与否，带着口音与否，都要积极地去倾听，而不是皱起眉头，在心里抱怨：天哪，他在说什么?

倾听并不是一般人想象的那么简单。如同演说和写作，倾听通常需要付出艰苦的努力。倾听能力对很多人来说并非与生俱来，需要通过不断的实践与培训来加以提高。

(2) 倾听时要避免干扰。

研究表明，通常人们真正完整倾听到的只有说话人 1/4 左右的内容，而在其他 3/4 的时间里，我们会忽视、遗忘、误解、歪曲传入我们耳朵中的话语。你应当学会如何"聚精会神"，避免下列干扰的影响：

1)"迫不及待"。在倾听过程中，克制抢话的冲动并不是一件容易做到的事情。要克服想教育人的念头，避免自认是专家、根据老经验或为了控制通话时长而打断客户，这样会给对方以没有受到尊重的感觉。

2)"情感过滤"。有时你不喜欢某一类人，比如说话不够婉转，带有特别口音，或有些结巴，等等，你的情感定位会使你对客户的倾听带上"过滤筛"，选择性地摄取信息。时刻避免"以音取人"倾向。

(3) 做一个主动的倾听者。

如果你是一个主动的倾听者，那你在接起电话时不仅仅是"听着"，同时还应当考虑到下列几个方面：

1) 澄清问题，掌握更多信息。

当在倾听过程中捕捉到一些有用信息时，为了更多了解有用细节，应当在客户讲完后，请客户有针对性地多介绍一些情况。例如："您能再多谈谈有关这方面的情况吗?""您刚才提到的那个是指……"

2) 确认双方理解一致，以避免误解。

通常，在倾听的过程中，我们会就客户反映的问题进行总结陈述，或就不清楚的部分请求客户解释，以此来避免沟通过程中的误解。我们会在电话中用到下面的表达：

"那么，如果我没有理解错的话，您刚才谈的是……，对吗?"

"刚才听你说的应当是……，是吗?"

4. 表达同理心的技巧

同理心，是让客户意识到我们跟他是站在一起的。这样的话，无形当中客户会降低戒备心理。这对我们的营销工作有积极意义。

A：王先生，你刚才说这个健康保险的保费有些贵，其实不仅仅是您有这样的想法，很多之前购买这个险种的客户也都这样说过。(用第三方的说法，表达同理心)。但是，经过我给您解释之后您就明白了……(加以解释。)

B：哦，是这样啊?! 好的，我明白了。

切记不要急于表达，一定要站在客户的立场，先肯定客户的想法。如果一下子就反驳客户，很可能会“赢了辩论，输了订单”。

5. 确认的技巧

从对方口中得到确认结果并不总是那么容易，尤其是客户的购买决定并不是很坚定的情况下，我们可以用如下技巧引导客户作出确认。

如：王先生，我的回答您满意吗？（听客户的看法和感受。）

另外，当要促成交易时，可以问客户：“王先生，到目前为止，您还有什么问题需要我们继续探讨的么？”（如果没有，实际上就进入到下面的签协议程序。换个角度来看，“还有什么问题需要探讨”这句话，其实也是一种“确认”，确认的是刚才的谈话结果。）

【情境训练 2】

××保险电话营销员小张，已经与其客户有过两次电话沟通，客户表示对公司的产品有兴趣。本周末，公司要召开产品说明会，营销人员要提前对客户进行电话邀约，目的是促使其参加现场会议。小张给客户打电话进行邀约，结果客户说“孩子太小，不方便来参加会议”。小张感到很诧异，因为在前期沟通中，客户表现很积极，表示愿意来听公司的产品说明会。小张对此不知该如何处理。

如果你是小张，该如何打消客户的顾虑、促成其来参加会议呢？

项目小结

本项目主要学习了电话沟通礼仪和电话营销沟通技巧。在实际的营销类工作中，我们难免会进行电话沟通。在沟通过程中，运用正确的沟通礼仪和沟通技巧，无疑对于营销行为的成功有着巨大的帮助。

巩固与提高

理论知识巩固

一、选择题

1. 电话铃声响第几声应该接起电话（　　）。

A. 一声　　B. 两声　　C. 三声　　D. 四声

2. 接到打错的电话，应当说（　　）。

A. “对不起，您打错了。”

B. “讨厌，打错了。”

C. “真烦人，以后别打了。”

D. 什么也不说，直接挂断电话以节约时间

3. 下列哪个时间段适合给顾客打电话？（　　）

A. 忙碌的时候　　B. 用餐、午休的时候

C. 晚上十点以后　　D. 下班前 1 小时

4. 下列选项中，电话营销人员在打电话之前不用准备的有（　　）。
A. 按客户或公司的名称整理客户资料　B. 纸和笔
C. 约谈计划　D. 一杯提神的咖啡

5. 李强是一名电话营销人员，相对于沟通能力，他的销售能力很弱，这有可能表明（　　）。
A. 他的电话量不够
B. 没有掌握电话营销礼仪
C. 没有取得客户的信任
D. 他不是在客户需求的基础上做工作，而是进行纯粹的产品销售

6. 电话营销中，如果出现下面哪种情况，不适宜约客户到公司来参观？（　　）
A. 公司的产品质量不是最优　B. 公司的规模较小
C. 公司管理水平不是很高　D. 公司顾客不是很多

7. 下面哪个不是开场白中的关键因素？（　　）
A. 自我介绍　B. 相关人或物的说明
C. 有感染力的笑容　D. 确认客户现在有没有时间接电话

8. 想要在电话中解决客户的顾虑，第一步应该是（　　）。
A. 鼓励客户把事情讲清楚
B. 站在顾客的立场考虑，表达自己的同理心
C. 询问顾虑产生的原因
D. 针对客户的顾虑提出妥善的解决方法

二、判断题

1. 在准备做电话营销工作之前，可以不用研究电话营销的目的和目标。（　　）
2. 进行电话营销工作的时候，如果提前写好了话术脚本，可能对于营销成功有帮助。（　　）
3. 如果客户不停询问产品的细节，则有可能是电话营销中成交信号出现的时机。（　　）
4. 当电话营销过程中与客户发生了争论，我们最好能在电话里面直接说服客户解决问题。（　　）
5. 换位思考有助于电话营销取得良好效果。（　　）

三、简答题

1. 什么是电话营销？电话营销能为企业解决哪些问题？
2. 简要说明电话营销的流程。
3. 简述电话营销的沟通技巧。

技能训练

一、案例分析题

网络服务器销售员一次成功的电话预约

销售员：“您好，是实力润滑油有限公司吗？你们的网站好像反应很慢，谁是网络管理员，请帮我接下电话吧。”

前台：“您是哪位？我们网站很慢吗？好像速度还可以呀！”

销售员："我是你们的客户，你们使用的是内部局域网吗？"

前台："是呀！"

销售员："所以，肯定会比在外面访问要快。但是，我现在要等5分钟，第一页还没有完全显示出来，你们有网管吗？"

前台："您等一下，我给您转过去。"

销售员："您等一下，请问，网管怎么称呼？"

前台："有两个呢，我也不知道谁在，一个是小吴，一个是刘芳。我给您转过去好吧。"

销售员："谢谢！"（等待）

刘芳："你好！你找谁？"

销售员："我是你们的客户，我刚才访问你们的网站，想了解一下有关奥迪车用润滑油的情况。你看都10分钟了，怎么网页还没有显示全呢？您是……？"

刘芳："我是刘芳。不会吧？我这里看还可以呀！"

销售员："你们使用的是局域的内部网吧？如果是，你是无法发现这个问题的。如果可以用拨号上网的话，你就可以发现了。"

刘芳："您怎么称呼？您是要购买我们的润滑油吗？"

销售员："我是长城服务器公司的客户顾问，我叫曹力，'曹操'的'曹'，'力量'的'力'。我平时也在用你们的润滑油，今天想看一下网站的一些产品技术指标，结果发现你们的网站怎么这么慢！是不是有病毒了？"

刘芳："不会呀！我们有防毒软件的。"

曹力："那就是带宽不够，不然不应该这么慢的。以前有过同样的情况发生吗？"

刘芳："好像没有，不过我是新来的，我们主要网管是小吴，他今天不在。"

曹力："没有关系，你们网站是托管在哪里的？"

刘芳："好像是西城电脑网络中心。"

曹力："哦，用的是什么服务器？"

刘芳："我也不知道！"

曹力："没有关系，我在这里登录看似乎是服务器响应越来越慢了，有可能是该升级服务器了。不过，没有关系，小吴何时来？"

刘芳："他明天才来呢。不过我们上周的确是讨论过要更换服务器了，因为企业考虑利用网络来管理全国1 300多个经销商！"

曹力："太好了！我看，我还是过来一次吧，也有机会了解一下我用的润滑油的情况。另外，咱们也可以聊聊有关网络服务器的事情。"

小芳："那，你明天就过来吧。小吴肯定来，而且不会有什么事情，我们网管现在没有什么具体的事情。"

曹力："好，说好了，明天见！"

案例分析：这名网络服务器销售员的沟通技巧体现在哪里？

二、实训操作题

请以询问个人话费为由，模拟拨打一次移动公司客服电话，学习客服人员的电话营销方法及沟通技巧。

项目七

销售沟通

教学目标

能力目标：能够熟练运用销售沟通技巧从事客户调研、客户拜访、广告发布、营销公关、推销洽谈、现场促销、客户异议处理、客户回访、追讨货款、客户关怀、客户投诉处理等沟通工作。

知识目标：理解沟通在销售工作中的重要性；识记客户调研、客户拜访、广告发布、营销公关等售前沟通技巧；识记推销洽谈、现场促销、客户异议处理等售中沟通技巧；识记客户回访、追讨货款、客户关怀、客户投诉处理等售后沟通技巧。

素质目标：正确看待客户异议与客户投诉，进一步提升自己的销售沟通能力。

重点难点

教学重点：售前、售中、售后沟通技巧。

教学难点：如何运用销售沟通技巧从事销售工作。

教学情境

张玲所在的公司地处中原，主要从事旅游业务、旅游餐饮和旅游纪念品等的经营。她所在的市场部主要负责对新老产品的宣传工作。来到公司一年多，张玲对公司的产品和业务已很熟悉。随着当地旅游旺季的到来，她想发挥自己的专业优势，为公司的产品宣传和销售做出自己的贡献。那么，她该如何使自己的工作与销售部的工作实现顺利对接呢？

开篇案例

奇正炎痛贴的上市

奇正炎痛贴上市时，由于知名度低而乏人问津。在集团董事长雷菊芳的带领下，公司运用免费送药的办法打开了市场。

从兰州、北京到西安……从女排、男排、体操队到普通老百姓，3个月内送出了几万贴，价值几十万元。时间不久，全国数十家媒体蜂拥而至，几乎每天都在报道奇正炎痛贴……求购者很快从四面八方涌来，3个月断药4次，奇正炎痛贴很快打开了市场。

案例分析：该企业采用了哪种售前沟通方式实现了产品信息的传递，从而打开了市场？

任务一　售前沟通

任务描述

在茫茫人海中寻找对自己产品有需求的客户，并不是一件容易的事。张玲要将产品的信息传递给目标客户，就需要与潜在消费者进行有效沟通，让消费者了解产品，以达到让消费者购买产品、让代理商更有效地推广产品的目的。张玲需要按照不同销售阶段，分别设计销售沟通方案，具体包括售前沟通、售中沟通和售后沟通。那么，张玲该从哪些方面着手设计呢?

一项调查显示，能否给予客户以人文化、个性化的对待，已成为未来企业竞争的重要领域。这就要求企业必须积极地搜寻和保存客户的行为资料，并对此进行分析，做好售前分析和沟通。因为只有这样，企业才能真正了解每位客户的特殊需求。

一般来说，售前沟通可追溯到客户拜访、广告设计及投放，企业的营销公关活动等。企业通过对目标客户的心理、行为分析，采用恰当的沟通方式引起客户的注意并激发其了解兴趣。

情境一　客户拜访

导入案例

神谷卓一拜访客户的技巧

丰田公司的神谷卓一曾说："接近准客户时，不需要一味地向客户低头行礼，也不应该迫不及待地向客户推销商品，这样做，反而会引起客户的逃避。当我刚进入公司做推销业务时，在接近客户后，我只会向他们介绍我的汽车，因此，在初次接近客户时，我往往无法迅速地与客户进行沟通。在无数次的体验揣摩之后，我终于体会到，与其向客户直接推销商品，不如谈些有关客户的太太、小孩的话题或谈些社会新闻之类的事情，让客户喜欢自己，这才真正关系着销售的成败。因此，接近客户的重点是让客户对一位以推销为职业的业务员抱有好感，从心理上先接受他。"

结合案例分析：从神谷卓一的谈话中，你得到了什么启示?

知识储备

"接近客户的30秒，决定了推销的成败。"这是成功推销人员的法则。那么接近客户是否有一定的技巧呢?在初次拜访客户、接近客户时，我们应该注意哪些问题呢?

一、如何使用接近语言

在接近客户前，首先要明确你的主题是什么，然后再根据你的主题选择适当的接近方法。例如，主题是想和未曾碰过面的准客户约时间见面，那么你可以选用电话约见的方法；想约客户参观展示，可以采用书信约见的方法；想向客户介绍某种新产品，那么直接拜访客户就比较适合。

从接近客户到切入主题的这段时间，你要注意下列两点：

1. 迅速打开准客户的“心防”

由于人们对不太熟悉的人都会产生一种本能的防备心理，无形中就在准客户和业务员之间筑起了一道防卫的墙。因此，只有在你能迅速地打开准客户的“心防”后，客户才能敞开心扉，用心听你的谈话。打开客户“心防”的基本途径是：（1）让客户产生信任；（2）引起客户的注意；（3）引起客户的兴趣。

2. 学会在推销商品前先推销自己

接近客户技巧的第二个要点就是要在推销商品前先将自己推销出去。

“客户不是购买商品，而是购买推销商品的人。”这句名言流传已久。推销人员的说服力不是仅靠强有力的说辞，而是仰仗着推销人员举止言谈中散发出来的风格魅力。

小案例

两种接近顾客的方法

方法一：

业务代表A：“您好，我是大明公司的业务代表周黎明。今天来打扰您，是想要向您请教有关贵店目前使用收银机的事情。”

商店老板：“你认为我店里的收银机有什么毛病吗?”

业务代表A：“并不是有什么毛病。我是想是否已经到了需要更新的时候。”

商店老板：“对不起，我们暂时不想考虑换新的。”

业务代表A：“不会吧？对面李老板已更换了新的收银机。”

商店老板：“我们目前没有这方面的预算，将来再说吧！”

方法二：

业务代表B：“刘老板在吗？我是大明公司的业务代表王小明，经常经过贵店。看到贵店一直生意那么好，实在不简单。”

商店老板：“您过奖了，生意并不那么好。”

业务代表B：“贵店对客户的服务态度非常亲切，刘老板对贵店员工的培训一定非常用心，对面的张老板对您的经营管理能力也相当钦佩。”

商店老板：“张老板是这样说的吗？张老板经营的店也非常不错。事实上，他也是我的学习对象。”

业务代表B：“不瞒您说，张老板昨天换了一台新功能的收银机，非常高兴，才提及您的事情。因此，我今天才来打扰您！”

商店老板：“哦？他换了一台新的收银机?”

业务代表B：“是的。刘老板是否也考虑更换新的收银机呢？目前您的收银机也不错，但是新的收银机有更多的功能，速度也比较快，可以让您的客户不用排队等太久，因而会更喜欢光临您的店。请刘老板一定要考虑这台新的收银机。”

案例分析：

比较业务代表A和B接近客户的不同方法，我们很容易发现，A业务代表在初次接近客户时，直接询问对方收银机的事情，让人有突兀的感觉，遭到商店老板反问。然后，该业务代表又不知轻重地抬出对面的李老板已购机这一事实来企图说服，就更激发了商店老板的逆反心理。

反观业务代表B，和客户以共同对话的方式，在打开客户的“心防”后，才很自然地进入推销商品的主题。B业务代表在接近客户前先做好准备工作，能立刻称呼“刘老板”，知道刘老板店内的经营状况、清楚对面张老板以他为学习目标等，这些细节令刘老板感觉愉快，业务代表B和他的对话就能很轻松地继续下去，这都是促使业务代表B成功的要件。

3. 注意接近用语

推销人员应称呼客户的名字，叫出对方的姓名及职称；简单进行自我介绍，清晰地说出自己和公司的名称；诚恳地请求对方能抽出一点时间见你；根据事先对客户的准备工作，配合客户情况，选一些令客户感兴趣的话题与客户聊天；以自信的态度，清晰表达出你拜访的理由，让客户感觉到你的专业能力和可信赖度；用赞美拉近和客户的心理距离，接着开始用问题引导客户的注意、兴趣和需求。

二、突破关口的技巧

要想取得接近客户的成功，必须突破一些关口，如公司前台的服务人员、秘书及关键人士。

1. 面对接待员的技巧

到一个公司后，你最先面对的人就是这家公司的接待员。你与他（她）沟通的效果如何，往往会直接决定你能否成功地在该公司开展工作。

首先，你要用坚定清晰的语句告诉接待员你的意图。例如：“你好，我是大明公司的业务代表周黎明，请你通知总务处陈处长，我来拜访他。”

你要找的关键人士可能不在办公室，因此你要事先准备好几个其他的拜访对象，如陈处长不在时，你可拜访总务处的李科长或张科长。

其次，要适时和接待员打招呼。和拜访对象完成谈话后，离开公司时，一定要向接待员打招呼，同时请教她的姓名，以便下次见面时能立即叫出她的名字。

2. 面对秘书的技巧

通过了接待员的第一关，推销人员通常还会遇到秘书的询问。与秘书交谈，也有一些特定的沟通技巧。首先要向秘书介绍自己，并说明来意。例如：“我是大明公司的周黎明，我要向陈处长报告有关融资项目可行性计划的提案事项，麻烦你转达。”如果关键人士不在或正在开会，要先请教秘书的姓名，然后将名片或资料请秘书转交给拜访对象。最后向秘书道谢，并请教他（她）的姓名。

三、如何获取客户好感

1. 给客户良好的第一印象

人的外观会有暗示的效果。因此，你要尽量使自己的外观给初次会面的客户一个好的印象。一个人面部上的眼、鼻、嘴及头发，都会带给人深刻的印象；虽然每个人的长相是天生的，但是你也应该进行一定程度的修饰，力争给客户一个很好的第一印象。

2. 要记住并说出客户的名字

名字的魅力非常奇妙，每个人都希望别人重视自己；重视别人的名字，就如同看重他这个人一样。

3. 使客户有优越感

让人产生优越感，最有效的方法就是对他感到骄傲的事情加以赞美。若是客户讲究穿着，你可向他请教如何搭配衣服；若客户是知名公司的员工，你可表示羡慕他能在这么好的公司上班。

4. 替客户解决问题

在与准客户见面前，若是能事先知道客户面临着哪些问题，有哪些因素困扰着他，能以关切的态度站在客户的立场上表达你对客户的关心，让客户感受到你愿意与他共同解决问题，他必定会立刻对你产生好感。

5. 保持快乐开朗

快乐是会传染的，没有一个人会对一位终日愁眉苦脸、深锁眉头的人产生好感。能以微笑迎人，能让别人也产生愉快的情绪的人，也是最容易争取别人好感的人。

6. 利用小赠品赢得客户的好感

小赠品的价值不高，却能发挥很大的效力。不管拿到赠品的客户喜欢与否，相信每个人受到别人尊重时，内心的好感必然会油然而生。

【情境训练 1】

假定你是某服装公司的推销员，欲接近一家大商场的采购经理。你在前期进行了多次拜访，但都被对方拒绝了。原因是该商场多年来主要经营另一家公司的服装，认为没有必要改变固有的合作关系。本次拜访，你携带了一种新式领带，希望能够打开销路。请两名同学分别扮演推销员和商场销售经理，模拟练习上述拜访、洽谈情境。

情境二 广告发布

导入案例

步步高点读机的广告

品牌名称：步步高

产品名称：点读机

广告主：广东步步高电子工业有限公司

广告语：“步步高点读机，学外语更容易”“语文、数学和英语，哪里不会点哪里，妈妈再也不用担心我的学习”。

目标人群：学生及家长

如何描述产品：语文、数学和英语，哪里不会点哪里；步步高点读机采用人教、外研、牛津等出版社的原版语音，独创发音练习功能，鼓励孩子开口说英语，纠正孩子发音。

广告不长不短，其过程大致 20 秒，描述一个很天真的读小学三年级名叫小雨的小女孩放学回家，妈妈正在拖地和擦玻璃，她很乖地自己做起作业来，但突然遇到了难题，就请教妈妈，但妈妈也不会，边拖地边支支吾吾告诉观众：这个……忘记了，很多知识早忘了。

镜头一转，步步高点读机来了，小女孩拿着点读机给观众介绍，并用笔点着英文单词，背景周遭还有不少《喜羊羊与灰太狼》里的小绵羊。小女孩拿着笔高兴地说：哪里不会点哪里，妈妈再也不用担心我的学习！

点睛之笔在灰太狼身上，灰太狼怀疑地问小女孩，“so easy 你会读吗？”小女孩对着麦克风大叫一声："so easy!"吓得灰太狼赶紧逃跑了。广告最后的画面是小女孩一家三口幸福地捧着点读机学习的镜头。多么幸福快乐的家庭，多么美妙的、视觉享受般的精美广告。

结合案例分析：步步高点读机的广告为何受到广大父母及孩子的喜爱？

知识储备

一、广告内容的设计

1. 正确理解广告的含义

凡是用于宣传某一对象、事物或事情的方式都是广告。广告分为两类：经济型广告和非经济型广告。非经济型广告是指为了宣传某种对象、行为或事情而发布的广告。此类广告不以获取盈利作为目标，因此属于非盈利型广告。常见的有：公益性广告、政治宣传广告等。

经济型广告是指为了推销商品或劳务以获取利益而发布的广告，属于盈利型广告。通常，企业发布的以付费的方式，通过公共媒介对其商品或劳动进行宣传，借以向消费者有计划地传递消息，影响人们对所广告的商品或劳务的态度，进而诱发其行动而使企业得到利益的广告，称为商业广告。此类广告是经济型广告的一种，是我们最常见的广告。

2. 广告内容的设计

企业要将广告展现在消费者的面前，首先要对广告的内容进行设计。广告内容设计主要包括语言文字和非语言文字两部分。语言文字部分包括广告标题、广告正文，以及商标和公司名称等；非语言文字部分包括广告构思、广告形象及衬托要素等。广告设计就是创造性地组合上述诸种要素，使之与消费者或目标公众更好地沟通。

（1）广告主题。

广告主题是广告的灵魂，它决定着广告设计的其他要素的运用。鲜明地突出广告主题，能使消费者一接触广告马上就理解广告要告诉人们什么、要求人们去做什么。确定广告主题，必须要突出和体现广告战略决策，集中反映广告信息个性，并适合消费者心理。广告主题在广告作品中大多以标题的形式出现。广告标题是表现广告主题的短句，应排列在能够最快被人注目的位置。标题应具有图形的视觉效果以及文案的说明效果，既要注意标题字形的选择，又要注意其文案内容的可读性。有不少广告的标题是由广告设计师来确定的。由于设计者对广告插图有深刻的理解，对标题与插图的相互依存关系较为熟悉，对整个广告画面的协调统一能力较强，可以使标题与广告中其他构成要素形成一个有机整体，完美地传递给消费者，达到较好的沟通效果。

（2）广告构思。

广告构思是对广告主题的形象化表现所进行的一系列思维活动。有了明确的广告主题，如果缺少表现主题的构思，就无法引起消费者的注意，难以取得良好的广告效果；如果构思与主题不协调，主题就不能得到充分表现、甚至会受到干扰而转移消费者的注意力，削弱广告传播的效果。

（3）广告正文。

广告正文是广告传递经济信息的必要手段。一个广告没有语言文字，人们就很难明白广告在宣传什么。广告的语言文字部分不管其字数多少，都要表现广告主题，与主题无关的文字都应该删除。广告宣传要做到用最少的言辞与时间来完成最好的表述，所以，要求广告设计者必须具备良好的语言艺术素质。只有让人信服、富有吸引力的广告，才能感染消费者的情感，引起消费者的共鸣，激发其欲望，促成购买行动的实现，否则就难以达到广告宣传的目的。因此，如何用精练准确、通俗易懂的语言文字来表达广告主题、吸引消费者，是广告设计者必须具备的基本功。

（4）广告形象。

形象是展示广告主题的有效方法，是提高视觉效果的重要手段。即使抽象化的广告，也要尽量运用形象化的语言进行描绘，使抽象的语言具有形象的质感，激发消费者的联想，增强印象和信任感。在大多数广告作品中，广告形象中的插图比文案占据更多的位置，在促销商品方面与文案有着同样的作用，有时甚至比文案更重要。因此，能否和消费者更直观地沟通，设计者笔下的广告形象的优劣，是决定其成败的极其重要的因素之一，绝不能掉以轻心。

（5）衬托要素。

这是表现广告主题的一种方法。为了突出主题，一则好的广告往往还要利用各种衬托要素来表现，以整体形象来突出主题，强化广告感染力，使死物变成活物，静寂变成热闹，孤立变成完整，从而提高消费者对广告的注意度、理解度和记忆度，提高广告与消费者沟通的效果。当然，衬托要素只能服从于表现主题的需要，不能过于喧宾夺主而转移了消费者的视线。

二、广告的表现形式

（1）陈述的表现形式。

陈述是广告表现中一种最基本的形式。它是直接将品牌商品的特性作为传达的内容，从正面向消费者陈述、传播，开门见山，直截了当突出主题。

（2）名人的表现形式。

在广告表现中选用大众熟知或崇敬的社会名流、影视明星、体育明星等做模特，会使人感到亲切，从而对商品产生信任感。

（3）情节的表现形式。

情节的表现形式主要是采用戏剧性的瞬间，以突出情节。一般多选择幽默风趣的戏剧性场面，以情动人。

（4）夸张的表现形式。

夸张是对所描写对象的某些特点加以夸大和强调，突出事物的本质特征。幽默夸张广告给消费者一种构思新奇、立意独特的感觉。

（5）对比的表现形式。

这种方式一般从商品的性能入手，以对比的手法塑造商品的特定形象。而通过对比，强调产品本身的优点，去对比其他同类商品的不足，使消费者对新产品、新功能、新形象产生鲜明的印象。

（6）比喻的表现形式。

该手法不直接说明广告的本意，而是用与商品主题有关的某种含义让消费者通过联想理解主题。

（7）超现实的表现形式。

它是采用一种反常态的手法，制造意想不到的效果，主观地表现出现实生活中无法存在的离奇现象。

（8）联想的表现形式。

联想是由一具体事物诱发消费者产生的联想过程，也可以说是在原有的形象基础上创造出新形象的联想过程。

三、广告媒体的选择

1. 常见的广告媒介及其特性

（1）报纸。在广告行业快速发展的今天，报纸广告起到了一定的作用。具有灵活、及时、影响广泛、传播迅速、易于接受、可信度高等特点。报纸广告的优点是覆盖面广，发行量大；读者广泛而稳定；具有特殊的版面空间等。缺点是报纸广告以文字和图画为主要形式，视觉刺激有局限性；广告时效短、重复性差、不易保存、版面小易被忽略。

（2）杂志。杂志具有生命周期长、读者集中、选择性强、版式灵活多样、视觉效果良好等特点。优点是具有比报纸优越得多的可保存性，因而有效时间长，且没有阅读时间限制；杂志的传阅率和重复阅读率也比报纸高，广告宣传效果持久。缺点是缺乏时效性，灵活性差，印刷成本高；杂志印刷复杂，更改和撤换都极不方便，成本费高；此外，专业性杂志因其专业性强，读者有一定的限制，广告登载选择面小。

（3）广播。优点是传播方式的即时性、传播范围的广泛性、收听方式的随意性、受众层次的多样性、制作成本与播出费用的低廉性、播出的灵活性、激发情感的煽动性等。缺点是仅有声音传播，信息展露转瞬即逝，不便记忆、不便存查。

（4）电视。优点是听视结合、形象生动、感染力强、能引起高度注意、传播面广。缺点是成本高、干扰多，选择性、针对性较差，不易存查。

（5）互联网。优点是可跨越时空、传播范围广，针对性强，费用较低，广告效果易统计。缺点是受众群体相对较小，网络广告缺乏诱惑力，且浏览者对广告心存抵触。

（6）户外广告。优点是表现形式丰富多彩，广告费用较低，反复诉求效果好，对地区和消费者选择性强。缺点是覆盖面小，效果难以测评，传播区域小，广告形式相对比较简单、创造力受到限制。

（7）邮寄广告。优点是针对性和选择性强，获得的阅读率、专注度高，可反复阅读。缺点是不生动，传播面较小，不易引起注意。

2. 广告媒介的选择

正确地选择广告媒体，一般要考虑以下几个因素。

（1）消费者接触媒体的习惯。选择广告媒体时，要考虑目标市场上消费者接触广告媒体的习惯。一般认为，能使广告信息传到目标市场的媒体是最有效的媒体。

（2）产品的性质。不同性质的产品有不同的使用价值、使用范围和宣传要求。生产资料和生活资料，高技术产品和一般生活用品，价值较低的产品和高档产品，一次性使用的产品和耐用品等，都应采用不同的广告媒体。

（3）媒体的传播范围。媒体传播范围的大小直接影响广告信息传播区域的宽窄。适合全国各地使用的产品，应以全国性的报纸、杂志、广播、电视等为广告媒体；属地方性销售的产品，可通过地方性报刊、电台、电视台、霓虹灯等传播信息。

(4) 媒体的影响力。广告媒体的影响力是以报刊的发行量和电视、广播的视听率高低为标志的。选择广告媒体应把目标市场与媒体影响程度结合起来，能影响到目标市场每一个角落的媒体是最佳选择。这样一来，既能使广告信息传递效果最佳，又不会造成不必要的浪费。例如：电视广告的效果关注度高、传播面广，适合在导入阶段的新产品。

(5) 媒体的费用。各广告媒体的收费标准不同，即使同一种媒体，也因传播范围和影响力的大小而有价格差别。因此媒体费用是需要考虑的重要因素之一。

(6) 竞争态势。广告产品竞争对手的有无及其选择媒体的情况和所花费的广告支出，对企业的媒体选择有着显著的影响。若无竞争对手，则企业可从容地选择自己所需的媒体和安排广告费用。否则，企业必须考虑竞争对手的广告媒体选择与广告支出金额。若企业实力强大，可以选择正面交锋，否则可选择迂回战术或其他媒体。

总而言之，要根据广告目标的要求及广告受众的特点，结合各广告媒体的优缺点，综合考虑上述各影响因素，尽可能选择使用效果好、费用低的广告媒体。

四、有效广告的投放

有效的广告投放，需遵循“5W1H”原则。即为什么传播（why）、向谁传播（who）、传播什么（what）、何时传播（when）、在哪里传播（where）、如何传播（how）。

1. 为什么传播（why）

为什么传播，即明确传播目的。广告目的有三种：

(1) 提升品牌形象：扩大公司或产品的知名度和美誉度，提升公司或产品的形象和影响力。

(2) 宣传介绍产品：介绍产品的核心卖点以及相应的配置和功能。

(3) 促销活动告知：告诉用户一些促销活动信息，促进销售。

同一则广告可能兼有上面三种功能，但侧重点有所不同；不同的侧重点，在媒体选择投放时会呈现差异。

2. 向谁传播（who）

“向谁传播”就是要明确并锁定产品的目标受众。只有这样，才能做到有的放矢，避免广告的大量浪费。通过产品的市场定位来明确目标客户，就需要企业研究目标受众的媒体接触习惯，研究每一天每一时刻目标受众出现在哪里以及接触哪些媒体，然后根据目标受众的媒体接触习惯来选择相应的媒体。

此外，企业还需研究受众的特点。不同的人群，文化程度、思维习惯以及看问题的角度都不相同，这就要求企业针对不同人群的特点采取不一样的创意。其中目标受众的界定有赖于细致深入的市场调查和研究。

3. 传播什么（what）

“传播什么”即传播信息的内容。

通过广告应该告诉用户什么呢？

(1) 告诉用户我是谁：产品的品牌名，产品名。

(2) 广告诉求：通过这个广告向消费者传达什么样的核心信息。

4. 如何传播（how）

“如何传播”即广告的诉求方式。

(1) 产品的心理属性。常规产品的心理属性有两种，即感性商品和理性商品。所谓感性商品，即消费者的消费心态是不需要经过深思熟虑即可达成购买的产品，如小食品、饮料以及一些价值较低的产品；所谓理性产品，即消费者在购买该产品时的消费心态是很谨慎、需要经过深思熟虑才会作出购买决策的产品，如药品以及一些价值较高的产品如电器、汽车、房地产等。

(2) 广告的诉求方式。广告的表现分为理性诉求和感性诉求两种。理性诉求就是向受众表明产品的具体功效及具体利益，比如 OTC 广告中所表现的症状、功效等。理性诉求最大的难度是产品同质化严重，很难做出差异化。感性诉求是迎合受众的心理，不明确表达具体的功效和利益，只是给受众以好感，给受众一个心理满足。

一般情况下，理性的产品首先进行理性的创意表现，在有了一定的市场基础的情况下，再适当辅以一些感性的创意表现，将会起到事半功倍的效果。

5. 在哪里传播（where）

“在哪里传播”即媒介选择和媒介组合。

(1) 根据广告的目的选择媒介。

以提升品牌形象为主的广告，宜选用电视广告、户外大牌广告、彩版硬广告等形式。电视广告声像结合、形象生动，户外大牌视觉冲击力强，这些形式有利于公司品牌的树立。

以宣传介绍产品为主的广告，宜选用报纸平面硬广告、软广告、杂志、资料单页、易拉宝等形式，这些形式便于对产品的配置和功能作详尽的介绍，并有利于保存和记忆。

以促销活动信息告知为主的广告，宜选用电视广告、电视飘字、广播、报纸、海报、横幅、易拉宝等形式。通过电视、广播、报纸能快速地将活动信息告诉用户，或通过报纸、易拉宝等形式能将活动信息详尽地告诉给用户。

(2) 根据受众特征选择媒介。

广告受众接受广告信息的主要渠道来源于与其需求相近的媒介。不同媒介具有不同阅读受众，同一媒体也在不断细分自己的阅读受众群，企业应根据自己的目标用户的媒体接触习惯来选择媒介。

以 15～20 岁这一群体为例，该群体基本处于接受教育的阶段，其普遍特征表现为：系统思考能力不强，分析、解析问题时感性化色彩较浓；性格叛逆，敢于向传统挑战，乐于接受新事物；自我主张得到无限释放，个性化色彩浓厚；与潮流、时尚同步，对品牌很难保持较高的忠诚度，但一旦认可，将长期保持；娱乐偶像对其影响大。

通过对该群体的特征分析，可得出这样的结论：传统媒介对其施加的影响较小，而新兴媒介如互联网、电子游戏、手机短信等成为媒介首选。但传统媒介中的某些部分也对其有一定的影响，如广播中的音乐类节目、时尚节目，电视中的综艺节目，报纸、杂志的时尚版块等。

(3) 根据媒体品位与产品的匹配性选择媒体。

如一款高级轿车的宣传，如果用街头小报或“刷大墙”形式，无疑会对产品的定位、品质宣传起相反效果。

(4) 大众媒体与分众媒体进行搭配。

在选择传统大众媒体进行传播时，应创新选择分众媒体，如电梯口的电子屏广告、停车场的出入口广告等。

(5) 选择具体位置时，注意周围广告的干扰情况。

电视和广播的时段很多，广告比较集中，而且比较类似，较容易产生相互干扰。如果自己的广告没有特别之处，很容易被淹没。这种情况下最好不要投放广告。如果要投，最好选择广告时段的开始或结尾部分。因为人的记忆有个“首因效应”和“近因效应”，最先接受的和最后接受的容易留下较深印象，中间的容易被遗忘。

(6) 使用特殊版面增强传播效果。

使用特殊版面能大大增强传播效果。这就要求在做媒介计划时多考虑争取一些异型创意类广告来引起阅读者的注意。

例如在头版登整版广告、在黑白版上登彩色广告、竖的半版等。另外，在目标用户喜欢看的电视节目下飘字、在电视剧序幕中搞画中画广告，也不失为提高传播效果的好方法。

6. 何时传播 (when)

“何时传播”即对传播时间的选择。

把握播放广告的时机，常见的有以下几种策略：

(1) 集中时间策略。主要是集中力量在短时期内对目标市场进行突击性的广告攻势。其目的在于集中优势，在短时间内迅速造成广告声势，扩大广告的影响，迅速地提高产品或企业的声誉。这种策略适用于新产品投入市场前后、新企业开张前后、流行性商品上市前后，或在广告竞争激烈时刻，以及商品销售量急剧下降的时候。

(2) 均衡时间策略。它是有计划地反复对目标市场进行广告的策略。其目的是持续地加深消费者对商品或企业的印象、保持消费者的记忆，挖掘市场潜力，扩大商品的知名度。在运用均衡广告策略时，一定要注意广告表现的变化，不断予人以新鲜感，而不要长期地重复同一广告内容；广告的频度也要疏密有致，不要给人以单调感。

(3) 季节时间策略。主要适用于季节性商品。一般在销售旺季到来之前就要开展广告活动，为销售旺季的到来做好信息准备和心理准备；在销售旺季，广告活动达到高峰；而旺季一过，广告便可停止。这类广告策略，要求掌握好季节性商品的变化规律。过早开展广告活动，会造成广告费的浪费；而过迟，则会延误时机，直接影响商品销售。

(4) 节假日时间策略。一般在节假日之前数天便开展广告活动；而节假日一到，广告即告停止。这类广告要求有特色，把品种、价格、服务时间以及异乎寻常之处等信息，突出地、迅速地和及时地告诉消费者。

小贴士

广告的黄金时间

众多广告客户青睐电视台收视的黄金时段，但节目收视黄金时间≠广告达到目标受众黄金时间。有趣的“抽水马桶现象”：美国公用事业局曾作了一个有趣的调查：黄金时段的电视剧插播广告时，抽水马桶用水量是平常的3倍，他们利用这个时间上厕所去了，由此说明，众多的广告受众“逃避”了广告。其实不同的产品它的广告的黄金时间是不一样的，如果你做广告给家庭妇女看，确实晚上八点钟是黄金时间；但如果你做给商务人士看，可能半夜11点、12点是黄金时间。

小案例

"商务通"成功运用广告时间

"商务通"选择把广告投放在晚上 11 点左右。这个时段恰好是商务人士完成繁忙工作、结束各种应酬、回家能安逸地躺在舒适的沙发上看电视的时间。而这个时间段的广告价格非常便宜，既节省了广告支出，又提高了讯息到达率，因此"商务通"的广告取得了巨大的成功。

思考："商务通"还可把广告投放在什么时间段？

【情境训练 2】

全福食品有限公司要在牡丹花会期间针对外地游客，投放一则关于"盛唐牡丹饼"的广告。请你从沟通的角度，利用"5W1H"原则，设计一份广告投放的方案。

情境三　营销公关

导入案例

格兰仕引导消费、创造需求

广东格兰仕公司已经开发出了可与世界品牌产品相比、价格仅为其一半的微波炉。但他们没有急于抢占市场，而是首先投入了巨大的人力、财力，并运用传媒的力量，在全国范围内对微波炉的使用特性、产品优势及维护、保养知识进行细致、系统的介绍；并编制了 500 多例微波炉菜谱，详细介绍微波炉的烹调技法；还派出"格兰仕小姐"到各地市场进行现场演示；甚至还通过听众热线、咨询电话等形式与客户进行深层次的沟通。这些做法使微波炉这一新产品很快被人们熟悉和接受。格兰仕微波炉不仅在国内市场的占有率稳步上升，还远销到 50 多个国家和地区。

结合案例分析：格兰仕是如何成功的？

知识储备

企业为了达到经营目标，要通过与公众沟通树立良好的公共关系。而企业良好公共关系的建立，需要良好的产品与服务做支撑。在实践中，二者的联系表现为：一方面，在市场营销的每个环节中，都应遵守并体现公共关系的基本原则；另一方面，公共关系直接参与到具体的市场营销活动尤其是促销活动中，成为企业促销的重要组成部分。

一、正确理解营销公关

营销公关是以营销为目的的公共关系活动，旨在帮助企业树立良好的公众形象。营销公关分为主动营销公关和被动营销公关。主动营销公关是由企业的营销目标所决定的，它着重于捕捉机会，具有主动进攻的性质。而被动营销公关是指针对外界影响而采取的营销公关活动，主要用来解决问题，带有防御性。企业的营销公关多为主动营销公关。

二、开展营销公关调查研究

1. 明确营销公关调研的目的

通过营销公关调研，要得出真实的结论，而不是要得出"想得到的结论"。因此，营销公关调研的目的是掌握真实信息，确定问题和关系公众，为公关决策提供依据。

2. 规划营销公关调研的内容

营销公关调研，实际上是组织环境调研。组织环境是指影响组织并为组织所影响的一切因素。营销公关调研主要包括社会环境调查、公众调查和企业形象调查三个部分。

(1) 社会环境调查。

对社会环境进行调查，主要是为了分析、把握与本组织有关的社会政治、法律、经济、科学技术、文化等方面的一切动态。具体内容包括以下几个方面。

1) 政治环境调查。

政治环境调查主要内容包括政治局势、经济体制、宏观政策以及地方政府的方针政策等。其中，政治局势是指组织所处的国家或地区的政治稳定状况。

2) 法律环境调查。

法律是体现统治阶级意志的，由国家制定或认可并以国家强制力保证实施的行为规范的总和。对组织来说，法律是评判组织活动的刚性准则。企业的营销管理者必须熟知有关的法律条文，才能保证企业经营的合法性，运用法律武器来保护企业与消费者的合法权益。如《产品质量法》《企业法》《合同法》《商标法》《专利法》《广告法》《食品安全法》《环境保护法》《反不正当竞争法》《消费者权益保护法》《进出口商品检验法》等。组织只有依法进行各种活动，才能受到国家法律的有效保护，遵守法律也是树立组织形象的必要条件。

3) 经济环境调查。

经济环境调查包括国内生产总值、国民收入水平、产业结构、消费者收入水平、消费者支出模式和消费结构、消费者投资和储蓄机会、信贷水平等因素。此外，人口总量、资源和能源的储存与开发、国际经济大环境也属于经济环境。

4) 文化环境调查。

文化环境调查包括价值观念、审美倾向、生活规则、行为方式、思维方式、表达习惯、消费习惯、宗教信仰、地方风俗、法律法规等内容。不同的社会文化代表着不同的生活方式和评价体系。

5) 自然环境调查。

自然环境有两类资源，一类是大自然为人类提供的各种物质资源。这些资源分为三类：无限资源（如空气、阳光、水等），有限但可以更新的资源（如森林、粮食等），有限但不可再生的资源（如石油、煤等矿物质）。另一类资源是地理环境，即一个国家的地形地貌和气候状况。

(2) 目标公众调查。

公众是营销公关工作的对象，是营销公关工作的出发点与立足点。从某种意义上讲，公众是组织存在的意义所在，是组织生存发展的基础。了解公众的具体情况，是营销公关工作的逻辑起点。

公众调查要掌握以下三个方面的材料。

1) 公众的构成。

公众构成调查包括两个方面，一是公众的自然构成，即公众的基本情况，如公众的姓名、年龄、性别、籍贯、住址、文化程度、职业、收入、家庭情况等；二是在自然构成基础上的分类构成，即根据各种标准对公众进行不同的分类，以确定营销公关活动的对象与方式。

2）公众态度。

态度是人们在认识和行为上相对固定的倾向，包括公众对组织认知的倾向，情感的倾向和意图的倾向，表现为赞成或反对、喜欢或厌恶、亲近或疏离等。这些倾向一经形成就比较稳定、持久地影响着人们对事物的判断和看法，影响着人们的行为方式。

公众态度在很大程度上影响着营销公关活动的成败。准确掌握公众态度，是组织在处理问题和新闻策划时正确决策的先决条件。在公众态度调查中，媒介和意见领袖的态度尤为重要，因为他们的态度影响着乃至决定着广大公众的态度。

3）公众需要。

社会组织是为满足人的需要而存在、为满足人的需要而发展的。社会组织要有效地开展营销公关工作，必须做好对公众需求情况的调查，以掌握公众需求信息，不断设法满足公众的合理需要。公关人员在进行这类调查时，不能仅仅满足于发现需要，还应发掘和引导公众的需要。

（3）企业形象调查。

企业形象是指企业的总体特征和实际表现在公众中获得的认知和评价，是企业社会关系状态和社会舆论状态的总和。企业形象调查包括如下两项工作：一是企业自我期待形象调查。是指一个企业自我希望具有的社会形象，是一个企业发展的内在动力。二是企业实际社会形象分析。在现实生活中，一个企业的自我期待形象往往与公众心目中的社会形象有较大差距。而实际社会形象才是公共关系工作的出发点。只有准确掌握企业的实际社会形象、了解自我期待形象与实际形象的差距，才能为企业形象设计与实现提供依据。

3. 确定营销公关调查的方法

（1）基于选择调查对象的方法的分类。

1）普查。

普查是对被调查对象进行无一遗漏的调查。普查成本较高，在一般营销公关调查中不采用这种调查方式。

2）典型调查。

典型调查是在对调查对象总体有所了解的基础上，选择少量有代表性的样本进行深入系统的调查研究，并以此为依据大体估计总体情况。典型调查的调查样本不是按照随机原则选取的，而是根据调查者对调查对象的分析与判断来确定的。可见，典型很可能并不“典型”，典型调查很容易成为“可控制结果的调查”。

3）抽样调查方法。

抽样调查是依据一定的规则，从调查总体中抽取部分样本进行调查，用样本的结论来说明总体情况。在非全面性调查的多种形式中，只有抽样调查可以对总体进行推论。抽样调查是营销公关调查研究中被广泛采用的调查形式。抽样调查分为随机抽样和非随机抽样两种。

（2）基于信息收集方法的分类。

1）文献研究。

文献研究是收集和分析记录着社会现象的载体的一种调查研究方法。在进行其他形式的调查之前，都应广泛收集与分析相关文献，尽量做到胸中有数。

2）观察法。

观察法是直接感知与记录正在发生的一切同研究对象与研究目的有关的社会事实的一种调查方法。观察法最大的特点是观察对象始终处于自然状态，调查人员对被观察对象不加任何干预。这就最大限度地保证了观察结果的真实可靠性。进行观察时，要求事前拟定调查提纲；进入观察现场后，要做好观察记录。

3）访问法。

访问法是调查者直接向被调查者口头提问，记录答案，并由此了解有关情况的一种方法。与日常人们之间的交谈不同，访问大多发生在原来陌生的人们之间，是有关人员按照预先设计好的题目，有目的、有计划地对被调查对象进行访问，直接收集信息的活动。访问法最主要的特点是访谈双方直接互动。因为是面对面的直接互动，调查者可以通过对被调查者察言观色，来全面了解真实信息。

4）问卷法。

问卷调查法是指由公共关系调查者向调查对象提供问卷，并请其对问卷中的问题作答而搜集所需公共关系信息资料的调查研究方法。

三、营销公关策划

1. 制定公关目标

从营销公关活动的结构性分析，营销公关目标有四个层次：传播信息，联络感情，改变态度，唤起行动。其中，传播信息是营销公关活动的基本目标，而唤起行动是营销公关活动的最高目标。

2. 选择公众

一个企业面对的公众往往是多层面的，但一次营销公关活动要有所侧重，很难面面俱到。要根据营销公关活动的目标选择公众。

选择目标公众时要考虑到目标公众的各个方面，如他们的利益要求、经济条件、文化修养、生活习惯、价值观念、心理特点、对组织所持的态度等。对公众的了解越彻底，公关目标就越有针对性，实行效果也就越好。

例如：某高等院校在帮助贫困学生、资助他们读书时，搞了大规模的捐助仪式，公开了被资助者的身份，给贫困学生带来了很大的心理压力。这种活动的设计失误，就源于对目标公众的心理缺乏深入的了解。当然，本质上还是缺乏真正的人文关怀精神。

3. 确定公关主题

选择了公众之后，就要根据公众的特点确定营销公关活动的主题。所谓主题，就是依据目标公众对组织的利益要求，选择、提炼和确定营销公关活动的主要诉求点。主题的确定，反映了组织对公众了解的广度与深度，从这个意义上来说，主题的确定直接影响着营销公关活动的成败。

例如：美国吉列公司的女士去毛器准备上市前，通过广泛调查，了解女士们对该产品的诸多利益要求，经过反复筛选，放弃了“皮肤细嫩”“美丽”“性感”“吸引”等诉求点，而以“安全”为新产品上市的主要诉求点，广告语是“不伤玉腿”。这种选择取得了极大的成功，使从未接触过锋利刀片的女士敢于对这种新产品坦然购买与使用。待到女士去毛器的安全性已为广大女士接受并达成共识之后，吉列公司的宣传诉求才调整为“美丽”。

4. 选择活动时机

传播效果在很大程度上受传播时机的影响。传播的“超前”和拖延，都会使受众改变对传播活动的态度，从而影响传播效果。传播时机有时是可以预先选定的，有时却是偶发的，关键在于公关人员能否及时地捕捉并充分利用。

5. 编制预算

编制预算是公关策划的最后一个环节。它是将时间、人员、资金等因素按照一定的方式合理配置，以保证公关活动的顺利开展。公关预算往往由场地费、物资费、礼仪费、保安费、宣传费、项目开支、餐饮费、劳务费、承办费及不可预测的其他费用组成。

四、实施营销公关

1. 设计传播信息

营销公关传播的实施，多表现为通过“说明”来“说服”。为了取得良好的传播效果，公关人员必须认真考虑欲传达的信息的表达方式，使欲表达的意思与表达符号尽量吻合，减少失真。

公关传播不仅要说服公众，还要让公众愉快地被说服，也就是说，公众愉快地被说服才是公关传播想要取得的良好效果。公关传播时语言方式的设计与选择，是要在不会引起误解的前提下，运用委婉、模糊、幽默等诸多表达方式进行传播。

2. 选择传播渠道

（1）自我传播，又称个人内向传播，是指在个体思维中的传播活动。自我传播一般不是营销公关的研究对象。

（2）人际传播，指个人与个人之间的传播活动。人际传播是人类传播中最基本的一种传播形态。

（3）群体传播，是指在群体成员之间或各群体之间发生的传播活动。表现为一定数量的人群按照一定的聚集放在在一定场所进行的传播活动。

（4）组织传播，是指以组织为主体进行的内部或外部传播活动。严格地说，组织传播也是一种群体传播，但传播过程中社会组织的特点体现得十分明显，如严密的分工与授权，角色之间的互相替代、补充与合作等。组织传播包括对内进行的内部集会，出版内部报刊，对内的广播；对外进行的展览、赞助、庆典、公益活动、开放组织等。

（5）大众传播，是指各类传播主体借助报刊、广播、电视台等大众媒介进行的传播活动。大众传播强调的是传播的中介与传播的范围，而不是传播的主体。其传播渠道包括报纸、杂志、广播、电视、互联网等。这是规模和范围最大的一种传播活动，社会影响也最为深远。大众传播以专业机构为媒介进行，覆盖面广，受众人数众多，影响大。双向性不明显，传受双方地位固定，媒介“把关人”的作用十分巨大。

3. 消除传播障碍

在营销公关实施信息传播的过程中，会因为政治、经济、文化、语言文字等影响因素造成各种传播障碍，造成“传而不通”，在很大程度上影响营销公关传播效果。因此，要采取一定的方法克服传播障碍。如，对于政治因素造成的障碍，需要传受双方坚定的意志和高超的智慧，还需要双方对多元化的世界的深刻理解；对于经济发展水平不同造成的障碍，要求传播者深入了解传播环境，准确把握受众心理；克服文化障碍的前提是互相尊重和理解；要克服语言文字障碍，公关人员就要入境随俗，尽快熟悉当地语言习惯，使自己的表达接近或融入当地的语言体系。

4. 评估营销公关

公关评估，就是根据公共关系计划，检测公共关系活动的效果、判断公共关系活动的得失成败。它贯穿于公共关系活动的整个过程，包括事前、事中和事后的评估。

一般来说，营销公关评估的内容有以下几个方面：

(1) 营销公关工作过程评估。

营销公关工作过程评估是对营销公关工作的各个步骤、各个环节的工作进行评估。其内容和要点如下：

1）营销公关调查过程评价。

营销公关调查过程评价是对资料收集的充分性和判断的准确性的评估；包括：调查的设计是否合理，调查方法的选择是否得当，调查工作的组织实施是否合理，调查结果的真实性和可靠性如何，调查结论分析是否科学等。

2）营销公关策划过程评估。

营销公关策划过程评估是对策划的全面性与创新性的评估，包括：公共关系活动的目标是否科学；总体计划是否符合组织实际，是否可行、合理；战略构想是否周密、科学；目标公众选择有无遗漏，是否科学；媒介选择及媒介策略是否得当；预算是否合理等。

3）营销公关实施过程评估。

营销公关实施过程评估是对实施的完整性与有效性的评估，包括：各项准备工作、沟通协调工作是否落实到位，实施过程安排是否合理、周到，信息内容是否准确，传播效果是否明显，实施过程的安排是否得当，实施效果是否达到目标要求等。

(2) 营销公关活动效果评估。

以企业公关目标为出发点，参照营销公关策划方案，评估营销公关活动效果。主要包括：

1）了解信息内容的公众数量；

2）改变观点的公众数量；

3）改变态度的公众数量；

4）实施期望行为的公众数量；

5）重复期望行为的公众数量；

6）达到的目标与解决的问题；

7）社会与文化的改变。

【情境训练3】

洛阳市全福食品有限公司为了推广自己的新产品——盛唐牡丹饼，与各大商超达成协议，拟定春节前夕在各商超内部举办新产品展示会。请你为全福食品有限公司拟定一个可行的公关活动计划。

任务二　售中沟通

任务描述

假设你是某旅游纪念品的销售员，现正在一个旅游景点进行现场销售。一个外地游客在你的摊位前滞留了很长时间，他似乎很难决定是否要购买你们的产品。你将通过与他交谈以达到推销的目的。

售中沟通是指在销售过程中结合客户的需求向客户介绍企业和推荐产品信息，以达成销售的过程。它是销售沟通中最重要的一个阶段。在这个阶段，销售人员既要帮助客户了解产品性能，又要抓住客户心理消除客户异议，促使客户产生购买冲动，这是促成交易的关键。

情境一　销售接待

导入案例

她为什么不买？

在一家书店里，一位年轻的妈妈想给上小学一年级的女儿买一些百科读物。

年轻的妈妈："这套百科全书有些什么特点？"

推销员："你看这套书的装帧是一流的，整套都是这种真皮套封烫金字的装帧，摆在您的书架上，非常好看。"

年轻的妈妈："里面有些什么内容？"

推销员："本书内容编排按字母顺序，这样便于资料查找。每幅图片都很漂亮逼真，比如这幅，多美！"

年轻的妈妈："我看得出，不过我想知道的是……"

推销员："我知道您想说什么！本书内容包罗万象，有了这套书您就如同有了一套地图集，而且还是附有详尽地形图的地图集。这对你们一定会有用处。"

年轻的妈妈："我是为读小学的女儿买的，让她从现在开始学习一些东西。"

推销员："哦，原来是这样！这本书很适合小孩的。它有带锁的玻璃门书箱，这样您的孩子就不会将它弄脏，小书箱是随书送的。我可以给您开单了吗？"

（推销员作势要将书打包，给客户开单出货。）

年轻的妈妈："哦，我考虑考虑。你能不能介绍一下其中的某部分比如文学部分？我们可以了解一下其中的内容。"

推销员："本周内有一次特别的优惠抽奖活动，现在买说不定能中奖。"

年轻的妈妈："我恐怕不需要了。"

结合案例分析：这位推销员的失误之处在哪里？

知识储备

一、做好销售前的形象准备

销售员的形象是销售工作中的第一块敲门砖。作为一个顾客，了解产品是从了解销售员开始的。这种第一印象又被称为首因效应。《心理学新词典》是这样界定首因效应的："在人际交往过程中，我们给对方在心理上留下的第一印象至关重要，亦即'先入为主'。虽然这些第一印象并非总是正确的，但却是最鲜明、最牢固的，并决定着以后双方交往的进程。"销售员的形象，就是产品的外在反映，就好比是所销售产品的外包装。因此，销售员在销售洽谈前要做好形象准备，利用非语言塑造专业、规范、标准的个人形象。

1. 留下良好的第一印象

心理学家认为，与一个人初次会面，45 秒内就能形成第一印象，而且这最初的印象能够在头脑中形成并占据着主导地位。因此，销售人员在初次面见客户时，一定要把自己最优秀、最美好的一面展现出来，使自己先得到客户的认可，然后再推销产品。

要给客户留下良好的第一印象，销售人员应做到讲究礼节、文明礼貌，谈吐文雅，举止规范，着装得体，干净整洁。

2. 加强自身修养，注重仪表形态

仪表形态，在人际交往的最初阶段，往往是最能引起对方注意的，"第一印象"的产生多半来自一个人的仪表形态。销售员的仪表形象不仅代表着公司的文化，而且代表着公司产品的形象。因此，作为一名销售员，应注意头发、耳朵、眼睛、鼻毛、嘴巴、手部、修饰等仪表细节，一定要尽己所能给客户留下良好的第一印象。

3. 提升自己的亲和力

所谓亲和力，就是指销售人员和客户之间的交流沟通的能力。在销售过程中，语言是沟通的桥梁。销售员在接触客户时，不仅要注意表情、态度、用词，还要讲究方式和方法，要遵守语言礼仪。因此说，亲和力是销售员塑造良好个人形象的起点。

销售员要提升自己的亲和力，就要学会始终保持微笑，培养自己的幽默感，在与客户沟通时学会投其所好，注意防止烦躁情绪对个人亲和力的干扰和破坏。

4. 始终带着微笑去销售

"亲切的笑容是保证你永远成功的招牌。"销售员每天与客户打交道，服务态度好坏直接影响销售业绩。与人为善、笑脸相迎、态度诚恳，表明你对与客户交谈抱有积极的期望。

微笑是与人交流的最好方式，也是个人礼仪的最佳体现。在销售过程中，销售员微笑面对客户，要做到笑得自然和真诚，微笑要与眼神"紧密配合"，微笑要与语言"搭配得当"，微笑要与身体"步调一致"。

小案例

形象不佳遭拒绝

一天，一位钢材推销员来到一家制造企业的总裁办公室。这个推销员穿着一件领口和袖口都已经脏了的衬衫和一条皱巴巴的裤子，用含糊不清的话说："早上好，尼蒙先生。我代表洛斯钢铁公司……"

"什么？"尼蒙先生很不高兴地问，"你代表洛斯公司？年轻人，我认识洛斯公司的董事和经理，你错误地代表了他们。"

这名销售员之所以遭到拒绝，很明显，他给尼蒙先生的第一印象就不好，所以尼蒙先生也就不会给他销售的机会。

二、有效判断客户的需求

每个人购买某种产品的目的都是满足某些需求，而大多数时候，这些需求的满足并不是产品表面的功能所提供的，而是这些产品满足了客户消费行为背后的某些价值观或感受。因此，销售的第一步就是找出客户的真正需求。

1. 勤观察

销售员要善于观察客户的随身物品、言谈举止、穿着打扮、神态表情、肢体语言等，从中捕捉到能反映对方需求心理的有用信息。

拓展阅读

表 7-1　各类客户的特征和应对方法

客户类型	外在特征	应对方法
沉默型客户	沉默寡言，对外界刺激反应较慢。	寻找话题，拉近彼此距离。
腼腆型客户	讲话时面颊绯红，额头沁汗，手忙脚乱。	不要直接注视，注意要投其所好，不要过分热情。
慎重型客户	关注商品的方方面面及细节。	商品知识全面，商品介绍要专业、细致，使其心服口服，必要时可赠其试用品。
犹豫型客户	犹豫不决，讲话时口齿不清，喜欢问问题，动作不利落，有时神情会有些恍惚。	记住其第一次拿的是什么商品以及每次选看的是什么商品，根据其态度，留下几种适合他口味的商品，尽量缩小挑选范围；有同伴陪同时，可征求第三者意见。
顽固型客户	对老产品有特别偏好，对新产品往往不积极接受，不会轻易改变个人看法。	利用手中的资料、数据来说服对方，避免其出现逆反心理。
商量型客户	性格开朗，容易相处，戒备心理较弱，容易被说服。	要确立责任心，不能随意敷衍、失信于客户。
交际型客户	热情而幽默，语言丰富。	必须很巧妙地将话题引回到销售上来，要保持很亲切、诚恳的态度，要赞成其想法、意见，不要争论。
爽快型客户	相信自己的眼光，信任公司或推销员。	这种信任要小心维护，切不可下意识地随便了事，要满怀激情和喜悦。
刻薄型客户	说话用词激烈，不留情面。	耐心地听客户说话，使用平和、商量的语气。
虚荣型客户	喜欢表现自己，突出自己，不喜欢听别人劝说，任性且嫉妒心较重。	熟悉他们感兴趣的话题，为他们提供发表高见的机会，不要轻易反驳或打断其谈话。

2. 多询问

要了解客户的需求，销售员用提问题的方式与客户沟通的效果最直接。通过提问可以准确而有效地了解客户的真正需求，并以此为客户提供所需服务。一般可采用询问式、肯定式、常规式、征求式等几种提问方式。

通过提问来了解客户需求；询问时必须结合产品的卖点，而且这个卖点最好是自己产品独有的。发问者要多运用开放式问句，谨慎采用封闭式问句，并注意发问的时间，由广泛的问题逐步缩小到特定的问题，避免含混不清的措辞，避免使用威胁性、教训性、讽刺性的问句，以及盘问式或审问式的问句。

小案例

节目现场卖烟灰缸

有一次，著名的推销培训师弗雷德·赫尔曼应邀出席电视节目“迈克·道格拉斯秀”。主持人迈克·道格拉斯在弗雷德出场时向观众介绍说：“让我们以热烈的掌声欢迎全球最出色的推销员来到我们的节目！”事先道格拉斯并没有告诉弗雷德这个节目的具体内容。

接着，道格拉斯便对弗雷德说：“弗雷德，据说你被誉为全世界最好的推销员，那么你就向我推销一些东西吧。”

道格拉斯话音刚落，弗雷德便问他：“迈克，你希望我卖什么东西给你呢?”弗雷德提出的问题使得现场的主动权似乎又被交回到了道格拉斯手中。

弗雷德的这一举动显然使道格拉斯大吃一惊，他还以为弗雷德接下来就会滔滔不绝地说一些推销的行话。

道格拉斯四处张望了一下说：“既然这样的话，就卖这个烟灰缸给我吧。”

弗雷德接着又提出了一个看似非常天真的问题：“你为什么要买这个烟灰缸呢?”

道格拉斯有点迷惑，看了看烟灰缸说：“因为它看上去很新，色彩明亮，外形美观大方。此外，我们刚刚搬到这个新的摄影棚来，需要一个烟灰缸。”道格拉斯不知不觉中自己说出了这个烟灰缸的优点和自己购买的原因。

“那么迈克，你愿意出多少钱买下这个烟灰缸呢?”

“这个，嗯，我最近没有买过烟灰缸，不过既然这个烟灰缸这么漂亮、实用，我想我愿意出20美元买它。”

听到道格拉斯这句话后，弗雷德立刻接过话题说：“好吧，迈克，我就以18美元的价格将这个烟灰缸卖给你。”

听到这里，道格拉斯才恍然大悟。台下的观众禁不住报以热烈的掌声。

思考：弗雷德是如何实现销售的?

3. 会倾听

日本销售大王原一平说：“对销售而言，善听比善辩更重要。”销售中80%的业绩都是靠耳朵来完成的。

与客户进行沟通时，必须集中精力，认真倾听客户的回答，不轻易打断客户的谈话，并适时地表达自己的意见；站在客户的角度和立场上，尽力去理解对方所说的内容，了解对方在想些什么，对方的需要是什么。要尽可能多地了解对方的情况，以便为客户提供满意的服务。

4. 善思考

有时客户因其产品知识的局限，可能无法准确地讲出他们的需求。这种情况下，销售人员应根据所观察到的线索和客户的言语来确定客户的需求。比如，客户的装扮反映出他的个性及兴趣，不同性别、不同年龄段的客户兴趣点不同，等等。销售人员要根据观察和聆听以及思考，逐步了解客户的真正意图。

5. 巧挖掘

客户的需要是客观存在的，而需求是可以创造的。在客户的购买行为中，大部分需求是由潜在需求引起的。因此，销售人员不但要着眼于现实需求，更应捕捉客户的潜在需求。

挖掘客户的潜在需求，应从潜在顾客的购买需求、购买力、购买决策权等方面进行审查，有的放矢地开展推销工作。

三、摸清客户的购买心理

客户的内心需求是客户购买商品的理由。跟客户交流的时候，要做到：他要什么你就能给什么，而不是让客户感觉到你给什么他就得要什么。销售人员要想抓住客户，就必须要站在客户的角度考虑问题，要明白客户的心里是怎么想的，客户的期望是什么。

销售员在接待不同客户时，需掌握好顾客的心理特点，才能推销产品。抓住客户心理，要注意以下细节：

1. 尊重每一位客户

推销员不能单纯地凭外表或年龄来判断客户的需求，这样容易先入为主地过滤掉一些潜在客户。获得尊重是每一个客户的基本需求。销售员热情对待每一位客户，成交的机会将大大增加。

2. 不要急于推销产品

每个人都有表达的愿望。如果销售员只专注在销售产品上、急着推销产品，还不时打断客户的谈话，必然会引起对方的反感，使其失去购买的兴趣。

3. 少用强力推销手法，避免给客户造成压力

销售员一味强迫客户接受自己的销售主张，会给客户造成一定的心理压力，客户往往反其道而行之；不如调整心态，听听客户的心声。

小案例

张阿姨买水果

张阿姨去水果市场买水果。她首先来到了第一个水果摊，售货员看张阿姨在这里张望，就跟张阿姨说："我们这里的水果是最好的，品种非常齐全，价格也很便宜。"张阿姨看了看，就离开了。

她来到第二个水果摊前，服务员轻轻问了一句："请问您需要点儿什么？"张阿姨说："我想看看有没有草莓。"服务员说："有！"张阿姨接着说："你们这里的草莓甜吗？"服务员自信地说："我们这里的草莓非常甜，保证是这里最甜的，不信阿姨您尝尝。免费尝一个，不甜不要钱！"张阿姨听完，就离开了这个水果摊。

张阿姨来到第三个水果摊前，这家的老板问："请问您需要点儿什么？"张阿姨说："我想买一些草莓！"老板接着问："您买草莓给自己吃吗？"张阿姨说："我儿媳妇坐月子，想吃酸的东西，我想着给她买一些酸的草莓，跑了半天也没找到。你这里有酸草莓吗？"老板告诉他："有的，我们这里酸的和甜的草莓都有，只是酸草莓吃多了不利于消化和吸收，这对于产妇非常不好，您可以同时买一些香蕉，这样可以促进消化与吸收，对产妇也比较好。"

张阿姨非常高兴，爽快地买了很多草莓，并且还买了一些香蕉，付完钱高兴地走了。

思考：你如何看待故事中的三个销售员？

【情境训练 1】

作为旅游纪念品的销售人员，你该如何与游客沟通以判断对方的需求呢？

情境二 现场促销

导入案例

赞美客户，赢得订单

在一个家居建材城，一位顾客在一款地板砖面前驻留了很久。导购走过来对顾客说："您的眼光真好，这款地板砖是我们公司的主打产品，也是上个月的销售冠军。"顾客问道："多少钱一平方米啊？"导购说："这款地板砖，折后的价格是160元一平方米。"顾客说："有点贵，还能便宜吗？"导购说："您的新家在哪个小区？"顾客说："在东方夏威夷。"导购说："东方夏威夷应该是市里很不错的楼盘，听说小区的绿化非常漂亮，而且室内的格局都非常合理，交通也很方便。您以后居住在这个小区，真是您的福气啊！"顾客听了这些话，也得意地笑了笑。

导购接着说："您今天来啊，正是赶上好时机了！我们公司近期正在对东方夏威夷和绿岛宜城做一个促销活动，这次还真能给您一个团购价的优惠。"顾客兴奋地说："可是我们小区现在还没交房呢！没有具体的面积怎么办呢？"导购说："这个问题您不用担心。如果您现在就提货还优惠不成呢。因为我们公司规定要达到30户以上才能享受优惠，今天加上您这一单才27户，还差3户。不过，您可以先交定金，我给您标上团购，等您的面积出来了，再告诉我具体面积和数量。"

于是，顾客提前交了定金。两周之后，这个订单就彻底搞定了。

结合案例分析：导购员促使顾客作出购买决定的技巧体现在哪里？

知识储备

一、激起客户的好奇心

一般来说，好奇心是引起客户注意力和兴趣的关键所在。在销售中巧妙地利用顾客的好奇心，用新颖独到的创意引起顾客的注意和兴趣，往往会说服顾客购买产品。

为了激发客户的好奇心，销售员要借助语言或动作把产品的特点、性能和优势描述出来，让客户体会到使用产品的效果。比如，可以问些刺激性的问题，或者在一开始时只提供部分产品信息，让客户为了解更多产品信息而主动与销售员沟通等，这样才能够达到销售的目的。

小案例

他是这样销售的

在一家玻璃公司，有一位顶尖的销售员。他是全国安全玻璃销售量的总冠军。当他被问及如何打开销售对话时，他说他每次到客户的工作地点后，就会问："您有没有见过一种破了却不曾破碎的玻璃？"

当准客户表示不曾见过时，他就拿一块完整的玻璃样本，把它放在客户的桌子上，然后用一个榔头用力敲。准客户往往会快速跳开以躲避玻璃碎片，但却发现根本没有任何碎片。

这样，他就得到了客户完全的注意力，销售活动就能迅速进行了。

思考：此销售员的销售方法适用于哪些类型的产品？

【情境训练 2】

如果你是书店推销员，该如何向这位年轻的妈妈推销，以激起她的购买兴趣呢？

二、有效赞美客户

美国心理学家威廉·詹姆士说过：“人类本质里最殷切的需求是渴望被人肯定，最深远的驱动力是希望具有重要性。”无论是赞美他人还是被他人赞美，都能给自己和他人带来一份心理满足和快乐，一句轻轻的赞美，也许就会让你赢来别人对你的好感，获得一份友谊。世界上最华丽的语言就是对他人的赞美。赞美是人类沟通的润滑剂，适度的赞美不但可以拉近人与人之间的距离，更能打开一个人的心扉。渴望被人赞美是人的天性，而对于销售员来说，赞美是不需要增加任何成本的销售方式。因此，销售员在促销的过程中，一定不要吝啬你的赞美之词，并且要养成赞美客户的好习惯！

赞美客户时，正确选用赞美方式和适度把握赞美程度，是能否达到实效的重要衡量标准。因此，销售员在赞美客户时，要注意以下几个方面：

(1) 赞美要发自内心，真诚而实际地说出客户的优点；

(2) 赞美要恰到好处，保持赞美语句的简洁明了；

(3) 赞美客户身上的亮点，让客户产生切身感受；

(4) 赞美要说到客户心里，增加客户的成就感和自信；

(5) 在一个人身上不要重复使用同一个赞美词；

(6) 借第三者的口赞美顾客；

(7) 对于新顾客，不要轻易赞美，只要礼貌即可；

(8) 对于购买产品后的顾客，也要通过赞美来坚定客户购买的信心。

三、突出顾客利益——给客户一个购买的理由

在产品销售中，销售员除了要了解自己产品的优势、卖点之外，更关键的是在产品销售中给客户一个购买的理由。而这个购买理由，就是顾客的利益所在。

销售员在与顾客沟通时，要善于运用产品介绍的“FAB”原则。在把产品特性转化为顾客利益时，首先要通过“察言观色”识别顾客的需求，然后再结合顾客的需求介绍产品的特性和优点，最后介绍产品能带来的利益，并说明产品是如何满足顾客需求的。

小贴士

产品介绍的 FAB 原则

FAB 是 Feature（特性）、Advantage（优点）和 Benefit（利益）这三个英文单词的首写字母，指的是营销人员在用各种媒介和形式传播产品时，要遵循特性、优点、利益这样一个顺序原则，并且利益比优点重要，优点比特性重要。

(1) 特性 F，特性是指有关产品和服务的客观事实，它不会因评判者的改变而变化。

(2) 优点 A，优势来源于比较，要么与过去比，要么与竞争产品比。潜台词和标志性词语是“与……相比……”，其结论会因比较物的不同而不同。

(3) 顾客利益 B，顾客利益是指产品给顾客带来的好处。潜台词和标志性词语是“如果你拥有了……你就会……”。所有利益的描述最终要反映到顾客的视觉、听觉、触感、嗅觉、味觉等感官感受和心理感受上来，并且要产生震撼性效果。

四、巧妙使用激将法

在销售过程中，销售人员往往容易遇到这样一些客户：虽然有产品需求，但是犹豫不定，总是要等等看。面对这些客户，要想获得订单、促使他们下决心购买，销售人员要学会使用激将法，巧妙暗示客户可能丧失某种或某些利益，以坚定客户的购买信心。

采用激将法，巧妙地在不贬低顾客、不羞辱顾客的前提下“激”起他们的购买或消费行为，实现有效营销目的。因此，在学习和掌握这种技巧时，销售员要注意以下问题：

1. 使用激将法要看准对象

激将法并非适用于任何人。一般来说，它多适用于那些争强好胜、爱面子且容易感情用事的人身上。而对于富于理智、办事沉稳者和谨小慎微、性格内向的人都不适用。

2. 要把准客户的心理

只有客户具有较强的自尊心、虚荣心和好胜心时，激将法才可能有效。但在他们身上运用此法的前提是，他们已对产品产生了兴趣，只是因为某些小的方面而犹豫不决。否则，将很难起到激将的效果。

3. 不要伤害客户的自尊

采用激将法“逼迫”客户签单，必须以不伤害客户的自尊为前提。任何有可能伤害客户自尊的言行，都会导致客户不再愿意与销售人员交易。

4. 激将的言辞要有讲究

使用激将法，目的在于激发对方的情感，所以一定要注意言辞的“度”。既不能语言无力、不痛不痒，也不能锋芒太露、过分刻薄。

5. 激将时态度要自然

销售人员采用激将法促成订单，注意一定要在态度和表情上表现自然，不要轻易被对方看出来。否则，客户容易产生逆反心理，最终导致无法成交。

【情境训练 3】

作为旅游纪念品的销售人员，你应采取哪些方法促成游客购买呢？

情境三　客户异议处理

导入案例

不同营业员的处理方法

某旅游团到达某个旅游景点，游客结伴去商场购物，以下是几位游客的购物过程：

营业员：各位好！大家需要点儿什么？请随便看。

（几位游客开始浏览商品。）

游客李：小姐，这款衬衣多少钱？

营业员甲：原价 185 元，现在正在搞活动，可以打 8 折，打折后是 148 元。如果您喜欢，我可以给您拿一件试试。

游客李：面料是不错，但这些颜色太新潮，没法穿！还有别的颜色吗？

营业员甲：这些颜色都是今年最流行的，您不妨换换风格，效果肯定不一样。

游客李：不行，不行，我接受不了，还是看看再说吧。

（游客张相中了一件旗袍。）

营业员乙：准备买件旗袍吗？您穿这件有些大，我给您再找一件小号的试一试。您试试这件效果怎么样。

游客张：嗯，这件还行，就是太贵了。您看这料子很一般，还 1 380 元一件，哪儿值呀?!

营业员乙：您看这衣服的设计多么细致入微，而且这个品牌是今年《中国服饰》杂志推选的十大女装品牌之一，其实价钱并不算高。

游客张：品牌我倒不在乎，关键是要适合我，要经济实惠。好了，您先忙吧，我再看看别的，比较比较。

营业员乙：好的，您慢慢看吧。有什么需要随时叫我。

（游客许看上了一件女式连衣裙。）

游客许：小姐，这件衣服有粉色的吗？

营业员丙：请问谁穿？多大年纪？多高？胖瘦如何？肤色是什么样的？

游客许：我老婆穿，30 出头，1 米 6 的个子，身材适中。我觉得她穿粉色可能不难看。

营业员丙：有粉色。这是今年的流行款式，非常适合 30 岁左右、肤色较白的女士穿着。您看一看别的款式有喜欢的吗？

游客许：不用看，这种款式就行。

营业员丙：这件衣服的版型较瘦，建议您选 XL 号的。您看呢？

游客许：好。开票吧！

（游客刘一直在默默地观察着自己感兴趣的商品）

营业员丁：我看您一直在看。有喜欢的吗？

游客刘：不打算买，就是看看。

结合案例分析：

1. 几位游客的异议表现在哪些方面？

2. 分别对几位推销员处理客户异议的方法进行评价，并给出你的改进建议。

知识储备

一、分析客户异议产生的根源

客户异议是指销售过程中客户对推销人员、推销活动和推销品交易条件等所提出的疑问或反对意见。异议的功能在于表明客户还存在着顾虑和问题没有解决，不代表客户不愿意接受公司的产品。

面对客户异议，销售人员要了解客户异议产生的源头，然后寻找解决方案。形成客户异议的原因主要表现在以下几个方面：

1. 顾客方面的原因

顾客异议首先表现在顾客方面。来源于顾客方面的异议的根源主要有：

（1）顾客的需求。顾客的需求是多方面、多层次的，包括生理需求和心理需求、物质需求和精神需求、有形产品需求和无形产品需求等。顾客的需求会因为产品类型、购买时间和购买场所等的变化而不断变化。顾客需求的多样性、层次和伸缩性，必然导致其购买行为的多样性和变化性，在推销过程中顾客会以各种不同的反对意见来“约束”其购买行为的顺利实现。

（2）顾客的认识。对于同一种产品，由于每个人的知识经验、个性特征、情感及购买目的等各不相同，在顾客的心中会形成不同的认识。由认识所导致的异议直接表现为顾客的成见和偏见。顾客的成见往往会导致各种类型的异议，且难以在短时间内通过说理的方式使成见消失。

（3）顾客的购买习惯。购买习惯是顾客在多次购买活动中产生认识和学习的结果，是一种感情上的执着，要改变顾客的购买习惯往往很难。当推销活动与顾客的购买习惯不一致时，顾客就会对推销品、推销员、推销活动等提出各种反对意见。推销员要善于利用顾客的习惯来发展顾客关系，以促进推销；又要善于处理根源于购买习惯的各种顾客异议，以促成交易。

（4）顾客的自我表现。这是由顾客的自尊心驱使所造成的异议。推销员越是在顾客面前介绍产品的优点和提出购买建议，顾客就会越觉得自己有必要提出一些不同的看法，甚至试探一些推销员的能耐和见识。

（5）顾客的购买权力。当顾客没有权力决定是否购买某一推销品、没有权力决定购买什么样的推销品时，或者没有权力决定在什么条件下才能购买某种推销品时，那么，他很有可能就购买权力、购买条件、购买时间等有关方面提出异议。

（6）顾客的支付能力。一般来说，顾客购买力的大小往往与推销成交的顺利程度成正比，尤其在购买欲望产生后，这一点更为明显。顾客往往根据自己的支付能力来决定是否购买某一产品，购买什么样的产品。在推销中，由于购买力不足所导致的顾客异议，往往会被顾客利用其他异议来进行掩盖。

2. 产品方面的原因

来自产品方面的异议主要表现在：

（1）产品质量。在推销过程中，推销员最忌讳又不能回避的，首先是产品质量，顾客最关心的最终也会归结到质量上来。源于质量上的异议主要表现在两方面：一是没有处理好质量与价格的关系。当推销员提供的产品质次价高时，顾客必然会提出反对意见。当产品质优价廉时，顾客也可能提出异议，但此类异议属于顾客心理方面的或价格方面的异议。二是没有处理好质量与需求的关系。这是一个关于产品质量应与目标市场的消费水平相一致的问题。在消费水平较高的市场上，质次价低的产品未必有销路；而在购买力有限的市场上，质优价高的产品也未必有人问津。

（2）产品的功能与效用。产品的功能直接表现为产品应具有的适用性，而产品的效用则表现为产品应具有的实用性。对于顾客而言，产品的适用性与实用性最为重要。产品的功能、效用越符合顾客的需求，产品就越有销路；否则，即使质量再好也无人问津。

（3）产品外形。产品外形包括产品的品种、规格、花色、式样、包装、商标等，是产品在顾客眼中的直观形象。顾客购买产品的行为方式直接表现为望、闻、问、试，观察产品的外形首当其冲。如果产品在外形上存在问题，不能满足顾客的特定需求，推销员在推销过程中就会遇到有关的顾客异议。

（4）产品价格。产品价格是形成顾客异议最常见的原因之一。顾客一般认为价格太高，并通过讨价还价取得能够接受的价格，实现交易。有时，顾客也会因产品价格太低而拒绝购买。产生价格异议通常与顾客的支付能力、顾客对产品价值的判断、市场上同类产品的价格、顾客的个性和购买心理等有关。

（5）产品服务。服务是产品的附加利益，包括售前服务、售中服务和售后服务，它直接影响推销的绩效。随着产品的同质化增加，服务的竞争成为现代企业的主要竞争方式。如果顾客感到服务不周，一般会通过货源异议或推销员异议来拒绝推销。

3. 推销员方面的原因

推销员推销产品，首先是推销自己。如果推销员自身存在着某些主观或客观上的问题，必然会引起顾客的反感，并因此而流露出反对情绪或提出反对意见。由于推销员方面的原因而导致顾客异议，主要表现为推销员的素质低下、推销员的形象欠佳、推销员的方法不当、推销员受顾客排斥等。

4. 其他方面的原因

除上述顾客、产品、推销员方面的原因外，引起顾客异议的原因还包括推销信誉不佳、推销信息失真、推销环境不良等。

二、熟悉处理客户异议的步骤

事先规划好处理客户异议的步骤，能让推销员和潜在顾客的沟通更融洽、更顺畅。

第一步，认真听取客户异议。

倾听客户异议是解决问题的前提。首先，要耐心听完，不要急于作出反应，否则，会让客户感到推销员非常敏感而起疑心。其次，不可打断客户，因为这样会激怒客户。最后，听取客户意见时要诚恳。总之，要多听少说。

第二步，重复客户的反对意见，确定客户异议。

推销员要通过重复和提问，确定真实的客户异议，然后推销员应确认对客户提出的异议的理解是否与客户的出发点一致，并对自己的判断予以确定。

第三步，认同对方的感受，对客户异议表示理解。

这种理解包括两个方面：一是正确把握客户异议的真实含义；二是向客户表示自己对客户异议的善意和诚意。这样双方就建立起了合作关系，而不是抵触情绪。

第四步，回答客户异议。

最佳的解答总是取决于客户当时的情况和异议本身的特点，只有完全满足了客户的一切要求，异议才会消除。

第五步，努力完成销售。

在推销员圆满地处理客户异议之后，就有可能达成交易。如果客户对推销员的解答仍然表示不满，则说明推销员没有真正弄清客户的需要。这种情况下需继续进行沟通，直至客户满意，推销才能成功。

三、掌握处理客户异议的沟通技巧

1. 转折法

转折法是一种间接否定客户异议的处理方法。推销员应用这种方法，先要承认客户的看法有一定的道理，即向客户作出一定让步，再根据有关事实和理由来间接否定客户的意见、提出自己的看法。

转折法常见的语言形式是“您说的有一定道理（表示同情或赞同），但是……（用事实和理由否定）”。它适用于那些有一定道理的顾客异议、无效异议（顾客作为借口的需求、价格、财力等异议），以及各种不便于直接否定的顾客异议。而不适用于那些敏感的、固执的、个性强且具有理智型购买动机的客户，也不适用于探索研究性的、疑问类型的客户异议。

运用转折法处理客户异议，推销员需注意以下问题：

(1) 否定客户异议时，做到语气委婉，转折自然，保证处理异议的气氛友好、融洽。

(2) 注意推销引导，积极提供更多的推销信息，用真实可靠的例证消除客户成见。

(3) 使用转折词时尽量少用“但是”，语气也不应过分强调转折意思，以免客户产生逆反心理。

(4) 适当引入“3f法”，即“感觉”(feel)、“感受”(felt)、“发觉”(found)。其基本句式是：“我很理解您的这种感觉，以前不少客户也有同样的感受，然而，当他们使用了产品之后，发觉……”

2. 转化法

转化法是指推销员直接利用客户反对意见本身正确的一面，来处理客户反对意见。运用此法可以改变有关异议的性质和作用，把客户异议转化为推销提示、把不利因素转化为有利因素。

转化法适用于具有二重性的客户异议，即客户异议既有正确的一面也有错误的一面。当推销员发现客户异议具有破绽时，可利用这一破绽，找出客户异议的矛盾，将客户拒绝的理由转化为说服其购买的理由。

运用转化法处理客户异议，推销员必须注意的问题有：

(1) 不能直接否定客户异议，而应尊重、肯定、承认、利用和转化客户异议；

(2) 善于找出客户异议的内在矛盾，解决矛盾时应有说服力，能够使客户信服；

(3) 转化矛盾时要注意语言的艺术性，做到刚柔并济、曲直结合。

小案例

中年女士更需要高级护肤霜

一位中年女士来到化妆品柜台前，欲购护肤品，售货员向她推荐一种高级护肤霜。

客户：我这个年纪买这么高档的化妆品干什么？我只是想保护皮肤，可不像年轻人那样要漂亮。

推销员：这种护肤霜的作用就是保护皮肤。年轻人皮肤嫩，且新陈代谢快，用一般的护肤品即可。人进入中年以后，皮肤不如年轻时，正需要这种高级一点的护肤霜。

思考：此推销员在处理客户异议时，技巧体现在哪里？

3. 补偿法

补偿法是当客户异议是针对商品或服务的缺陷时，推销员一方面同意客户提出的异议，另一方面寻找客户异议以外的优点来补偿或抵消客户异议的一种处理方法。

补偿法适用于处理各种有效的反对意见。补偿法适用的前提是：推销品、推销员或推销活动本身具有隐藏或显露的问题与缺陷，客户异议是真实的、有效的。

运用补偿法处理客户异议，推销员必须注意的问题有：

(1) 认真分析客户异议，找出客户异议的根源，确定客户异议的性质；

(2) 敢于承认客户提出的真实的有效异议，使客户达到心理平衡；

(3) 推销员应学会重点推销，以少补多，以优补缺，并非客户提出的所有有效异议都要一一找到相关条件去补偿。

4. 询问法

询问法是指推销员利用客户异议来询问客户，以了解客户反对的理由和真实需求的一种处理方法。

询问法一般适用于处理那些不确定型的客户异议。通过询问可以得到更多信息，查出异议根源；由推销员发问，便于转化受异议的被动地位为主动地位。

运用询问法处理客户异议，推销员必须注意的问题有：

（1）询问必须及时，并且要灵活善变，洞悉异议的根源和性质；

（2）询问必须有针对性，不得询问无关问题，以免节外生枝；

（3）询问要讲究礼仪，尊重客户个性；

（4）询问要讲究艺术，最好采用请教式询问方式。

5. 反问法

反问法是指推销员直接反问顾客，使实际反对意见转变为购买理由的一种异议处理方法。其做法是：推销员针对顾客异议，向顾客提出反问，让顾客回答自己提出的反对意见，以便进一步弄清顾客的心理活动，把顾客异议变成推销基点。运用此法的目的在于避免争执。

反问法主要适用于那些次要的、不确定型的购买异议。

运用反问法处理客户异议，推销员必须注意的问题有：

（1）反问法不等于质问，注意不要冒犯顾客；

（2）运用此法时应注意观察顾客情绪的变化。

6. 反驳法

反驳法是指推销员根据有关事实和理由直接否定顾客异议的一种处理方法。

反驳法只适用于处理因客户的无知、误解、成见、信息不足等而引起的有效客户异议，不适用于处理无关的、无效的客户异议，因情感因素或个性问题引起的客户异议，以及有自我表现欲望与较为敏感的客户提出来的异议。

运用反驳法处理客户异议，推销员必须注意的问题有：

（1）注意此法的适用条件，当顾客异议有一定道理或符合事实，运用反驳法只会降低推销品、推销员及企业在顾客心中的信誉度；

（2）通过摆事实、讲道理，有理、有据、有节地加以反驳，让顾客心悦诚服，切忌盲目否定和想当然；

（3）当顾客十分欣赏自己的观点而此意见并不重要，或者顾客异议属于无关异议时，推销员不应采用此方法。

小案例

维修不是问题

一位推销员在向一名顾客推销一款分体式空调机。

推销员：“现在好多家庭都装这种分体式空调机，噪声小，功能多。我们提供免费上门安装服务。”

客户：“这种分体式空调机只负责上门安装，又没说上门维修，坏了怎么办？”

推销员：“您尽管放心。我们有特约维修服务部，随时可以上门维修、保养。您看产品说明书上都说明了维修服务部的地址和电话。”

思考：此推销员在处理客户异议时，技巧体现在哪里？运用此法应注意哪些问题？

【情境训练 4】

有的游客抱怨旅游纪念品的价格太贵，有的游客抱怨旅途中携带不方便，还有的游客以身上所带的现金不足为由要求降价。针对不同的客户异议，销售员应如何处理呢？

要求：一位同学扮演推销员，一位同学扮演客户，就以上情境进行模拟演练。

任务三 售后沟通

任务描述

作为一名刚入职的新人，张玲知道，销售员不仅要向客户推销商品，还要做好售后服务。但在实际工作中，遇到的一些问题令她感到困惑：比如，有的中间商客户长期拖欠货款不好追讨，有的消费者无端投诉，等等。她需要不断提高个人的售后服务水平。

作为一名销售人员，产品实现销售后，还要做好与客户的售后沟通工作。售后沟通主要表现在客户回访、客户关怀、追讨货款和处理客户投诉四个方面。

情境一 客户回访

导入案例

谁的回访更能让顾客满意？

小 A 和小 B 同为一家销售软件公司的售后服务人员，每个月都要做电话回访。小 A 在做回访时，问题一般都不多，主要询问诸如软件应用得好不好、有没有出现问题、对服务是否满意等问题。除此之外，没有其他的问题了。小 B 往往在回访前先将主题和问题设计好，并结合近期的社会话题，找到关键人物，有目的、有目标地进行回访。

结合案例分析：

1. 试想一下，小 A 和小 B 谁更能让顾客满意？为什么？
2. 该怎样做客户回访？

知识储备

客户回访是指在商品或服务售出以后，通过与客户沟通，了解客户的使用体验及感受，并征求意见。它是商家给予客户的一种跟踪服务，是对客户感情的延伸。

一、要重视客户回访

1. 客户回访可以提高客户满意度

研究表明，促使客户达成交易行为的首要因素是服务，其次是产品质量，最后是价格。好的服务留给客户的是一种美好的感觉，从而提高客户的满意度。

2. 客户跟踪服务可以培养客户的忠诚度

客户忠诚度，又称为客户粘度，是指客户对某一特定产品或服务产生了好感，形成了

“依附性”偏好，进而重复购买的一种趋向。优良的客户跟踪服务过程，就可以让客户产生这种忠诚度。

3. 客户回访可以降低交易成本

有研究发现，公司的顾客流失率每降低5%，获利就有可能提高25%～85%。忠实的顾客能创造更多、更持久的利润，维护一个老顾客比开发一个新顾客的成本要低得多。开发一个新客户的成本是保住一个老客户成本的5倍，而流失一位老客户的损失，只有争取10个新客户才能弥补。留住老客户的一个重要手段，就是做好客户回访。

二、掌握客户回访的技巧

销售完成后，销售员应及时打电话给客户，向他（她）致以谢意，同时询问对方对你的产品或服务是否满意。这样的电话回访，是有效跟踪服务的开始。以下是一些常用的客户回访技巧。

1. 让顾客知道你一直在为他服务

你可以给你的客户写信，或者给他们打电话。不论采取什么方式，关键是要鲜明地向他们表明，你的公司可以为客户提供一流的服务。如果你从来不向客户讲述你为他们做了什么，他们就可能不会注意到。

2. 经常给老客户寄你的亲笔信

利用各种机会，给你的老客户写封亲笔信。比如，你参加圣诞节的聚会时碰到了你的某位老客户，别忘了事后写封信问候对方，这将有助于加强客户的回忆，进一步拉近你和客户之间的感情距离。

3. 努力让你和客户的关系个人化

互联网使人们的交往变得更加容易，但常常造成人与人之间丧失直接接触的机会。如果解决某些问题需要你同客户面谈的话，你就应该给客户发个电子语音邮件，向他（她）表明你希望与他（她）面对面交谈，或者约好时间到他（她）的办公室见面。

4. 记住那些特殊的日子

及时给你的常客寄送生日卡、周年纪念卡、节日卡，并署上你的名字。礼品也是跟踪服务的一种工具。无须花一大笔钱表示你对客户的关心，运用你的创造力，向客户送一些能引起他们兴趣的小礼物，这对增加你的业务大有裨益。

5. 与客户分享你的知识和信息

比如，读了某篇文章，看了一本新书，或者听到某个组织的新情况之后，你感觉自己获得的知识或信息对你的客户也有用，不妨给他发个短信或者打个电话告诉他（她），共同分享。这会让客户对你心存感激。

小案例

培训过后的回访

A为B的销售团队进行了培训，之后A对B进行了电话回访：

A：张总，培训结束了。前天您和您的销售团队管理成员沟通，他们都发现了自己在团队管理中的不足，表示会加以改进。您感觉现在公司氛围是不是有一些变化了？

B：是的，小李，培训后确实有了不小的变化。也许我们内在的管理机制也有问题，我们内部会加以调整的。谢谢你的关心。

A：我当然希望您能够有一支好的团队，这样您做起事来就省心多了。

B：谢谢理解，带领好团队确实不容易。我是真体验到了。

A：好，我会持续和您的团队成员沟通的，发现他们的问题也会及时和您沟通。另外，张总，您还需要我们给您提供什么样的信息呢？作为我们后续服务的补充，提供这些信息服务是我们服务的流程，您不需要承担别的什么费用。也许我们还可以帮您出谋划策呢。

B：好。你把这次培训的信息都发给我吧。我觉得你发给我的信息都挺不错的。

A：好的。那我整理一下，今天下午发到您邮箱。

B：好，谢谢你！

思考：小李的客户回访有必要吗？除了打电话，小李还可以采用哪些手段进行客户回访？

【情境训练 1】

小王是某汽车 4S 店的一名销售顾问，上个星期刚卖出了一辆汽车。现在小王想要知道客户对所买汽车的使用感受，需要做个电话回访。请你告诉小王，应该怎么办？

情境二　客户关怀

导入案例

一封问候信让客户感动不已

泰国的东方饭店几乎天天客满，不提前一个月预订就很难有入住机会。在泰国为什么会有这么火爆的饭店？从下面一位顾客的入住体验就可以看出端倪。

胡小姐经常出差泰国，并住在东方饭店。第一次入住时，良好的饭店环境和服务，甚至工作人员的着装，都给她留下了深刻的印象。当她第二次入住时，几个细节更使她对饭店的好感迅速升级。

那天早上，在她走出房门准备去餐厅时，楼层服务生恭敬地问道："胡小姐是要用早餐吗？"她很奇怪，反问："你怎么知道我姓胡？"服务生说："我们饭店规定，晚上要背熟所有客人的姓名。"这让她大吃一惊，因为她频繁往返于世界各地，住过很多高级酒店，但这种情况还是第一次碰到。

她高兴地乘电梯下到餐厅所在的楼层。刚刚走出电梯门，餐厅的服务生就说："胡小姐，里面请！"她更加疑惑，因为服务生并没有看到她的房卡，就问："你知道我姓胡？"服务生答："上面的电话刚刚下来，说您已经下楼了。"如此高的效率让她再次大吃一惊。

她刚走进餐厅，服务小姐微笑着问："胡小姐还要老位子吗？"胡小姐的惊讶再次升级，心想："尽管我不是第一次在这里吃饭，但最近的一次也有一年多了，难道这里的服务小姐记忆力那么好？"看到胡小姐惊讶的目光，服务小姐主动解释说："我刚刚查过电脑记录，您在去年的 6 月 8 日在靠近第二个窗口的位子上用过早餐。"胡小姐听后兴奋地说："老位子！老位子！"服务小姐接着问："老菜单？一杯咖啡，一个鸡蛋？"现在胡小姐已经不再惊讶了，"老菜单，就要老菜单！"

这种细致的服务不要说在一般的酒店，就是美国最好的饭店里胡小姐都没有见过。这一次早餐给她留下了终生难忘的印象。

后来，由于业务调整的原因，她有两年的时间没有再到泰国去。在她生日那天，突然收到了一封东方饭店发来的生日贺卡，里面还附了一封短信，内容是：亲爱的胡小姐，您已经有两年没有来过我们这里了，我们全体人员都非常想念您，希望能再次见到您。今天是您的生日，祝您生日快乐！那封信上贴了一枚六块钱的邮票。她当时激动得热泪盈眶，发誓如果再去泰国，绝对不会到其他的饭店，一定要住在东方饭店，而且要说服所有的朋友也像她一样选择。

东方饭店非常重视培养忠实的客户，使客户入住后可以得到无微不至的人性化服务。他们说，只要每年有十分之一的老顾客光顾饭店，就会永远客满。这就是东方饭店成功的秘诀。

结合案例分析：

1. 泰国东方饭店天天客满的主要原因是什么？

2. 作为售后服务人员，能从中学到什么？

知识储备

一、何为客户关怀

随着市场竞争的不断加剧，怎样保留优质客户，成为商家最为重视的事情。保留客户的一个重要途径就是做好客户关怀。客户关怀已然成为商家营销策略的一个重要组成部分。那么，什么是客户关怀呢？英国管理学家大卫·克拉特巴克提出："客户关怀是服务质量标准化的一种基本方式，它涵盖了公司经营的各个方面，从产品或服务设计到它如何包装、交付和服务。"归结起来是：为客户所感知到、体会到和以一致方式提供的服务和质量。客户关怀的重要作用可以通过下面一个案例来体会。

小案例

从客户的购物记录中发现新商机

王先生与太太刚到某市时，经常去附近的一家商场。半年后，王太太怀孕了。在临产前的三个月里，他们定期收到这家商场的有关孕妇用品的广告；在小孩出生前后的半个月里，广告内容换成了婴儿用品以及免费试用的几种小包装奶粉。刘先生夫妇对此感到非常惊奇：他们到这里的时间并不长，那家商场是怎么知道他太太怀孕的呢？

原来，王先生办理有商场的会员卡。商场把他们以前的购物内容和频率都记录了下来。根据他太太购买卫生巾的频率，以及间隔这么长时间没有购物的记录推断出他太太怀孕了。商场如此细心的关注，令刚到某市的王先生夫妇感到非常满意。从此以后，王先生一家便成为了该商场的忠实客户。

从以上案例可以看出，做好客户关怀，可以增强服务效果，赢得客户的忠诚度，为商家带来更多的利益。

二、客户关怀的三原则

1. 满意原则

客户关怀的基础是满意。有研究表明：把客户的满意度提高五个百分点，结果是企业的利润增加一倍。而细致入微的客户关怀，是提高客户满意度的重要途径。

2. 感动原则

客户关怀的标准是让他们感动。就像前面案例中讲的，泰国东方饭店之所以天天客满，一个重要原因就是通过客户关怀让客户感动，每次到了泰国就想住这家饭店。

3. 忠诚原则

客户关怀的目标是他们的忠诚度。客户关怀作为留住客户的一个途径，最重要的目标就是培养客户的忠诚度。

三、掌握客户关怀的方式与技巧

1. 短信关怀

收集客户消费情况的数据，在特定的节假日、天气发生变化时、客户生日的当天，发短信送去问候和祝福，力求使产品和客户之间建立、保持和发展成一种长期良好的关系，增强客户的满意度。

2. 电话关怀

通过电话回访，与客户深入沟通，倾听客户的意见，随时关注客户的新需求，挖掘客户更多更深层的潜在需求，为客户提供更多的新功能，保持长期合作的关系氛围。

进行电话关怀时，要注意方式方法，一定要找到好的切入点。如：母婴乐园的核心是"健康"，我们就可以根据最新的健康咨询，或者客户本身的一些健康问题展开谈话，这样电话关怀的效率就达到最大化了。

3. 其他信息推送

(1) 邮件关怀：定期发送电子邮件，向客户推介公司的新产品，并让客户了解他所消费的产品的新动向。

(2) 现场服务：在特定的节假日到特定场所举办现场服务活动，如在药店门前举办医疗器械免费体验活动，在广场或社区举办法律咨询活动，等等。

4. 优惠关怀

在一些有特殊意义的日子，如母亲节、周年庆典等有象征性意义的日子，推出开通返利的优惠活动，或者开展一些公益性的知识讲座，等等。

小案例

某公司的客户关怀方案

1. 亲情服务：根据客户的基本信息，选择出特定的客户列表，在客户的生日或在重要节假日，寄送本公司的贺卡、小礼品等，以示祝贺；或通过短信平台发短信通知祝贺，派代表参与客户的周年庆典等重要庆祝活动。应该区分不同规模、贡献、层次、地区，采取不同的策略，从关怀频度、关怀内容、关怀手段、关怀形式上制订计划，落实关怀。可以把客户分为金牌、银牌或是A、B、C、D等级别，为金牌客户每年安排一次旅游，为银牌客户安排赠送节日礼品，为普通客户发送贺卡等，有区别地体现关怀。

2. 产品推荐：根据客户分析得到各类客户的群体特征，针对不同的群体，宣传公司提供的最适合该类客户的各项服务产品。倾听客户的意见，随时关注客户的新需求，解决客户的难题，关注客户资源的动态变化，挖掘客户、更多更深层的产品应用，为客户提供更多更新的应用，保持长久关系，争取实现经营客户和持续销售的目的。

3. 问题反馈：制订、审批和执行客户关怀计划，反映对客户的关怀情况，了解客户对公司的反馈意见，及时调整客户关怀体系，并对客户的反馈意见进行处理，防止与降低客户的流失。

4. 个性化的服务措施：7（天）×24 小时服务热线、技术支持、客户需求研讨、客户需求评估等等。

思考：请对此客户关怀方案作出评价。

【情境训练 2】

某高档理发店已经拥有了大概 100 个会员。现在该理发店打算针对会员进行客户关怀，请帮其制定一份客户关怀方案。

情境三　追讨货款

导入案例

借口货源紧张，追回欠款

春节前夕，某食用油销售员小李来到客户周老板的办公室，催要货款。

销售员："周总，你好！春节到了，恭喜发大财啊！"

客户："发财？靠你们才能发财。最近有什么好的政策吗？"

销售员："政策？唉，不可能了！现在我们的产品都供不应求，好多客户都打了款在排队抢货呢！"

客户："什么，你们货源紧张？真的吗？你怎么不早说？太不够意思了吧?!"

销售员："我怎么能提前知道呢?! 昨天公司才通知，今年春节前货源紧张，我也没想到今年货源提前紧张了。何况，你久经沙场，信息应该比我灵通啊?!"

客户："那我马上办款。你要想办法帮我一把，不然，今年我就亏大了！"

销售员："怎么帮你啊？年底你准备给我回款多少？"

客户："李老弟，今年生意不好做，先给你 60 万元吧。怎么样？不过，你要想办法给我搞 2 个点的政策支持。万一市场有变故，我也能应付下来。"

销售员："周总啊，你不是为难我吗？公司已经下了公文，要首先保证下单量大的客户的货源，但没有说给予政策支持啊！你看一下公文吧。"

销售员小李说着就打开了电脑。周老板摆了摆手："看什么公文！那都是你们公司的形式。事在人为，我相信你的能力。我现在就让财务去办款。"

销售员："周总，你这是逼我犯错误啊！要不这样，你给 60 万元回款，再办货 40 万元，你一共办款 100 万元。怎样？"

客户："好，就 100 万元。你能确保吗？"

销售员："这样吧，我给领导打个电话。"

说完，小李拿起电话，当着周老板的面，故意和其经理打起了电话。

客户："怎么样？"

销售员："领导说能确保货源，但必须尽快打款，记住不要对外人说起，否则你我就麻烦大了。"

客户："好，就这样定了。我现在就去办款。"

结合案例分析：销售员小李的沟通技巧体现在哪里？

知识储备

货款的回笼，是营销人员业绩的体现，是产品销量的反映，是公司利润的源泉。然而，很多营销人员因货款催收不力，导致公司应收账款增多、回款率下降、资金周转困难，甚至产生巨额呆账、死账。而追讨货款往往也是一件令人比较头痛的事情，有时候做得不好可能会使双方的关系僵化，影响以后的交易。所以这项工作也要讲究沟通技巧与策略。

一、了解客户拖欠货款的常用手段

正所谓“知己知彼，百战不殆”，我们知道了客户拖欠货款都有哪些手段后，就可以对症下药，找出破解之道。大致总结一下，客户拖欠货款的手段可以用六个字来概括：“躲”“拉”“赖”“拖”“推”“磨”。

（1）“躲”：这种方式一般就是躲着不跟你见面，打电话也不接，发信息也不回，就像从人间消失了一样。有的客户为了躲避催款，甚至不惜变换经营场所，让人无计可施。

（2）“拉”：就是跟你套近乎、拉关系，表面上特别热情，以老朋友、老客户自居，要求你相信他，并承诺货款一定还清，但就是拖着一直不给，让人无可奈何。

（3）“赖”：这样的人总是能找到各种借口拒绝支付货款，如货物质量不过关、货物与合同不相符、价格过高等等，就是要赖、不想付钱。

（4）“拖”：这样的方式就是想尽一切办法拖延付款的时间，如“资金紧张”“周转不开”“正在外面出差”“会计人员不在”等。

（5）“推”：找出理由推卸责任，经常会说“没有收到对账通知单”“这事不是自己经手的，不知道怎么办”等。

（6）“磨”：每次都能找出理由拖延付款时间，使追讨人筋疲力尽、失去耐心；或每次都会承诺支付，但就是不付诸行动，一再拖延。

小案例

多次催款未果

小李接通了催款电话——

“刘主任，你好。我是东发公司的小李啊！贵公司欠我们的货款什么时候给汇过来啊？我们经理问过好多次了。你看钱也不多，就几千块，跟你们财务说说早点给办了吧！”

“好的，我前天已经跟财务说了，他说下周给办。”

“那你就多费心，下周一定汇过来哦！”

“好的，没问题！”

“好，那就这样，以后常联系。再见！”

下周四——

“刘主任，你好。我是小李啊。货款的事怎么样了？”

“我们月底财务核算，下个月1号一定给你办！”

下个月8号——

“刘主任，货款的事怎么样了？”

“我已经跟财务说了，财务说快了，具体哪一天我也说不上。”

“你跟你们财务说说，看看能不能这两天，我们经理问过很多次了。”

“好，我给问问吧。”

“好的，那回头给我打个电话。”

又过了一周——

“刘主任，货款什么时候汇过来啊？”

“小李，这个月不好办啊！‘十一’前事情比较多，恐怕不行了。这样吧，过了10月1号就给你汇。”

“十一”过后——

“刘主任，货款你们有没有给我们汇啊？我们财务查账说没有收到啊？!”

“我下周给你办。”

“你不是说‘十一’后就办吗？怎么又是下周？就这么几千块钱，拖这么长时间了……”

这回倒好，没等小李把话说完，对方直接把电话挂了，再打就没人接了。

思考：案例中拖欠货款的手段属于哪一种？你认为下一步小李应该怎么办？

二、追讨货款的原则

欠款的一方毕竟还是企业的客户，在关系不是很僵的情况下，追讨货款应该在适当满足客户需求的原则下进行。

1. 动之以情

在理解客户的基础上，让客户理解自己的难处，如“今天追款不成功回去没法交差，会被领导认为自己能力不行，会影响自己的业绩评定”，等等。

2. 晓之以理

“欠债还钱”是天经地义的事情，在追款的过程中，要想办法让顾客感觉不还款就是不道德，觉得理亏，增加对方的失信成本，这样还款的几率就会大很多。

3. 导之以利

从长期利益引导欠款的客户，因为合作是双方的事，如果他能及时付款，那么己方就有了及时给他供货的可能，这对双方都有益。

4. 施之以法

对于那些比较顽固的欠款者，应以《购销协议》《买卖合同》等具有法律效力的文书来逼迫对方及时还款，实在不行的话可以诉诸法律。

三、掌握追讨货款的技巧

1. 做好心理准备，坚定收款信念

小测试：

对于向客户催款，你会有如下这样的感受和态度吗？

A. 客户最终会付款的

B. 客户是上帝

C. 我们只能尽力而为

D. 向客户催款，客户会生气的

…………

很多没有经验的催款人员，在催款时会表现出一定程度的怯懦或不知所措，总是担心向客户催款会造成不愉快、影响双方的关系。这种心理必然导致催款的失败。催款人员必须坚定的催款信念是：你是按合同规定特地登门收款的。要让客户明白，这次不是求他收购自己的货物，而是他该付自己一笔货款，而且这笔款子今天非结不可。

2. 收款时，要做到不卑不亢、柔中带刚

催款人员的态度往往会影响付款人的态度。若催款人员能做到理直气壮、不卑不亢、信心坚定，就可能会出奇制胜，把看似不可能的欠款追回。如果催款人员表现得很软弱，欠款人可能就会欺软怕硬、故意拖延付款。所以，在收款过程中，摆正“姿态”是非常重要的。首先，要理直气壮地向客户说明来意：我是按合同规定特地登门收款的。其次，在理解客户难处的同时，让客户也理解自己的难处，要做到神情严肃，力争动之以情。最后，在表明“非结不可”的坚决态度的同时，做到有礼有节。在填单、签字、销账、登记、领款等每一个结款的细节上，都要向其具体的经办人真诚地表示谢意，以免其下一次故意找借口刁难自己。

3. 巧妙施压：想继续合作？先付款再谈

在追款时，业务员除了“按程序办事”“按规矩办事”之外，还必须巧妙地给客户施加压力，防止客户拖延支付期限或减少支付金额，从而达到按时足额结款的目的。比如，可以跟客户说，如果不及时结清货款的话，以后就不再跟他合作了，要停止一切供货。很多客户为了自己的长期利益，一般会及时付款。

小案例

赊销带来收款风险

2014 年始，江苏某商贸公司与上海某电器公司签订了购销协议书。双方先期做了两笔业务，商贸公司没有太多计较，均以产品出厂价购入并按时还款。商贸公司在进第三批货的时候，向电器公司业务员下了一笔较大额度的订单，并希望降低价格。由于以往的合作经历以及与对方人员的关系，业务员向公司请求给其 50 万元的赊销额以及 60 天的赊销期，并在价格上给了一些优惠。其后一个月内，该商贸公司频繁向电器公司赊销订货，总价值达 120 万元。在头几笔货款到期后，电器公司财务及业务人员催收，商贸公司负责人解释说“最近由于重要客户暂时资金紧张，故造成了账款的拖延，希望宽限几日”。其后一个多月的时间内，电器公司多次催款，对方均以“市场出现变化、资金周转紧张”为由要求延缓付款。后来电话联系时，负责人经常不在。3 个月后，该商贸公司的电话就再无人接听；经实地去查，该公司已迁离原址，不知去向。

思考：以上案例中哪些信息表明了欠款的危险信号？如果你是该电器公司的负责人，面对此类情况，你会怎么办？

情境四 处理客户投诉

导入案例

仅有礼貌和客气，并不能促使客户满意

一位顾客致电某售后服务中心，因无人接听、一直处于电脑语音服务当中。在其等得

不耐烦的时候，终于有服务员接听了。

服务员：“您好！我是77号，竭诚为您服务。请问我有什么可以帮助您?”

顾客：“你能不能让我少等会儿?”

服务员：“哦，今天电话特别多，一时忙不过来。请问您有什么事?”

顾客：“你们为什么不多配点儿人?”

服务员：“那是我们领导的事。我也想人多点儿呀!”

顾客：“那你们领导真蠢，总是让我们花大把时间等，难道顾客的时间就不值钱吗?”

可见，客户服务人员光有礼貌和客气，客户还是不满意。

结合案例分析：

1. 售后服务人员在与客人的沟通中，有哪些不妥之处?

2. 服务人员如此礼貌与客气，顾客为什么还是不满意呢?

知识储备

当客户在购买商品或接受服务过程中进行投诉时，可能是对所购买的商品不满，也可能是对服务不满意。不论是出于什么原因，投诉的行为一旦发生，都是一件不愉快的事情。但是投诉并不一定就是坏事，处理得好反而可以促进产品和服务的质量。

一、正确看待客户投诉

1. 投诉是客户与商家沟通的桥梁

客户投诉，说明客户还是希望公司可以改进得更好。从客户投诉中，可以了解客户的需求，发现自己做得不好的地方，以利于公司改进。有调查表明：会抱怨的客户占全部客户的5%～10%；有意见而不会抱怨的客户80%左右不会再来；抱怨处理好了，有98%左右的客户在抱怨之后还会再来。

2. 投诉有利于重新建立良好的口碑

客户投诉变少，不一定都是好事，有可能是客户已经流失了；而且还很有可能把自己的不满传达给了身边的人，给公司声誉造成不好的影响。一个非常不满意的客户，会把他的不满告诉其他20个人以上，在这些人中，在产生同样需求时，几乎不会光顾被批评过的服务恶劣的公司。所以，企业需要客户投诉。处理客户投诉的意义就在于，把投诉带来的不利影响降到最低，从而重新建立起企业良好的口碑。

3. 投诉是提供你为他继续服务的机会

如果顾客的投诉可以得到满意的解决，那么他就可以成为公司长期的理性顾客，继续购买产品或服务。

4. 投诉有助于维护企业的品牌形象

影响品牌形象的两个重要因素就是产品质量和服务质量。实际上，品牌形象只不过是客户对公司的一种印象而已，如果出现了不好的印象，对企业品牌将出现不利的影响。而投诉可以让客户把不满及时表达出来，从而得到更好的产品和服务，把不满意变成满意，从而维护品牌形象。

二、处理客户投诉的原则

1. 先处理情感，后处理事件

发生投诉行为的客户，一般心情都比较糟糕、脾气比较暴躁，在这种情况下与他沟通是比较困难的。所以此时首要的事情就是安抚客户的情绪，待情绪稳定了，再商量事情的解决方法，就会达到事半功倍的效果。

2. 耐心倾听客户的抱怨，认同客户的感受

有时客户投诉可能只是服务中的一些细节问题，只有耐心倾听才能明白投诉的真正原因。客户投诉时大多情绪不稳定、比较容易发怒，一旦发生争执就会火上加油，这时最好的做法就是先听他讲，在听的过程中还要表现出对他感受的认同，这样一方面可以避免争执，另一方面也可以弄清楚客户的怨气到底因何而来，以便对症下药。

3. 站在客户的立场、将心比心

在处理客户投诉时，最大的忌讳就是不能站在客户的角度思考问题、漠视客户的痛苦。服务人员必须站在客户的立场上，诚心诚意地表示理解和同情、承认过失。事实证明，对客户的投诉，重要的不是先分清责任，而是先表示道歉，哪怕是客户的错误也要先表示歉意。

4. 迅速采取行动

对于客户的投诉，千万不要拖延，拖延的时间越长，客户的怨气就会越大，最后甚至会造成不可收拾的局面。及时、正确地处理投诉是留住客户的一个重要途径。

小贴士

松下幸之助：处理客户抱怨的原则

被誉为“经营之神”的松下幸之助认为，对于客户的抱怨不但不能厌烦，反而要表示欢迎，因为这是提升产品品质、取得订单的一个好机会。为此，他总结出来一些处理客户抱怨的原则：

1. 为了正确判断客户的抱怨，销售员必须站在客户的立场上看待对方提出的抱怨。时常站在客户一方想一想，许多问题就好解决了。

2. 对客户提出的抱怨采用宽宏大量的态度是有益的，这样有助于继续得到客户的订单，而且还可以把支付索赔的费用追补回来。

3. 要向客户提供各种方便，尽量做到只要客户有意见，就让他当面倾诉出来，同时善于发现客户一时还没有表示出来的意见和不便提出的问题。

4. 客户不仅会因为产品的质量与规格品种问题提出抱怨，还会因为产品不适合他的需要而提出抱怨。销售员不要总是在商品原有质量上打转转，要多注意客户的需求满足与否。

5. 有时候，你对客户的索赔只进行部分赔偿，客户就感到满意了。在决定补偿客户的索赔之前，最好先了解一下索赔的金额，通过了解你会大吃一惊：赔偿金额通常要比原先预料的少得多。

6. 如果你拒绝接受赔偿要求，应婉转、充分地说明己方的理由，让客户接受你的意见。就像你向客户推销产品一样，需要耐心细致而不能简单行事。

小案例

及时弥补过失

美国著名记者劳伦斯有一次访问日本，回程时路过一家百货商店，购买了一部“索

尼”随身听。由于他急着赶飞机，就没顾得上试听。等劳伦斯回到美国，居然发现随身听只是一个空壳！劳伦斯很恼火，当夜写了一篇新闻稿，名为《一个世界知名企业的骗局》，准备隔天在《华盛顿邮报》上刊出。

然而，就在次日的凌晨2点，劳伦斯接到索尼公司打来的越洋电话。一位索尼公司负责人向劳伦斯表达了歉意，原来因为售货员的疏忽，把展示用的样品卖给了劳伦斯。劳伦斯不解地问日本主管："我当时匆匆路过，没有留下名字和任何联系方式，你们是怎么找到我的？"

负责人解释说，为了寻找劳伦斯，索尼公司东京办事处派了20多个人，查访了上百人，打了27个加急电话，直到凌晨才找到了劳伦斯的联系方式。

过了一天，劳伦斯收到索尼公司派专人送来的正品机和一封道歉信，当晚他把那篇完成的文章扔进了垃圾筒，重新写了一篇文章，叫做《27个加急电话——一个优秀企业对信誉的挽救与维护》。

思考：对于索尼公司消除即将引起的客户投诉的处理方法，你如何看待？

三、处理客户投诉的步骤

（1）认真倾听，弄清投诉原因；

（2）表示道歉；

（3）表示重视；

（4）提出合理而可行的解决方案；

（5）执行解决方案；

（6）及时跟进，直至问题完美解决；

（7）总结投诉处理结果。

四、处理客户投诉的技巧

1. 谅解法

这种方法就是：受理人在接受顾客投诉时，迅速核定事实，并向客户道歉，安抚好客户的情绪，然后尽量用客户能接受的方式取得客户的谅解。在使用“谅解法”时应避免说：“您说得很有道理，但是……”应该说：“我很同意您的观点，同时我们考虑到……”“对这个问题我也有同感……”“感谢您对这个问题的提醒……”“多亏了您的指点……您有理由不高兴……”等。

2. 引导征询法

“引导征询法”是一种为了平息顾客的不满，主动了解客户的需求和期望，取得双方认同和接受的沟通技巧。有时候，单方面提出的解决方案可能得不到顾客的认同，我们可以主动询问顾客希望的解决方法，反而能更好地解决问题。引导征询法的常用语有：“您需要我们怎么做您才满意呢？”“您有什么好的处理建议呢？”“您觉得这几种方案哪一种合适呢？”

3. “三明治法”

“三明治”的模样就是两片面包夹火腿，“三明治法”就是两片“面包”夹“拒绝”。第一片“面包”是：“我可以做的是……”其实你是在告诉顾客你在想尽一切办法来帮他，可能这些不是他想要的，但有助于减少顾客的沮丧。第二片“面包”是：“我能做的是……”告诉顾客，你能做的都会尽力去做，可以向顾客提供一些可行的建议，供顾客参考。

“三明治”法就是教给我们与顾客沟通时如何避免说“不”。直接拒绝的话，一般客户不能接受，从而会引发矛盾，这时就可以用“三明治法”。

4.“3f”法

“3f”分别指的是顾客的感受（feel），别人的感受（felt）和发觉（found）。如：“我理解您为什么会有这样的感受，其他顾客也有过同样的感受。不过经过说明后，他们发觉这种规定是为了保护他们的利益。您也考虑一下好吗?”

这种方法是利用心理学中的从众心理。具体做法就是对比投诉顾客和其他顾客的感受差距，应用利益导向的方法取得顾客谅解，适用于不完全了解产品或服务就进行投诉的客户。

【情境训练 3】

李小姐两星期前在某运动中心办了一张 1 000 元的充值卡，在去了几次之后要求退还余款，理由是自己要搬家了，以后来这里不方便。

请尝试运用不同的客户投诉处理技巧说服李小姐放弃退款。

项目小结

本项目主要围绕商品销售沟通的三阶段进行情境设计。售前沟通包括客户拜访、广告发布和营销公关三个环节；售中沟通从销售接待、现场促销和客户异议处理三个方面分析了所需的沟通技巧；售后沟通主要体现在客户回访、客户关怀、追讨货款和客户投诉处理四个方面的沟通技巧。

巩固与提高

理论知识巩固

一、选择题

1. 下列哪一项不是广告设计的内容？（　　）

A. 广告主题　B. 广告构思　C. 广告正文　D. 广告排版

2. 主要采用戏剧性的瞬间，以突出情节，一般多选择幽默风趣的戏剧性场面，以情动人，这是广告表现中的哪种形式？（　　）

A. 陈述的表现形式　B. 情节的表现形式

C. 夸张的表现形式　D. 对比的表现形式

3. 下列哪种媒体可跨越时空、传播范围广，且针对性强、费用较低、广告效果易统计？（　　）

A. 报纸　B. 电视　C. 互联网　D. 广播

4. 营销公关主要从哪些方面进行调研？（　　）

A. 企业形象　B. 目标公众　C. 社会环境　D. 政治环境

5. 除了勤观察，判断客户需求的方法有（　　）。

A. 多询问　B. 会倾听　C. 善思考　D. 巧挖掘

6. 商品销售中，客户异议通常表现在（　　）等方面。

A. 顾客　B. 产品　C. 推销员　D. 销售环境

7. 下列属于处理客户异议的方法的有（　　）。

A. 转折法　B. 反问法　C. 补偿法　D. 转化法

8. 下列属于售后沟通内容的有（　　）。

A. 客户回访　B. 客户投诉处理

C. 客户关怀　D. 追讨货款

9.（　　）是商家给予客户的一种跟踪服务，是对客户感情的延伸。

A. 客户回访　B. 客户关怀

C. 追讨货款　D. 客户投诉处理

10.（　　）是为客户所感知到、体会到和以一致方式交付的服务和质量。

A. 客户回访　B. 客户关怀

C. 追讨货款　D. 客户投诉处理

11. 客户关怀的标准是（　　）。

A. 满意　B. 忠诚　C. 喜欢　D. 感动

12. 处理客户投诉的第一步是（　　）。

A. 表示道歉　B. 表示重视

C. 认真倾听，弄清投诉原因　D. 提出合理而可行的解决方案

二、判断题

1. 促使客户达成交易行为的首要因素是产品质量。（　　）
2. 做好客户回访与关怀，可以提高顾客忠诚度。（　　）
3. 客户关怀的目标是让客户满意。（　　）
4. 客户拖欠货款常用的手段有“躲”“拉”“赖”“拖”“推”“磨”。（　　）
5. 出现客户投诉，对商家来说都是一件不好的事情。（　　）
6. 销售员的形象是影响顾客购买的一个因素。（　　）
7. 对于销售员来说，赞美是不需要增加任何成本的销售方式。（　　）
8. 反驳法是指推销员根据有关事实和理由直接否定顾客异议的一种处理方法。（　　）

三、简答题

1. 销售员应如何给客户留下良好的第一印象？
2. 如何有效投放广告？
3. 营销公关分哪几步？
4. 运用询问法处理客户异议，推销员必须注意哪些问题？
5. 客户回访有哪些好处？怎么做好客户回访？
6. 客户关怀的方式有哪些？
7. 追讨货款的原则是什么？都有哪些技巧？
8. 处理客户投诉都有哪些方法？

技能训练

一、案例分析题

钻石掉角引发的客户投诉处理

顾客王女士在珠宝专柜购买了一颗价值4 680元的钻戒。在佩戴了一段时间后，王女士到柜台投诉，原因是她在佩戴过程中无意间发现钻石上面有一处出现了掉角现象。王女士认为是质量问题，要求柜台给予解决。由于造成钻石磕角的原因无法判定，考虑到该顾客是老顾客，店长李颖提出给予顾客折价50%后换款或填补相应的费用更换一颗新钻石的建议。顾客不但不同意，还以商品存在质量问题为由，要求进行双倍赔偿，并且态度非常坚决。

在此情况下，经过与商场管理人员商议，店长李颖建议顾客到质检部门做鉴定以明确责任。为了更好地帮助顾客解决问题，店长李颖陪同顾客到技术监督局等相关部门进行处理。在多方查证后，得知钻石是摔裂的（如遇钻石解理面的着力点碰撞是会随着解理面开裂的，但这种情况出现的几率相当小。解理面是钻石天然生成的、不可避免）。由于这种情况的出现极为罕见，回到柜组后，李颖第一时间将这种情况向品牌公司进行了汇报，又将顾客的实际情况多次与品牌公司进行沟通、协商。最终为顾客争取到了最优惠的条件——以低于成本价的价格，给顾客进行补钻。

在整个处理的过程中，店长李颖都一直将顾客的事当作自己的事去对待，把问题当成是自己的问题去解决，她的这种良好的服务态度深深打动了王女士的心。王女士最后深情地说："你们的服务，真是没话说。在你们这儿消费，我感到很放心。"

案例分析：店长李颖在处理客户投诉时，她的哪些做法值得我们学习？

二、实训操作题

背景：

李晓是广州一家生产型企业的业务员，最近他接到了老板布置的一项工作任务：一年前，有家商贸公司A与本公司签订了《产品订销合同》，约定了订货的名称、规格、数量、单价及总价。八个月前，公司向A公司发了货，A公司收到货物而且也签了字，但一直没有付货款，公司也派人催过几次，但都没有结果。A公司的负责人要么躲着不见，要么就说资金紧张，就是拖着迟迟不给钱，这让公司老板很是头疼。现在这个烫手的山芋又落到了李晓的手上。

如果你是李晓，面对这种情况，你会怎么办？请制订一个合理的追款方案。

项目八

网络营销沟通

教学目标

能力目标：能够运用网络沟通技巧达成营销目的。

知识目标：了解网络营销的方式，掌握网络营销沟通的优点、礼仪与技巧。

素质目标：提高与他人在线沟通的能力，培养自信心与表达能力。

重点难点

教学重点：网络营销沟通的技巧。

教学难点：如何利用网络沟通技巧达到营销目的。

教学情境

张玲在公司工作一段时间后，发现公司尽管开办了官网，里面也放入了一些主要产品的信息，但相对而言，信息更新比较慢，网站的浏览量也不高，对于产品的宣传和销售似乎没有起到多大作用。她知道，当前有不少传统行业的企业都在采用“线下＋线上”的营销模式。该如何利用网络的推广效益，提高本公司产品的营销业绩呢？

开篇案例

刘谦街头演魔术、带火了诺基亚

2009年，一组名为“刘谦最牛街头魔术”的视频在网络上大受欢迎。在短片中，刘谦以街头表演的方式让金鱼、别针、信封、信鸽等在诺基亚N85级E71手机中自由出入，创造了又一个“奇迹”时刻。

其实，这些魔术本是刘谦为诺基亚的一次活动拍摄的。但由于是在街头表演，保密措施自然难以十分严密，于是魔术内容被提前曝光在各大视频网站上。短短一周内，就有超过一千万人观看了这组视频，造成巨大轰动。

诺基亚则把握这一宣传时机，将计就计，借力使力，借着偷拍内容传播带来的人气，主动推出完整版视频，结果使得诺基亚的官方内容瞬间攀升至各视频排行榜首。

刘谦几个巧妙的街头魔术，除了话题性和观看热潮之外，竟然还在各界掀起了一股模仿热潮。很多草根魔术爱好者纷纷上传了自己的模仿视频：他们身着刘谦常穿的服装，从手里的诺基亚“大变活鱼”。这些人在表演魔术时使用的道具都是诺基亚手机。借助这股模仿热潮，刘谦的人气再上一层楼，而诺基亚的N系列与E系列手机，也借着这次魔术热潮深入人心。

在这次网络视频营销中，诺基亚无疑笑到了最后。

案例分析：

1. 网络营销与传统营销相比，有哪些不同？

2. 除了案例中的视频营销，你还知道哪些网络营销的方式？

任务一　网络营销沟通方式

任务描述

在开篇案例中，诺基亚抓住时机，以网络平台为传播阵地，实现了低投入、高产出的宣传效果。同样的视频内容，如果放到电视台播出，需要花费的广告费用要高得多，也不一定能达到如此效果。这是因为，网络上可以依靠网友们的自发传播，影响的人数不比电视上少，而且其互动性和自主性是电视所不能比拟的。结合张玲所在的公司，分析其可以采用的网络营销方式。

网络营销是以互联网为媒介，打破传统的时空观念，以新的方式、方法和理念实施交易活动，更有效地促成个人和组织交易活动的实现。随着网络技术和网络设备的不断发展，网络营销的方式也在不断发展，网络营销职能的实现需要通过一种或多种网络营销工具与方法，网络营销的常用方式主要有搜索引擎、E-mail、邮件列表、新闻组、论坛、即时通讯服务、微博、病毒营销、网络广告等。另外，交换链接、网上服务工具（FAQ）、自媒体营销、网上商店、网络市场调研等也经常被使用。只有合理地选择网络营销工具，才能有效解决商务运作和营销实务中的各种问题。在本任务中，只重点介绍搜索引擎营销、微博营销、E-mail营销和社区营销。

情境一　搜索引擎营销

导入案例

美联航空——优化关键词，达成机票销量翻番增长

美国联合航空公司（United Airlines）在2007年第一季度期间，充分利用搜索营销手段，在消费者形成机票购买决策前就与之充分互动，将消费者最想预先知晓的机票信息进行最有效的传达，在广告预算没有增长的情况下，搜索营销产生的销售业绩增长超过两倍。

美联航空通过调研获知，有65%的消费者在作出旅行决定前，会进行至少3次的搜索；有29%的消费者会进行5次以上的搜索。而用户关注的信息，主要体现在三个层面：价格、服务和关于航空公司的详细信息。因此，针对这三个层面的信息，美联航空分别对关键词的选择以及结果的呈现方式做了优化，使消费者在决策前即准确地知晓相关的信

息，从而促进了机票的销量。

结合案例分析：搜索引擎营销是怎样促进美联航空机票翻倍增长的？

知识储备

一、理解搜索引擎营销

搜索引擎营销（SEM，Search Engine Marketing），通常以PPC为代表，通过开通搜索引擎竞价，让用户搜索相关关键词，并点击在搜索引擎中呈现的链接进入网站/网页进一步了解他所需要的信息，然后通过网站上的客服电话、在线客服沟通或让顾客直接在页面上提交相关表单等，来实现自己营销目的。

搜索引擎营销分两种：SEO与PPC。SEO（Search Engine Optimization），即搜索引擎优化，是指通过采用合理手段，优化网站各项基本要素使之适合搜索引擎的检索原则，并且对用户更友好，从而更容易被搜索引擎收录及优先排序。PPC即搜索引擎广告营销，是指购买搜索结果页上的广告位来实现营销目的。各大搜索引擎都推出了自己的广告体系，相互之间只是形式不同而已。搜索引擎广告的优势是相关性：由于广告只出现在相关搜索结果或相关主题网页中，因此，搜索引擎广告比传统广告更加有效，客户转化率更高。

二、搜索引擎营销的常用方法

SEM常用方法包括：免费登录分类目录、搜索引擎优化、收费登录、关键词广告、关键词竞价排名等。

1. 免费登录分类目录

分类目录是指通过人工的方式搜集网站资源，并通过人工的方式把这些具有一定价值的网站资源的主题进行整理、组织后，存放到相应的目录下面，从而形成网站分类目录体系。免费登录分类目录的具体做法是：企业在搜索引擎网站免费注册信息，搜索引擎将增加企业网站的信息分类目录。这种方式是被最早使用的一种网络推广手段，目前已经不适合实际需要了。

2. 搜索引擎优化

指通过对网站结构（内部链接结构、网站物理结构、网站逻辑结构）、高质量的网站主题内容、丰富而有价值的相关性外部链接等进行优化，而使网站被用户搜索时更加方便，以获得在搜索引擎上的优势排名，从而为网站引入流量。通俗讲，搜索引擎优化就是把网站优化后不仅使其与搜索引擎的搜索习惯一致，更要符合用户的搜索习惯，从而使网站取得比较好的搜索引擎排名，获得更多的商业机会和利益。

3. 收费登录

收费登录与前面讲的免费登录分类目录很相似，只是需要支付一定的费用，以实现搜索引擎营销。

4. 关键词广告

这是一种付费的搜索引擎营销方式，按点击次数收取广告费。具体做法就是：当用户利用某一关键词进行检索时，会出现与该广告词有关的广告内容。由于用户是有目的地利用关键词进行搜索的，所以针对性特别强，是一种性价比比较高的网络推广方式。

5. 关键词竞价排名

这也是一种按点击量付费的网络营销推广方式。具体做法是：广告主注册一定数量的关键词，然后给这些关键词出价，按照付费高者排名靠前的原则，广告主的网站按其关键词出价的高低进行依次排名，展现在搜索者的搜索结果中。如果广告主的网站没被点击，则不收取推广费，如果被点击了就要按出的价钱收取推广费。

【情境训练 1】

假如你是张玲，请为你所在公司设计搜索引擎营销的方案。

情境二　博客/微博营销

导入案例

独一无二

2013 年夏天是热闹的，因为可口可乐在全国掀起了一场“换装”热潮。可口可乐利用互联网上的热门词汇推出了一系列“昵称瓶”新装，诸如“文艺青年”“小清新”“学霸”“闺蜜”“喵星人”等几十个极具个性、又符合特定人群定位的有趣昵称，被印在可口可乐的瓶标上。

在新浪微博上，可口可乐最初借助媒体明星、草根明星等意见领袖进行网络营销的预热，赠送印有他们名字的“昵称瓶”。于是，他们都纷纷在社交网络上晒出自己独一无二的可口可乐定制“昵称瓶”。一时之间，无数明星粉丝和普通消费者纷纷在微博上求可口可乐定制“昵称瓶”，表示要过一下“明星瘾”或自己留作纪念收藏等。更有部分网民表示，希望用“昵称瓶”来向自己的暗恋对象做表白。

继第一波社交平台悬念预热，第二波官方活动正式启动——以“五月天”深圳演唱会为标志。第三波高潮就是利用 social commerce（社交商务）在微博上维持活动的热度。可口可乐与新浪微博、微钱包一起合作推广可口可乐“昵称瓶”定制版，让更多普通的消费者也可以定制属于自己的可口可乐昵称瓶。

第一天，300 瓶可口可乐，1 小时被抢光。

第二天，500 瓶可口可乐，30 分钟被抢光。

第三天，500 瓶可口可乐，5 分钟被抢光。

接下来几天，都是在 1 分钟内秒杀完毕。

这是一组让人震惊的数字，而且呈现出越来越快的趋势。前三天一千多的销量，已经产生了新浪微博五千多的分享与讨论。于是，有更多的网友知晓并且参与到活动中来。如同滚雪球一样，知道和参与的人越来越多，抢购一空的时间也越来越短。这也正是社交网络的真正吸引人之处：依靠口碑带动品牌与产品影响力的几何级的递增。

结合案例分析：可口可乐定制“昵称瓶”的做法，成功的原因是什么？

知识储备

一、理解博客营销

博客，通俗讲就是网络日志。博客营销就是建立企业博客，用于企业与用户之间的互动交流以及企业文化的宣传，一般以诸如行业评论、工作感想、心情随笔和专业技术等作为企业的博客内容，使用户更加信赖企业，深化品牌影响力。

相对于广告，企业博客是一种间接的营销方式。企业可以通过博客与消费者沟通、发布企业新闻、收集反馈和意见、实现企业公关等。这些手段本身，虽然没有直接宣传产品，但是让用户接近、倾听、交流的过程本身就是最好的营销手段。

小案例

耐克博客引热议

2006 年，耐克公司在精心打造其世界杯战略时，决意尝试一种新的形式：网上博客社区。其中最重要的一环，就是 2006 年 2 月耐克公司与 Google 联手推出的足球迷社交博客网站。来自 140 多个国家的注册会员，在这个网站上通过围绕他们最爱的球队、球员组建球迷社区、撰写博客、组织临时的竞赛、上传及下载视频。尽管这项活动在世界杯期间推出，但比赛结束后的影响力仍然在延续。

尽管耐克公司是在阿迪达斯独家取得了美国转播世界杯赛事广告权后，被迫采取这种创新方法与之抗衡的，但耐克公司惊喜地看到：其实社交网络和博客上的言论已经在塑造着耐克品牌。耐克公司副总裁特雷弗·爱德华曾表示：“那些一个广告做到底、突出一只大鞋并且指望两者加到一块儿就能带来巨大影响的日子已不复存在了。”

思考：除了发动足球迷在博客社区讨论外，耐克公司还可利用博客做哪些事？

二、理解微博营销

微博是一种通过关注机制分享简短信息的、广播式的社交网络平台。每个人都可以在新浪、网易等网站上注册自己的微博，随时更新微博。每天更新的内容就可以跟大家交流，或者与大家分享所感兴趣的话题，这样就可以达到营销的目的。

微博营销，就是借助微博这一平台进行的包括品牌推广、活动策划、个人形象包装、产品宣传等一系列的营销活动。微博营销以其成本低、覆盖广、速度快、针对性强、形式多样、互动效果好等特点，受到各类名人和企业主的追捧。

【情境训练 2】

尝试在新浪网站上开通个人微博，并围绕最近的校园热点话题，更新微博内容。

情境三　电子邮件营销

导入案例

EDM 营销——优衣库网络销售的制胜法宝

随着国内网民规模急剧扩大，网络购物正逐步成为年轻一代的主流购物方式。为了加强对国内二、三线城市的覆盖，2009 年 4 月 23 日，优衣库淘宝旗舰店正式上线。优衣库进驻淘宝网的当天，销售额即突破 30 万元；至 6 月底，优衣库的网络总销售额已达到 1 800 万元；11 月 2 日，优衣库的单日网络销售额更达到了惊人的 114 万。短短的半年，优衣库迅速成为服装企业网络销售的领头羊。

在全球经济危机的浪潮中，消费环境萎靡不振，优衣库独树一帜，网络销售额持续增长，除了其令人信服的品质和适宜的价格，更是由于优衣库采用了高效的网络营销方式——EDM 营销，即电子邮件营销。

2009年，优衣库将其在中国的市场推广工作全面委托给大宇宙咨询（上海）有限公司。大宇宙公司经过专业的分析和比较后，选择了上海亿业网络科技发展有限公司为优衣库量身订制电子邮件营销的解决方案，将电子邮件打造成优衣库重要的营销渠道。上海亿业网络科技发展有限公司2004年正式成立于美国加州，是目前中国领先的许可邮件营销服务提供商。

亿业公司通过发送电子邮件邀请函，将对优衣库感兴趣的淘宝会员，转化为优衣库的活跃用户；定期向新老会员发送电邮杂志，开展EDM营销，定期向客户推荐新产品，提高客户的品牌忠诚度。经过半年的EDM运营，优衣库的活跃用户增长了近70%，电子邮件营销渠道产生了约20%的销售额，电子邮件已成为优衣库重要的网络营销渠道。

结合案例分析：优衣库是怎样利用电子邮件提高销售额的？

知识储备

一、理解电子邮件营销

E-mail营销，即电子邮件营销，是在用户事先许可的前提下，通过电子邮件的方式向目标用户传递有价值信息的一种网络营销手段。电子邮件营销是大多数公司都已经利用的一种营销模式。

E-mail营销有三个基本要素：基于用户许可、通过电子邮件传递信息、信息对用户有一定价值。

二、电子邮件营销的分类

1. 按照是否经过用户许可分类

根据是否经过用户许可可分为许可E-mail营销和未许可E-mail营销。许可E-mail，有时会以订阅邮件的形式出现，未许可E-mail通常会被设置为垃圾邮件。

垃圾邮件（Spam），泛指网络上到处散布垃圾广告消息的现象，后指邮箱中未经许可出现的大量广告邮件。常见的垃圾邮件有以下类型：（1）收件人事先没有提出要求或者同意接收的广告、电子刊物、各种形式的宣传品等宣传性的电子邮件；（2）收件人无法拒收的电子邮件；（3）隐藏发件人身份、地址、标题等信息的电子邮件；（4）含有虚假的信息源、发件人、路由等信息的电子邮件。

2. 按照E-mail营销地址资源的所有权分类

根据E-mail营销地址资源的所有权可分为内部列表E-mail营销和外部列表E-mail营销。

内部列表的基本内容分别是：建立自己的邮件列表、获得尽可能多的用户加入列表和向用户发送有价值的信息。常见的形式如新闻邮件、会员通讯、电子刊物等。

可供选择的外部列表E-mail营销资源主要有：免费电子邮箱提供商、专业邮件列表服务商、专业E-mail营销服务商、电子刊物和新闻邮件服务商、专业网站的注册会员资料等。

【情境训练3】

请以张玲的名义，向你身边的人群发送一份电子邮件，内容以推介公司新品为主。

情境四 社区营销

导入案例

"别宅了，见面吧！"

麦当劳公司曾启动一个为期三个月的夏季全国"见面吧！"主题推广活动。这一主题活动旨在鼓励大学生宅男宅女在暑假期间"别宅了，见面吧"，多与朋友进行面对面的真实交流，享受丰富多彩的社交生活。配合"见面吧！"主题，麦当劳提供了多种有趣又有意义的线上线下互动活动，给这个夏天的朋友欢聚时刻，增添轻松乐趣和缤纷滋味。

麦当劳"见面吧！"主题推广，携手中国最大的实名制网络互动沟通平台——校内网（现在的人人网），融合了丰富多彩的校内网线上互动。作为正式启动的前奏，从6月10日起，麦当劳和校内网重磅推出"见面吧！"主题倡议，号召真朋友应该多见面，征集大学生响应，允诺惊喜优惠。若一周内"见面吧！"支持人数超过10万，即可协力达成麦当劳空前半价优惠。截至6月13日晚，活动支持人数就超过60 000人。在活动期间，麦当劳承诺，如果一周内"见面吧"主题活动的支持人数超过10万，麦当劳将为参加聚会的网友提供半价优惠。

于是，为了半价享用麦当劳美食，很多麦迷自愿充当了麦当劳的义务宣传员，号召大家支持麦当劳活动。这样就引发了一种自发传播效应。

麦当劳初期的努力，在利益的引导下，转变成大学生用行动支持的动力。"见面吧！"主题活动的支持人数不断攀升。后来，很快就突破了10万支持人数，麦当劳也如约推出活动，从6月17日开始到6月23日，每晚10点至12点，大学生凭高等院校学生证即可在全国麦当劳餐厅享受所有正价产品的半价优惠。

结合案例分析：

1. 麦当劳推出"见面吧！"主题倡议活动的目的是什么？
2. 为什么能够得到众多大学生的响应？

知识储备

一、理解社区营销

SNS，全称Social Network Site，即"社交网站"或"社交网"。SNS营销是指利用社交网络建立产品和品牌的群组、举行活动、利用SNS分享的特点进行病毒营销之类的营销活动。当越来越多的人开始利用SNS网站时，它就有了营销价值。

二、SNS营销特点

SNS网站的一大特点就是用户的参与和贡献。每个用户都能够对其他用户产生一定的影响，相互交织的关系可以形成很强的黏性。SNS营销的特点表现在以下三个方面。

1. 营销成本低

SNS营销的成本要远远低于投放广告。因为它不是强迫大家去推广，而是大家积极主动进行的软性推广，传播方式从"受众"到"互动"，消费者从被动接受到主动参与。而且SNS社交网路营销传播的主要方式是"口口相传"，从而可以获得自然的二次和多级扩大传播，并不依赖于广覆盖。

2. 目标用户精准

SNS用户基于真实的社交圈，社交网络中的人群有着高度的聚类性，他们分别在年龄、喜好、地域、性别、经济水平等各方面呈现较为明显的自然划分，便于企业找准用户群，开展营销推广。

3. 更容易获得信任

通常情况下，人们对亲戚、朋友及认识的人推荐的商品更加容易产生信任。在互联网高度发展的今天，广告已经无法对消费者的选择起到决定性作用，消费者是否购买，取决于他们从网络上获得的关于品牌和产品的口碑。而SNS网络就给消费者提供了一个在朋友间相互推荐品牌和产品的平台。

【情境训练4】

请你加入社交网站（如人人网），查看相关的传播内容，并参与其中的话题讨论。

任务二　网络营销沟通技巧

任务描述

张玲所在的公司在淘宝网上开了一个店铺，领导安排她暂时负责网上的销售工作。张玲已经做了很长一段时间线下销售工作了，但她还是第一次接触线上销售，心情不免有点紧张。究竟线上与客户沟通和线下沟通有什么不同呢？怎样沟通才能达到销售的目的呢？这是张玲急需弄清的问题。

导入案例

可口可乐发动奥运火炬在线传递

2008年3月24日，举世关注的北京奥运圣火在雅典古奥林匹克遗址点燃。与此同时，可口可乐公司也通过QQ发起了一个名为“火炬在线传递，可口可乐荣誉呈现”的大型宣传活动。

在活动开始前，可口可乐公司通过网站招募了8 888名“传递大使”，作为8 888条路线的起始点开始推进“奥运火炬”，所有QQ用户都可以参与到活动中来。

截至活动结束，有超过6 200多万的QQ用户参与了这一活动。通过QQ强大的即时通讯用户平台，可口可乐公司成功实现了在较短时间内用户深度参与的品牌营销传播。

可口可乐公司领导这个奥运火炬在线传递营销活动，是基于QQ软件这样一个有着巨大影响力的独特的载体构建的。在这个活动中，通过QQ用户之间的在线火炬传递，使在线火炬活动以“野火燎原”之势在神州大地蔓延。该活动前期没有进行任何宣传，最初只邀请了8 888名QQ用户作为在线火炬传递活动的第一棒火炬手，而最后却成功地让6 200多万人参与了活动，其网络营销的威力可见一斑。

结合案例分析：可口可乐公司是怎样引起大家的广泛关注的？

知识储备

一、网络营销沟通与传统营销沟通的区别

网络营销与传统营销在沟通上的不同体现，主要有以下几个方面：

1. 沟通方式的不同

传统营销，企业主要通过信函、电话、面对面、电视、广播、书刊等方式进行沟通，将营销信息推送给顾客和利益相关者。在沟通过程中，尽管在某些情况下企业与顾客之间有互动，但他们之间的互动通常很有限，信息主要是从企业到消费者的单向流动。而网络营销将网络作为主要沟通方式，通常是由顾客在网站上搜索信息、发起联系，故网络是一种“拉式”媒介。与传统沟通相比，营销者没有那么多控制权。另外，在互联网这个虚拟的世界里，双方都无法知晓对方的表情、语气等交流信号，不能及时得知对方的反应，所以不便像传统交流一样及时调整交流策略。

2. 沟通理念的不同

传统营销中，营销人员在和消费者沟通时，更多地倾向于说服消费者接受自己的观念和企业的产品。但在网络营销中，由于企业的营销理念从原来的以企业为中心转变为真正的以消费者需求为中心，所以企业在和消费者沟通时，主要是从消费者的个性和需求出发，寻找企业的产品、服务与消费者需求之间的差异和共同点，并在适当时候通过改变企业的营销策略来满足消费者的需求。

3. 沟通时空限制的不同

传统营销中，企业与消费者之间的沟通具有明显的时空限制。但在网络营销中，企业与消费者在任何时刻、任何地点都可以通过互联网络进行交流，并且这种信息交流是实时进行的。

4. 一对一的沟通在网络营销中得以普及

由于互联网络本身的特性，使得在传统营销中因高成本而较少采用的一对一个性化沟通方式得以普及。企业可以根据消费者的个性特点，通过电子邮件等方式，进行个性化沟通。网络营销沟通可使供需双方在互动沟通过程中，更趋向于信息对称，从而实现供方和需方一对一的深层次双向沟通。和传统的以消费者群体为单位进行的沟通相比，这种一对一的个性化沟通效果要好得多。

二、网络营销的沟通技巧

互联网的快速发展，更加促进了电子商务的发展。从中国的电子商务平台来看，目前规模最大、用户群最多的还要数淘宝和阿里巴巴。下面我们就以这两个平台为例来说明网络沟通中的一些技巧。

网络营销沟通大体上分为两大步骤。

第一步：网络市场调研及网络营销策划。

网络市场调研，是网络营销调查与研究的简称，是指组织或个人为了某个特定的营销决策，利用互联网技术与资源开展的搜集、整理市场营销信息、分析判断市场营销情况的网络营销活动。

网络营销策划就是为达到一定的营销目标而制定的综合性的、具体的、可操作的网络营销策略思考和活动计划的过程。网络营销策划一般包含网络营销目标、网络营销基本策略、网络营销环境分析、网络营销方案、费用预算、实施效果预测等内容。

第二步：与顾客沟通。

其实不管我们使用的是哪个平台，只要是使用IM（即时沟通）软件与客户沟通，我们就应该认识到：如何通过网络跟客户沟通是一个很重要的问题。

通过第一步的辛勤劳动以后，接下来的工作就是网络客服与顾客的交谈过程。虽然说这可能是一些很简单的对话或者咨询，但是这些简单的对话或者咨询往往在销售中起着决定性的作用。通过网络销售产品，与客户的沟通是一个很有技巧的工作，下面给大家介绍几种技巧和方式。

(1) 沟通中恰当使用感叹词。

平时我们与朋友或客户面对面交谈的时候，可以通过微笑、动作、语气等方式了解对方的心理状态变化，很容易知道对方是生气、高兴还是说笑。但是在网络沟通的过程中，由于我们无法看到对方的表情和动作，只能靠文字表达，如果我们仍然按照平常说话的方式在网上交谈的话，可能会遇到一些不可预期的后果。请看下面的这段对话：

顾客：你好，请问这件衣服有红色吗？

客服：没有。

顾客：那请问这件衣服可以便宜点吗？

客服：这个是最低价格，已经不能再便宜了。

…………

就上面一段简短的对话来看，假如遇到心情舒畅或者不计较的顾客，看了以后心里没什么感觉，或许会勉强地因为价格相对较低、特别喜欢这件商品等原因“被逼”决定购买该商品。但类似这样的沟通方式，能完成二次销售的不多。相反，如果遇到一些心情不好、对语言比较执着的客户，就会感觉心里很不舒服。因为这样的回答和服务会给人一种“僵硬”的感觉，也就是说你没有用“心”沟通。有的顾客可能更愿意选择到其他地方购买，即使其他地方的价格比这边高一点。

那么，我们该如何解决这个问题呢？最简单的方法，就是多使用一些感叹词。例如“哟”“啊”“呀”“呢”“啦”“嗯”等词语。另外，在淘宝网上使用最多的一个词语“亲”，也是我们必不可少的称呼。下面我们尝试把客服的回话加上感叹词语，对比一下跟原来的回答有什么不同：

亲，这个是最低价格，已经不能便宜了哦！

虽然这样的回答还不是最好，但是与原来的回复相比之下，已经增加了感情色彩。即使顾客不能面对面与销售人员沟通，只要我们能适当地运用这种方式与用户沟通，很容易就会让顾客觉得这个客服是有礼貌的，而且接近双方的距离。只要把双方的距离拉近了，我们要做什么都容易了。其实，这种方法也属于催眠式销售的一种沟通方式。

(2) 沟通中恰当使用表情。

在与客户沟通过程中，不管使用的是QQ、MSN、TM（天猫）、旺旺还是其他网上沟通工具，都有一个聊天表情库，我们可以在交谈的过程中，适当地使用聊天表情以增加客户对销售人员的好感。但是需要注意，不能随便发一些与聊天主题不匹配或者不雅观的表情，更不能泛滥地发布表情。如果每个回复都使用表情，对方反而会感觉我们没有用心对待，甚至还会影响销售人员在顾客心目中的形象。

(3) 沟通中恰当使用“勾引法”。

在销售过程中，很多时候我们都会遇到想购买但还没有决定在什么地方购买的客户。这样的客户都是我们的潜在客户，因此我们不能轻易放过。那么，我们应该如何“勾引”此类客户在我们的店铺消费呢？

碰到这类客户，如果我们能够适当地“刺激”一下的话，就很容易成交。例如，我们了解客户真正想要、但还处于考虑阶段，可以尝试跟客户说：“该种商品已经剩下最后两件了哦!”或者说：“该商品正在促销阶段，现在购买有小礼品赠送”等话语。此时大部分客户心里都会有错乱的感觉，而且很可能就决定立刻购买。在使用这种方式时，必须注意要在适当的时机下使用，使用得不适当或者使用频繁，反而会让客户厌烦。

对待闲逛和咨询的客户，我们可以先从了解客户意向的话题开始，不要一味地灌输商品的好处或者店铺的好处，只要了解用户的实际意向，我们可以推荐一下相关商品，侧面或者正面提出顾客的需求，利用顾客自己的需求来刺激顾客的购买欲。

不管使用哪种方法，我们还必须知道“顾客永远不喜欢被命令，也不喜欢被灌输”这个道理。

【情境训练 5】

假设你是一家主营服装的淘宝店客服人员。有个顾客想要买一件红色的 T 恤，不巧的是你们的红色 T 恤刚刚卖完了。你应该怎样与顾客沟通？模拟练习在线沟通话术。

项目小结

本项目主要介绍了网络营销及沟通的有关知识。网络营销的方式着重介绍了搜索引擎营销、博客/微博营销、电子邮件营销和 SNS 营销等。网络营销沟通技巧部分，主要是以即时通讯为例介绍了在与顾客沟通时应掌握的一些技巧。

巩固与提高

理论知识巩固

一、选择题

1. 网络营销就是（ ）。

A. 营销的网络化

B. 利用 Internet 等电子手段进行的营销活动

C. 在网上销售产品

D. 在网上宣传本企业的产品

2. 采用 QQ、微信等方式进行的营销属于（ ）方式的网络营销。

A. 搜索引擎营销　　B. 即时通讯营销

C. 病毒式营销　　D. 电子邮件营销

3. 在微信或 QQ 上与顾客交谈时，下面做法是不适合的（ ）。

A. 多使用表情符号　　B. 多使用感叹词

C. 语气要严肃　　　　　　　　　　　　D. 多使用“勾引法”

二、判断题

1. 网络营销可以打破时空的限制。(　　)
2. 关键词广告是一种免费的网络营销方法。(　　)
3. 相对于广告，企业博客是一种间接的营销方式。(　　)
4. E-mail 营销的三个基本要素分别是：基于用户许可、传递的信息、电子邮件。(　　)
5. SNS 营销的成本很高。(　　)
6. 网络营销的营销理念是以消费者需求为中心。(　　)
7. 在阿里旺旺上与顾客聊天时要多多发表情。(　　)
8. 网络上的顾客也可以成为朋友。(　　)

三、简答题

1. 网络营销的方式有哪些？
2. 网络营销沟通与传统沟通有哪些不同点？
3. 网络沟通的必备技巧有哪些？你还能想到哪些？

技能训练

一、案例分析题

农夫茶利用腾讯 QQ 空间投放网络广告

农夫山泉在 2007 年 3 月开始大张旗鼓地推出主要面对时尚新潮的年轻人的新品——农夫茶。通过系列明星代言、广告宣传等传统营销方式进行推广后，农夫茶逐渐在茶饮料市场占据了一席之地。但如何进一步提高品牌知名度，更好地切入最主要的目标消费人群，成为农夫茶在推广一段时间后面临的主要问题。为了在激烈的市场竞争中打开局面，农夫茶突破以往的营销模式，选择与腾讯网携手，借助腾讯强大的在线生活平台，为用户打造了一个“梦幻爱情世界”。

结合目标受众的特点，农夫茶在腾讯网建立了“爱情”主题，以此为平台开展系列活动并及时对活动进行报道。农夫茶 QQ 空间的设计着重体现清新、爱情的味道。鲜明的主题和新颖的设计，抓住了时下年轻人的眼球。

1. “爱情表白通关蜜语”活动

农夫茶“爱情表白通关蜜语”活动是通过文字方式对所爱的人大胆表白，结合 QQ 空间互动、灵活的特点，该项活动采用回帖参与的方式进行，参赛者只需将“蜜语”直接回复在农夫茶 QQ 空间页面中“最新活动——梦幻爱情世界帖”的下方便可参赛。最终根据用户投票，选出最感人的“爱情表白”，农夫山泉给予奖金和爱情积分的奖励。便捷的参赛方式吸引了众多网友。

2. 找“茶”活动

此找“茶”非彼找“茬”，这里讲的是寻找“农夫茶”。为了促进消费者对农夫茶新包装、新口味的广泛认知，农夫山泉在“爱情表白通关蜜语”活动举办不久，便开展“线下寻找，线上参赛”的“找茶”活动。网友通过搜罗所在城市大超市和小店、寻找新包装新口味的农夫茶，以拍照方式，拍下“找茶”照片并注明时间和地点。如果没有找到农夫茶，只需在没有农夫茶的超市或小店茶饮料货架前留影，并注明时间、该店名称以及所属区域街道等信息，然后将这些“找茶”照片上传到农夫茶QQ空间的找“茶”活动中，即可参赛。农夫山泉每天评选出20个优秀奖，赠送一个月的QQ黄钻贵族体验资格；在20个优秀奖里面，还将产生一个特别奖，赠送“加油！好男儿”决赛门票一张。活动截止后，根据获得票数的高低，选出最终获奖者。基于QQ空间的找“茶”活动，通过线上线下的双重互动，不仅增加了用户对农夫茶新包装及品牌的认知，同时还能使企业通过腾讯的监测系统了解到参赛用户的基本属性，并作出详细的市场及受众分析。

3.“梦幻爱情博客”活动

2007年6月1日到6月10日，农夫茶面向所有QQ空间用户开展“梦幻爱情博客”活动：参与者选择自己喜欢的爱情博客，摘录其中最有特点的部分，以帖子回复的方式发表，并在文章末尾注明博客的链接地址，就可以参加比赛，与网友共同分享心动故事、暗恋经历、爱情观点等；最终的获胜者可以获得精美礼品及相应的“爱情积分”奖励，可以提前进入农夫茶“梦幻爱情世界”。根据农夫茶新推出的三种新鲜口味，这个虚拟的爱情世界划分了清新柠檬岛、鲜醇绿茶岛、幽香茉莉岛三个“爱情岛”，网友只要拥有QQ账号并开通了“梦幻爱情世界”，就可以选择入住自己心仪的“爱情岛”，成为岛上的居民；所有参与梦幻爱情世界活动的用户，在自己的区域会有一棵自己专属的“爱情精灵树苗”。此外，梦幻爱情世界中还设有“开心万象城”和“积分兑换处”，只要购买农夫茶新品活动装，在“积分兑换岛”输入瓶贴反面的16位活动字符代码，即可获得相应的幸运积分。在“开心万象城”参加游戏活动，每次参与也可获得积分；随着爱情积分的增多，“爱情精灵树苗”会逐渐成长、开花、结果，生成“爱情精灵”。最后，这个经精心培育诞生的“爱情精灵”，将会带着你进入甜蜜王国——梦幻爱情城堡。同时，“梦幻爱情博客”活动中还会有QQ空间尊贵黄钻资格、QQ空间购物券和新款农夫茶QQ空间皮肤以及各种时尚奖品发送。最终，每个“爱情岛”爱情积分最高的前三名用户，将亲自起航夏日奢华梦幻之旅，积分较高的岛民将有机会角逐最新广告男女主角。

据统计，仅一个月时间，农夫茶官方QQ空间访问量便达到107 281亿人次，成为腾讯合作史上第一个单月访问人数超过200万、浏览数超过千万的企业品牌空间。通过前期活动的预热推广，农夫茶的新概念得到来自目标消费者的喜爱和认可，加深了品牌与用户的沟通，也为梦幻爱情世界的开展奠定了良好的基础。丰富、时尚的活动内容，使农夫茶“梦幻爱情世界”一上线便得到了广大用户的喜爱和热情参与。上线仅两天，“梦幻爱情世界”就有超过90 000名用户报名参加活动，许多用户在活动参与中表示十分喜欢农夫茶QQ空间风格，认为这种方式“既是一种广告，也是一种享受”。

结合案例分析：

1. 农夫山泉为什么选择与腾讯合作？

2. 农夫茶取得成功的主要原因是什么？

二、实训操作题

假设你是一个做护肤品的微商。现在有个顾客要咨询你的产品，请思考一下：顾客可能会问到哪些问题？针对这些问题你该如何回答？

操作步骤：两人合作，一人扮演顾客，一人扮演微商，通过QQ或微信模拟练习在线沟通。

项目九

会议营销沟通

教学目标

能力目标：能够初步运用会议营销沟通模式，组织并完成会议营销的整个流程，利用会议营销达成营销目的。

知识目标：掌握会议营销沟通的技巧和各种具体操作流程。

素质目标：培养学生会议营销的宏观设计思维和处理会议营销各种细节的习惯。

重点难点

教学重点：会议营销的流程设计。

教学难点：会议营销沟通细节的处理。

教学情境

张玲所在的公司准备针对新上市的旅游产品——“泰国自由行”，策划、组织一场大型客户答谢会。目的是借助本次大型会议，实现新产品销量上的突破。接到领导布置的这项工作后，张玲开始思考：该如何策划、组织本次会议以取得良好的效果？她越想越感到组织会议的复杂和难度，千头万绪一时很难理顺。那么，张玲到底该如何组织这次会议？具体需要做哪些工作？有没有方法来指导她顺利开展会议工作呢？

开篇案例

“出乎意料”的订货会

有一家针对美容院的化妆品公司，近期发现销售业绩有些停滞不前。于是公司给所有的老客户以及一些有待开发的新客户发出了一份进货奖励计划，主要内容如下：

凡在某月某日前一次性进货 15 000 元的客户，公司奖励“一人次马尔代夫圆月岛至尊双飞 6 日旅行”。马尔代夫圆月岛号称是全球顶级的度假天堂，安排的是六星级宾馆，旅行团费用 13 800 元左右。

这个计划制订之后，公司内部员工非常不理解，很多美容院平时每个月进货也基本上平均超过 1 万元，现在进货 15 000 元就奖励去马尔代夫，是不是多此一举呢？何况旅游成本还高达 13 800 元，这算什么促销计划啊?!

不仅内部员工不理解，客户也不理解，但既然有这种好事，那又何乐而不为呢?! 于是，通过这个活动，该公司组织了一个300人的旅行团。

结果怎么样呢？这家公司带领这么多的客户除了在马尔代夫旅游之外，更重要的是召开了客户销售订货大会。令公司工作人员意想不到的是，客户们热情高涨，原计划一天的营销会议竟然连续召开了三天才彻底结束，回来的时候，竟然完成了2 000多万元的订货！

结合案例分析：这家化妆品公司为什么要把订货会这种会议营销的模式包装成旅游?

任务一　会前营销沟通

任务描述

在开篇案例中，我们看到，化妆品公司采用会议营销沟通方法取得了巨大业绩。这说明，会议营销在营销工作中甚至可以起到“毕其功于一役”的作用。因此，作为营销工作者，需要了解和掌握会议营销沟通的方法。那么，究竟什么是会议营销？在召开会议前需要做哪些准备工作呢?

在国内，20世纪90年代中期，会议营销这一新的销售模式最先发端于保健品销售行业，接着很多行业开始借鉴、利用这种模式实现营销目的，完成销售任务。随着实践的深入，会议营销模式逐渐形成了自身完善的体系和流程，成为比肩传统营销模式的“新贵”。比如金融行业中的保险、证券和银行，还有培训行业、医疗保健行业、房地产行业等，都是在社会上比较知名的、利用会议营销做销售工作的行业。

会议营销是指通过寻找特定顾客，利用亲情服务或产品说明会的方式销售产品。会议营销的实质是对目标顾客的锁定和开发，对顾客全方位输出企业形象和产品知识，以专家顾问的身份对意向顾客进行关怀和隐藏式销售。它对商家出售产品、消费者了解产品都有很大帮助。

一般而言，会议营销分为会前营销、会中营销、会后营销三个阶段。其操作流程包括参会人员的邀请、会议的组织、会议议程的安排、会后回访与服务等。

导入案例

“会前会”的召开

张玲策划的“泰国自由行”新产品客户答谢会，计划于周末举办。在周一，张玲召集业务人员和办公室人员共同开会，商讨客户邀约事宜和会前准备事宜。在会上，张玲强调了本次会议营销对于达成本季度业务目标的重要性，让大家必须重视起来。为了便于邀约客户，公司推出“邀约奖励政策”，不仅对业务人员有奖励，对到场客户也有相应的礼品赠送。尤其是针对客户的礼品，要求业务人员一定要详细告知客户。另外，公司要求业务人员和办公室人员“结对子”，每位业务员至少邀约5位确定到场的客户，再由办公室人员在会议前给客户打电话，确认和告知参加会议的各项细节。散会后，业务人员立即开始邀约客户，每当确定下来一位客户，办公室人员就第一时间给其打电话确认。对于会前准备事宜，张玲向办公室人员布置了具体任务和分工，比如，领导致辞的撰写，会议宾馆的租赁，投影仪、音箱等设备的准备，会议流程的设计等。

结合案例分析：

1. 为什么要召开“会前会”？

2. 从案例中，我们可以看到“会前会”要做哪些准备工作？

知识储备

俗话说：“行百里者半九十。”会议营销尤其如此，会前的各项沟通行为决定了会议的最终效果。会前营销对于会议营销的成功与否，起着至关重要的作用；会前的各种营销动作的效果，直接影响随后的所有会议流程。具体来说，会前营销主要是指收集准顾客名单，然后通知准顾客到会议现场等会议召开之前的营销工作。

一、会前营销

会前营销是产品销售前进行的一系列吸引顾客、亲近顾客、使其关注你并对你的为人、你的产品和你的企业产生足够兴趣的动作和过程。顾客在会议现场是否购买，有80%的因素取决于会前沟通工作做得是否扎实和到位。因此，会前部分是会议营销的重点部分。

二、会前营销工作流程

1. 会前策划

会前策划主要包括企业形象、产品包装、会议主题、会议程序、会议管理、会议中可能出现问题的应急解决方法等。会前策划要尽量提早，要考虑到整个会议的每一个细节。

2. 数据收集

数据搜集即通过各种渠道收集准顾客信息。这些信息包括准顾客的姓名、年龄、家庭住址、联系电话、家庭收入、健康状况等。应建立准顾客档案，并对这些档案进行分析整理。根据准顾客的需求状况，对准顾客档案进行分类，确定目标消费人群，并且用适当的方法进行会前电话沟通或上门沟通。

3. 会前邀请

在确定会期后，先将目标顾客进行筛选，然后进行电话邀约、上门送函和电话确定。邀约顾客之前，一定要将顾客的情况掌握清楚，考虑顾客需求，给顾客提供理由，让顾客到会。同时要及时送函，确定顾客一定会到。打邀约电话时要注意语气，要处处体现自己是在为顾客着想。

4. 预热与调查

顾客到会后，员工可能并不知道哪些顾客会在现场购买产品，因此在会前对顾客的调查和预热就显得十分重要。如果在会前能充分预热，当会议进行到销售环节时，员工便可以直接提出建议顾客购买的理由。

5. 会前模拟

为了确保会议每个环节都能顺利进行，会议组（包括策划、主持人、专家、音响师、检查人员、销售代表等）应在会前进行模拟演练，发现漏洞及时调整。比如，销售代表应何时配合主持人鼓掌？何时音乐响起？何时专家出场？如何激励顾客互动？

6. 会场布置和签到迎宾

把体现企业文化、产品文化、产品价值以及其他有利于企业及产品宣传的要素，通过展板、挂旗、易拉宝、条幅、投影等手段充分体现出来，以烘托会场的氛围。

登记准顾客详细资料，员工与顾客间并不认识或熟悉时，最好登记电话，以便核准。同时也要利用语气、态度和肢体语言加深与准顾客的交流，尽快熟悉。

【情境训练 1】

以小组为单位，模拟张玲公司的“会前会”内容，一名同学扮演张玲，其他同学扮演业务人员和办公室人员。

要求：进行工作分工。演练完毕后，以小组为单位完成一份具体工作分工表。

任务二　会中及会后营销沟通

任务描述

张玲召开了“会前会”以后，各部门都按照自己的分工行动起来。随着会期的临近，会前的准备工作基本就绪。开会前夕，张玲仍然感到紧张和不安，唯恐会议达不到预期的效果。那么，在召开会议时究竟需要做好哪些工作，以保证营销目的的实现呢？

导入案例

会中营销沟通的技巧

张玲策划的“泰国自由行”新产品客户答谢会，经过前期的紧张筹备，终于在周末如期举办。会议现场，准客户们听完销售专家讲解产品后，各位业务人员纷纷就近坐于自己邀约的客户旁边，询问客户听讲完毕之后的感想。客户关于产品有各种各样的问题，业务员们一一进行解答。当客户的疑问被解决之后，业务人员就开始进入促成环节，力争现场签单完成销售。在促成过程中，在演讲台上的专家讲师也适时进行全场巡视。如果有业务人员解决不了的问题，专家就帮忙给予解答。慢慢地，有越来越多的客户经过详细了解之后，开始签订购买意向书。这时，会议主持人则不停地大声播报：“某先生预订三人泰国自由行”等现场实时信息，烘托热烈销售的气氛。最终，本次会议取得了圆满成功。

结合案例分析：在会议现场，公司的工作人员采用了哪些沟通方法和技巧？

知识储备

一、会中营销

会中营销主要是指在会议现场运用各种促销手法，进行促销活动，尽最大努力激发准顾客的购买欲望，促成会中销售。

会中营销沟通的内容包含如下部分：

1. 会前提醒

会议正式开场前，主持人需要提醒顾客提前去洗手间、手机调成静音或关闭，再次确认麦克风、音响等设备是否好用。开场时间一般不宜超过 15 分钟。

2. 情绪调动

包括两个方面：第一，主持人在客户进场之前对员工的情绪调动。主要是在会前以激励为手段，进行员工情绪调动。员工情绪高了，才会带动顾客情绪。第二，顾客情绪调动。主持人通过场景布置、游戏设计和语言刺激等，带动顾客情绪。

3. 游戏活动

主持人在会中一般会设计多个游戏，包括原地不动的、站立的、局部活动等。主要目的是通过游戏来缓解顾客因听讲座而带来的困倦感，拉近与顾客的距离，以促进销售。

4. 专家进行产品讲解

此环节主要通过专家的专业知识讲解来解决顾客心中的疑问，突出产品的专业性和对客户的益处。员工要注意听，注意观察顾客的反应，以利于随后的讲解促成环节。

5. 有奖问答

主持人针对顾客关注的问题和希望顾客记住的问题，提出一些简单明了的问题，并给予客户奖励，以加深顾客对产品的印象。

6. 顾客发言

这是会议现场的一个重要环节，目的是让顾客现身说法，一般邀请老客户来发言，因为顾客的话比销售人员更有说服力。销售人员与发言顾客事先要做好沟通，确认发言顾客可以到会，并且把发言顾客介绍给主持人认识和了解。发言顾客的发言要求简单、质朴，不要有过多的修饰，时间最好控制在三分钟左右。

7. 销售产品成功

促成交易的过程要注意造势。比如，将已经购买产品的顾客留住，请其发言。此外，主持人反复播报已经购买的客户及产品等信息，以烘托现场热烈的氛围。

二、会后营销

会后营销是指会后将到会准顾客进行再次筛选，确定顾客名单的有效性，做好会后顾客回访、售后服务、重复销售等工作。

对已购买产品的顾客，一定要进行售后跟踪服务，指导他们使用，并对使用前后的效果进行比较，形成良好的口碑宣传；对没有购买产品的顾客，也要继续进行跟踪，通过一对一的沟通，找出他们不买的原因，消除他们的顾虑，促成他们下次购买。会后沟通的重要性还在于，通过老顾客良好的转介绍，去发展新顾客；同时，维护好老顾客，今后有合适的产品还可以邀请其购买。

【情境训练 2】

以小组为单位，模拟张玲所在公司的会议营销现场，促成交易实现。

要求：一名同学扮演客户，对产品提出疑问；另一名同学扮演业务人员，对产品进行解答；第三名同学扮演销售专家，进行深入沟通。小组成员分工合作，为其他同学提出建议和意见。

项目小结

本项目主要学习会议营销的沟通技巧。在实际的营销工作中，经常会使用会议营销的方法促进销售。因此，运用正确的会议营销沟通方法和技巧，对于营销行为的成功同样具有较大的帮助。

巩固与提高

理论知识巩固

一、选择题

1. 下列哪一项不是会议营销的优点？（　）

A. 针对性强　　B. 集中性好

C. 投入产出明显　　D. 前期准备时间长，耗费精力

2. 下列哪一项不属于会议营销的内容？（　）

A. 前期筹备　　B. 财务年终决算

C. 会议执行　　D. 会后跟进

3. 会前营销不包括（　）。

A. 产品讲解　　B. 会前动员

C. 会场布置　　D. 会前策划

4. 会中营销不包括（　）。

A. 有奖问答　　B. 预热与调查

C. 顾客发言　　D. 专家进行产品讲解

5. 会议营销现场有可能不出现的是（　）。

A. 讲师　　B. 领导

C. 财务　　D. 主持人

二、判断题

1. 简单来讲，我们可以这样理解会议营销：引起注意、提起兴趣、激起欲望、促成行动。（　）

2. 前期筹备决定着会议营销是否成功。（　）

3. 只要讲师讲的好，会议营销要不要会议主题都可以。（　）

4. 如果客户能参与到会议中，产生互动，那么会议营销的效果会更好。（　）

5. 对于会议营销：会后不追踪，等于一场空。（　）

三、简答题

1. 什么是会议营销？

2. 会议营销分为哪三个阶段？包含哪些操作流程？

技能训练

一、案例分析题

珍奥集团会议营销的成功

数年前，做传统营销的大连珍奥集团遇到了危机。有文章指出：核酸是毫无营养价值的普通食品，在人类七大营养的范畴之外，其营养价值和粉丝差不多。文章直接针对当时核酸行业的领军品牌——珍奥核酸，并斥责珍奥核酸在广告中冒用38位诺贝尔奖获得者名义，进行虚假广告宣传。

跟以往的三株常德事件以及巨能钙的双氧水事件如出一辙，媒体之间仿佛联合起来对珍奥进行疯狂抨击。短短几天时间，就让这个曾经在保健品行业出足风头的宠儿喘不过气来。保健品传统营销模式的弊端就是这样，企业对经销商、药店和消费者的控制力非常薄弱，一旦生产企业遭遇致命的打击，首先消费者退货，然后是药店退货，再就是经销商要求退货；先是部分经销商，然后是所有经销商——多米诺骨牌，推倒一个，所有的牌全部坍塌。

在半年的时间内，珍奥撤回了所有药店和商超的货，本来要在沉默中等待复出，但是媒体没有偃旗息鼓的意思，加上原有渠道的管理已经元气大伤，要在传统营销模式上复出已经回天乏力了。要突围，珍奥集团必须要有新的营销模式。

在这种背景下，珍奥集团借鉴并摸索了一套行之有效的营销模式——会议营销，说其是借鉴，是因为他们向当时的中脉、天年学习了会议营销的操作要领，说其是摸索，是因为他们根据珍奥核酸的产品特色，摸索了一套非常健全的会议营销体系。可以说，珍奥集团在会议营销的操作上青出于蓝，更胜中脉和天年一筹。会议邀请的人员，一般为50～60人，也有100～200人的。公司会为会议营销营造很好的人气氛围，对于每个营销人员邀请的客户，都会从座位安排、提问解答、产品展示、实验等方面进行细致安排；从客户的入场到会场活动、会后沟通等环节，重点引导有消费需求的潜在客户，努力促成现场销售。

会议营销要求，每次会议的召开，所有的营销人员都进行详细分工，明确每人负责哪个区域，邀请多少人，并制定相应的激励措施。同时，公司负责整体把握会议过程的实时监控，从邀请函的发放、客户的回应，到客户的最终落实与意向性，整个流程非常细化与严谨。为此，四年磨一剑，如今的珍奥核酸年销售额突破15亿元，稳坐会议营销三甲的位置，在保健品传统营销模式越来越难卖货的今天，珍奥核酸成功地从传统营销模式转变成会议营销，走得稳健、从容。

案例分析：分析珍奥集团会议营销的成功原因是什么。

二、实训操作题

某房地产公司新开发了一处楼盘，准备在开盘时以会议营销模式对前期的意向客户统一进行营销宣传。请帮助该公司设计本次会议的流程。

要求：合乎现实，具有可操作性，鼓励良好创意。

各项目导入案例分析

项目一　理解营销沟通

任务一　理解营销沟通的含义与作用

情境一　理解营销沟通的含义

导入案例：王导购的一次成功销售

结合案例分析：李先生为什么最后选择购买王琦推荐的这款电脑？

导入案例分析：

李先生之所以选择购买王琦推荐的这款电脑，并不是因为王琦推荐的笔记本电脑就一定比李磊推荐的要好。很显然，李先生真正选择和接受的是王琦的语言表达以及与顾客的沟通方式。语言作为一种人类交流的工具，从它的出现开始，就影响着人们的生活。每一种语言沟通方式都会帮助人们建立关系和情感，它的表达往往代表着人们的思想。案例中王琦通俗的言语被李先生认可，他在向李先生讲解电脑的功能时，不仅能清楚准确地讲解，还能迅速得到李先生的反馈，这说明他在销售产品时是成功的。营销语言的魅力不仅仅是传递专业知识，更重要的是能帮助顾客作出准确的选择，选购适合自己的商品。

情境二　认识营销沟通的表现与作用

导入案例："意外"的关心

结合案例分析：

1. 为什么王先生已经意识到与他搭讪的美眉是销售员，还要让对方邮寄药品呢？

2. 美眉向王先生的推销体现了营销沟通的哪些作用？

导入案例分析：

1. 王先生之所以会让对方邮寄药品，是因为王先生本人在做关于酒的生意，深知饮酒伤身的道理。既然有对抗酒精的药品，何不尝试一番，看看疗效？疗效好的话，还能在销售酒的同时顺带附送解酒的药品；若是疗效不好，还能作为一个亲身经历，告诫本企业的客户人群。这样不仅满足了个人需求，还有助于提升本企业形象，促进自己的产品销售。

2. 这名美眉向王先生推销药品的过程，体现了营销沟通的以下作用：（1）获得信息情报。销售员在销售前需要对市场做调研，了解消费者的需求。案例中的美眉正是通过观察王先生选看的书籍判断他是一名销售员；紧接着通过观看王先生的脸色，判断他应酬太多、经常喝酒；通过对话，得知王先生是一个酒厂的销售员。得到上述信息后，她就很自然地认定王先生是自己的目标顾客，便顺水推舟向他推荐对抗酒精的药品。(2) 建立营销者与顾客之间的信任关系。在与王先生的对话中，美眉善意提醒他："看你脸色有点不太好，大哥，千万注意身体呀！""我听朋友说，经常喝酒很伤肝的。"这样做很容易赢得顾客好感，拉近双方的感情距离，与顾客建立信任关系。(3) 传递产品信息，促进销售。美眉借他人之口向王先生推荐产品："听我同学说，有一种药，可以专门对抗酒精，对于经常喝酒的人很管用。要不，您给我留个电话和联系方式，我明天给您问问？合适的话，给您寄几盒！"后来又给王先生打电话说，这种药已经给他寄来了，由于对方是她同学，所以很便宜，三盒一共才188元。这让王先生感受到了她的关心，无法拒绝她的好意。从这一步步的销售环节来看，美眉是一个非常成功的销售员，让同样身为销售员的王先生也不得不心甘情愿地购买。

任务二　掌握营销沟通过程与构成要素

情境一　策划营销沟通过程

导入案例：一次营销沟通失误

结合案例分析：

1. 遇到此类事件，营销员小李该怎么处理？

2. 它反映出营销员小李与顾客的沟通存在哪些问题？

导入案例分析：

1. 营销员小李应真诚地向顾客道歉，勇于承担责任，查找造成这个事件的起因。

2. 很显然，产生这种情况是营销员与顾客沟通不全面和营销员与安装师傅的沟通不到位所造成的，它反映出营销员的信息策划存在问题。营销员在营销前要对整个沟通进行设计，事先预测可能出现的问题，做好信息内容的策划。此外，营销员没有及时跟进、做好产品的售后服务。即在给顾客安装后，要电话询问，再次跟顾客确认产品的正确使用方法，帮助顾客检查使用环节，告知顾客遇到特殊事件的应对策略，做好营销沟通中的信息反馈工作。

情境二　理解营销沟通的构成要素

导入案例：三名业务员寻找市场

结合案例分析：

1. 为什么三名业务员发回的电报内容差别很大？

2. 你最认可哪一名业务员的工作？为什么？

导入案例分析：

1. 在本案例中，公司先后派出三名业务员，而三人对当地市场的判断结果却差别很大。

第一名业务员只是简单了解到当地居民不穿鞋这一基本情况，就凭此武断地判定当地没有市场，并没有根据情况查找具体原因。

第二名业务员也了解到当地居民不穿鞋这一基本情况。在对所了解到的信息综合整理后，认为本地的鞋市场一片空白，由此断定本公司的产品在此地有良好的市场发展前景。

第三名业务员用了三周的时间对当地的情况进行了全面考察，了解当地群众不穿鞋的真正原因，同时找出本公司产品存在的、不能满足当地居民需求的问题，向公司提出新的营销建议；并对于开发当地市场可能面临的问题、预算及盈利情况作出个人预测，便于公司领导的决策。

2. 很显然，第三名业务员的工作最值得认可。案例中第一名业务员看问题太直观，第二名业务员只初步了解当地的基本信息，就判定了市场的可发展性，并没有作更深入的了解。而第三名业务员做到了对市场的深入调查研究，找出问题的根本缘由所在，并提出一定的解决问题的意见与办法，能够及时反馈给公司，并对未来的发展前景与销售利润作了简单的预算。因此，第三名业务员是被认可的。

项目二　掌握不同的营销沟通方式

任务一　掌握面对面沟通方式

情境一　理解面对面沟通

导入案例：坚持写情书，新郎却不是他

结合案例分析：

1. 为什么新郎不是小伙子，而是送信的邮递员？

2. 这个案例说明了什么？

导入案例分析：

1. 小伙子在前方打仗不能和姑娘相见；邮递员经常给姑娘送信，可以经常与姑娘当面沟通，这有助于拉近双方的感情距离。最后，姑娘反而爱上了邮递员。

2. 这个案例说明，在人们的沟通方式中，面对面的沟通是最有效率的，双方在面对面交流时能够产生比其他所有沟通方式更有“感觉”的结果。因为面对面的时候，人们互相之间调动了所有可能使用的表达方法去沟通，比如使用语言、表情、肢体动作等。

情境二　如何进行面对面沟通

导入案例：主管与下属

结合案例分析：

1. 小刘和马主管当面沟通出了什么问题？

2. 他们二人应该如何沟通？

导入案例分析：

1. 小刘和马主管的当面沟通属于沟通态度和沟通方式的问题。

2. 马林作为领导，考虑周全、询问小刘各种情况出现的可能性，无可厚非。但是他的沟通方式有待商榷。因为员工在外跑业务本身就很不容易，马林应该首先对小刘的工作表示肯定，再用商量的态度提出自己的疑问，比如："小刘，高兴归高兴，但是我仍需要提醒你一下……你好好考虑一下，看看我说的是否有道理……"。小刘的问题在于，作为下属，面对领导提出的问题，应该虚心接受，在语言表达上应该谦虚些，如："马主管，您说得对啊！这些我确实没有考虑到……"。

任务二　掌握电话沟通方式

情境一　认识电话沟通

导入案例：用诚挚打动客户

结合案例分析：

1. 王猛的电话营销工作为什么会有了起色？

2. 你是怎样理解电话沟通的？

导入案例分析：

1. 电话营销，双方隔着电话线看不到对方的表情反应，比起面对面沟通，这无疑是一个弊端。王猛的成功之处在于，始终站在客户的角度去做电话营销工作，用诚心去打动客户，不在意最初的失利，用时间证明自己，最终赢得客户的订单。

2. 无统一答案，学生可根据自己的理解回答。

情境二　掌握电话沟通技巧

导入案例：引导客户改变初衷

结合案例分析：为什么客户同意尝试合作，先购进一部分产品试用？

导入案例分析：

一般来讲，客户在电话中往往会轻易地拒绝电话营销人员。案例中，该营销人员并没有直接讲述其产品优势，而是通过与客户在电话中聊天得知客户需求，从而为自己赢得完整讲述产品的时间。当客户需求表现最强烈时，客户就会主动提出合作请求。

任务三　掌握书面沟通方式

情境一　理解书面沟通

导入案例：便函

结合案例分析：

1. 你认为案例中的便函和报告达到了各自的沟通目的了吗？如果没有，问题出在哪里？应如何调整？

2. 请按照你自己对上文的理解，拟定一份便函和报告。

导入案例分析：

1. 案例中的便函和报告均没有达到各自的沟通目的。就总裁的便函来说，既然已经知道员工对目前的饮水情况不满意，就应该考虑如何解决饮水问题，而不是让人力资源部调查员工是否需要饮水机；人力资源部的报告中主要反映了几个办公室是如何解决打水问题的，以及如果安装饮水机会碰到的相关问题，由此建议："加强原有开水供应，个别办公室如有此需求，可让他们自行解决。"但就如何加强原有开水供应，并没有具体的执行方案。

总裁的便函，应围绕让人力资源部给出解决员工饮水问题，或如果安装饮水机，相应的操作方案等来写；由于人力资源部的报告主题是安装饮水机，所以报告应该围绕安装饮水机的各项细节来写，比如：费用预算（饮水机及水费等）、安装地点、与送水点的合作等。如果人力资源部认为不用安装，应该给总裁说明原因，供总裁综合参考。

2. 学生根据自己的理解，拟定便签和报告。

情境二　熟悉书面沟通技巧

导入案例：两封信的高下优劣

结合案例分析：

1. 上述两封信，你认为哪封信写的比较好？为什么？
2. 谈谈你是怎样理解书面沟通技巧的？

导入案例分析：

1. 第二封信比第一封信好，因为第二封信的思路清晰。第一封信条理不清、思路混乱，不能让读信的人在第一时间明白其要表达的意思。
2. 学生根据自己的理解回答。

任务四　掌握在线沟通方式

情境一　认识在线沟通

导入案例：淘宝旺旺上的一次对话

结合案例分析：

1. 这次在淘宝旺旺上的在线沟通，为什么取得了较好的效果？
2. 你是怎样理解在线沟通的？

导入案例分析：

1. 在线沟通不同于面对面或电话沟通的即时回答性。尽管在线沟通也是即时回答，但沟通双方有可能因为暂时不在等原因，过了一会儿才回答。所以，对自己产品有信心的店主，往往先不急于回答买家的问题，而是抓住买家急于购买的心理，为自己赢得主动。最后，当交易达成时，店主赞美买家“男生也知道这么省钱的，第一次见哦，亲真是个优秀的男生”，让买家毫不犹豫地付了款，并在收到货后第一时间给了好评和不少赞美的话。可见，在线沟通，既要把握对方心理，也要运用恰当的沟通技巧。
2. 学生根据自己的理解回答。

情境二　掌握在线沟通技巧

导入案例：利用客户心理、坚持报价

结合案例分析：店主采用了怎样的在线沟通技巧与客户进行沟通？

导入案例分析：

面对确实无法达到客户要求的局面，店主通过举例、告知客户真的不在快递上挣钱等几个回合的在线沟通，终于用诚恳的沟通态度打动了客户，从而完成交易。

任务五　掌握非语言沟通方式

情境一　理解非语言沟通

导入案例：诸葛亮抚琴退兵

结合案例分析：

1. “空城计”中诸葛亮用了哪些非语言沟通的行为？

2. 你是怎样理解非语言沟通的？

导入案例分析：

1. “空城计”中诸葛亮利用司马懿多疑的性格特点，及对方眼中自己一贯做事谨慎的印象，运用焚香、抚琴、眼神、笑容等非语言，向对方传递出一种镇定自如、胸有成竹的信息，最终使司马懿怀疑有埋伏而不战自退。

2. 学生根据自己的理解回答。

情境二　掌握非语言沟通技巧

导入案例：她惹怒了下属

结合案例分析：

1. 案例中的问题主要出在谁身上？为什么？

2. 如何改进其非语言沟通技巧？

导入案例分析：

1. 问题主要出在小王身上。因为小王的行为表现向员工老李传递了一种观念：即他认为自己的员工不如一个电话重要。这种行为是非常错误的。

2. 面前活生生的人，应该永远比电话优先。如果老李来了，电话才响，小王应该先问问老李有什么事。如果是比较麻烦、不能马上处理的事，应告诉老李，自己现在比较忙，让老李先回去、以后跟进。这时如果那个电话不响了，可以回拨回去。即便老李来时，小王正在接电话、不能立刻招呼对方，也应该用肢体语言或眼神示意对方先坐、稍等一下；在电话中快速处理完事情，等挂断电话后，先向老李致歉，然后询问有何事。

项目三　克服营销沟通障碍

任务一　了解常见的营销沟通障碍

导入案例：一对夫妻由相互抱怨演变成争吵

结合案例分析：这对夫妻为什么出现话不投机？

导入案例分析：

案例中的这对夫妻，女主人表面上是在抱怨，实则是希望得到自己丈夫的安慰，没想到却与男主人之间产生了争吵。他们之所以出现话不投机，是因为他们在表达时各自的诉求点不同。在实际沟通中，产生沟通障碍的因素有很多，找准彼此之间的矛盾根源，才是寻求克服障碍的有效途径。表达信息有误或者对信息理解有误，都会影响沟通的效果。因此，选择恰当的沟通方式，把握彼此的沟通心理，在传递和接受信息时有效地筛选和认知，才是解开他们之间矛盾的关键所在。

任务二　掌握消除营销沟通障碍的措施

导入案例：把梳子卖给和尚

结合案例分析：

1. 第一个营销员为什么没有卖出梳子？

2. 在整个营销沟通过程中，为什么第四个营销员最优秀？你从中还能提出哪些销售创意？

导入案例分析：

1. 在本案例中，公司派出四个业务员，第一个只是了解到了寺庙的基本情况，以此武断地判定没有市场，因为市场对象没有需求；而没有试着积极主动地去沟通以了解市场，更没有根据具体情况查找原因。

2. 从案例得出，最成功的是第四个营销员。因为他在销售时，赋予了产品新的文化内涵——“积善梳”。作为寺庙的回赠礼品，有了源源不断的市场需求。这是一种双赢的结果，既拓宽了自己的市场空间、实现了商品销售的利益最大化，又为寺庙提供了一个扩大影响、弘扬佛法的媒介。

当然，卖梳子给和尚是第一层的直观考虑。我们试想一下，你能否找到把梳子卖给和尚的第五种方法？第六种方法？

很多香客去庙里烧香，更多的是祈求佛祖保佑平安，香客们希望得到的是佛祖无处不在的庇护和保佑。因此，寺庙香客们的这种需求心理是客观存在的。既然可以把梳子定义为寺庙给香客的赠品——“积善梳”，为什么不可以把梳子作为佛祖开光的见证？或者是物质化的、带有力量和灵性的护身符？告诉香客：这是经过在黄道吉日众多僧人共同诵读经书，并且同日佛祖降福、给予隆重开光的“宝梳”！这样一来，寺庙把本来作为赠品的梳子转变为给予香客保佑和力量的宝物，还可以卖出一个好价钱！（这个价钱至少是梳子成本价的5～10倍）

项目四　认知营销沟通礼仪

任务一　认知商务沟通礼仪

情境一　塑造商务形象

导入案例：郑总经理错在哪里？

结合案例分析：郑总经理到底错在哪里？为什么？

导入案例分析：

郑总经理错在他的着装上，他不应该在商务场合穿非商务服装。因为他没有掌握商务场合应该如何着装的礼仪，他自认为很时尚的服装，却恰恰不符合商务礼仪的需要。

情境二　客户接待

导入案例：秘书的失误

结合案例分析：

1. 你认为这位秘书在接待礼仪上有哪些失误？

2. 正确的做法应该是什么？

导入案例分析：

1. 这位秘书在接待礼仪上的失误主要表现在：

(1) 当着客人的面冲泡茶叶；

(2) 用手指从茶叶筒中拈了撮茶叶，放入茶杯内，然后冲上水；

(3) 领导与客商发生争执时，与领导一起共同指责客商。

2. 正确的做法应该是：

(1) 在房间的其他地方或者其他房间冲泡茶叶，然后将第一杯茶恭敬地端给客人；

(2) 泡茶时用茶勺取茶叶，或直接以茶罐将茶叶倒进茶壶、茶杯，在泡茶时先洗茶、然后再冲泡；

(3) 当领导与客商发生争执时，秘书没有资格也不应该去指责客商，必要时可以充当和事佬。

任务二　认知餐饮礼仪

情境一　中餐礼仪

导入案例：王海的家宴

结合案例分析：

1. 王海的表现是否符合礼仪规范？为什么？

2. 他应该怎样做才正确？

导入案例分析：

1. 王海的表现不符合礼仪规范。因为王海的好朋友长期在国外生活，已经习惯了国外的用餐礼仪。尽管是在王海的家中用餐，王海的做法也欠妥。他不该用自己的筷子为客人夹菜，更不该当众剔牙，还把剔出来的肉渣放在桌子上。

2. 王海应该这样做：

(1) 邀请好友自己夹菜。如果为了表示自己的热情好客，可以安排一双公筷，用公筷为好友夹菜。

(2) 王海在吃骨头时有肉渣钻进牙缝，应该去洗手间剔牙，或者等大家都吃过饭后再剔牙，剔牙时最好用一只手挡着。另外，剔出来的肉渣应该用纸巾包起来扔进垃圾桶。

情境二　西餐礼仪

导入案例：王玲陪客人用西餐

结合案例分析：王玲的失礼之处体现在哪里？

导入案例分析：

王玲的失礼之处具体表现在：

（1）她到餐厅入座后，摊开餐巾别在衣服领口上；
（2）她躺靠在椅背上叫服务员拿来菜谱点菜；
（3）她一边用汤匙搅和着热汤，一边用手在汤碗上方不停地扇动；
（4）她用刀子切了面包放进汤中，用叉子将面包叉出来吃；
（5）她右手拿刀，左手拿叉，将牛排全部切成小块，然后用叉子一块块地送入口中；
（6）她的手机响了，她顺手将餐巾放在桌旁，边接电话边往洗手间走去。

项目五　营销团队沟通

任务一　营销团队内部沟通

情境一　与上级沟通

导入案例：小杨这样辞职对吗？

结合案例分析：

1. 小杨应该怎样处理辞职一事？如果换一个环境，冯经理会理解她吗？
2. 冯经理的哪些做法使得小杨不愿与他沟通？

导入案例分析：

1. 小杨由于冯经理对自己的赏识和培养而心怀感激，使她尽管对自己所从事的工作不满意，也不愿对冯经理提起。随着时间的推移，她最终选择离开，在走的前一天，才去找冯经理辞职。这种做法给了冯经理一个措手不及，既让对方感到意外，同时由于对方事前毫无准备而对她心生失望和不满。最终，小杨也只能是满怀愧疚之情离开公司。这主要是双方的沟通不畅所造成的。

小杨学习的是广告专业，在公司里从事销售工作，得到部门经理的称赞，并且冯经理不仅积极向上司推荐小杨，还在其他同事面前经常表扬小杨，承诺等小杨毕业正式到公司工作后，让她领导公司里新成立的媒体研究部。这说明小杨在工作中是很努力的。但她对于自己所从事的工作不满意，对于冯经理即将推荐给她的职位不感兴趣。她应该积极找冯经理沟通，把自己的真实想法告诉对方。毕竟她还没有毕业，对于自己究竟适合从事哪种工作不可能非常清晰，所以应该向冯经理请教，请对方帮自己指明方向。这既体现出她对冯经理的尊重和信任，同时也必能得到冯经理的理解和支持。即使不在当前的公司工作，冯经理也一定会积极推荐她到其他更合适的单位工作。即便辞职，也应该至少提前三至四周告诉冯经理，让对方能够有所准备，安排其他人接管自己正在负责的项目，等真正实现交接后再离开。

小杨去找冯经理辞职时，正赶上冯经理准备出差，办公室里还有其他人在讨论项目，小杨直接提出辞职，这无疑让冯经理难以接受。一方面是因为她的辞职太仓促，给了对方一个措手不及，导致工作上很被动；另一方面，当时冯经理办公室里有其他人在场，冯经理过去一直在他人面前夸赞小杨，现在小杨提出辞职，会让冯经理感觉颜面尽失，从而直接向她表示自己的失望和不满。如果小杨提前几周，私下去找冯经理辞职，把自己的真实想法告诉对方，冯经理一定会理解她的选择。

2. 他们之间的沟通失误，冯经理也有一定责任。冯经理因为赏识小杨，不光在上级面前称赞她，在其他场合也逢人便夸，这无形中给了小杨很大的压力。但是她对自己的工作并不满意。所以，她选择离开。而冯经理对小杨的心理状态却毫无所知。由于小杨对冯经理的栽培心怀感激，导致她不好意思张口向冯经理辞职，只好一拖再拖。最终，双方不欢而散。

情境二　与下级沟通

导入案例：张丹峰的苦恼

结合案例分析：

1. 张丹峰与下级沟通的做法有什么变动？

2. 本案例反映出上下级沟通应注意什么问题？

导入案例分析：

1. 张丹峰的苦恼是很多企业经理人的一个普遍的烦恼。现场的操作工人，很难理解张丹峰的目的，因为数据分析距离他们太遥远了。大多数工人只知道好好干活、拿工资养家糊口。不同的人，他们所站的角度、高度不一样，单纯的强调、开会，效果是不明显的。一开始，张丹峰在会上不断强调：认真填写生产报表有利于改善生产质量，但这距离操作工人比较远，而且大多数工人认为这和他们没有多少关系，导致报表的质量很差。后来，张丹峰站在工人的角度去理解，将生产报表与业绩奖金挂钩，并要求干部经常检查，工人们才开始认真填写报表。

2. 作为上级，在向下级下达指令时，要善于站在下级的立场看问题，并能够把执行指令与下级的实际需求相结合。在沟通中，不要简单地认为所有人都和自己的认识、看法、高度是一致的。对待不同的人，要采取不同的模式，要用别人听得懂的“语言”与别人沟通！

情境三　平级沟通

导入案例：从同事到冤家

结合案例分析：

1. 为什么小贾和小李成了冤家？

2. 如果你是小贾，应该如何处理与小李的矛盾？

导入案例分析：

1. 小贾遇到的事情是在工作中常常出现的一个问题。在一段时间里，同事小李对他的态度大有改变，这应该让小贾有所警觉，留心是不是哪里出了问题。但是，小贾只是一味地忍让。但忍让不是一个好办法，更重要的应该是多沟通。

但是结果是，小贾到了忍不下去的时候，他选择了告状。其实，找主管来说明一些事情，不能说方法不对，关键是怎么处理。在这里，小贾、部门主管、小李三人犯了一个共同的错误，那就是没有坚持“对事不对人”，主管做事也过于草率，没有起到应有的调解作用，他的一番批评反而加剧了二人之间的矛盾。

2. 此案中，化解矛盾的正确做法是：小贾应该考虑是不是小李有了一些什么想法，对他产生了误会，才让他对自己的态度变得这么恶劣。小贾应该主动及时和小李进行一次真诚的沟通，比如问问小李是不是自己什么地方做得不对，让他难堪了之类。任何一个人都不喜欢与人结怨，他们之间的误会和矛盾在比较浅的时候，可能会通过及时的沟通而消失。此外，如果主管来协调，正确的做法应该是，把双方产生误会、矛盾的疙瘩解开，加强员工的沟通。

我们每一个人都应该学会主动、真诚、策略地沟通，从而就可以化解工作与生活中很多完全可以避免发生的误会和矛盾。

任务二　营销团队外部沟通

情境一　跨部门沟通

导入案例：企业内部的横向沟通

结合案例分析：

1. 恒大公司面临什么危机？

2. 产生这场内讧的原因是什么？

3. 怎样才能帮助恒大公司走出这场危机？

导入案例分析：

1. 恒大公司面临“横向沟通”不畅的危机，各部门面对问题责任时，相互推诿、裹足不前。

组织中沿着结构中横线进行的沟通就是横向沟通，包括同一层次上的管理者的跨部门沟通和不同部门间不同层次上的管理者和员工之间的斜向沟通。一般地，横向沟通不畅主要因以下障碍导致：其一，部门“本位主义”和员工短视倾向；其二，“一叶障目”，对公司组织结构的偏见；其三，性格冲突；其四，猜疑、威胁和恐惧。

2. 造成恒大公司内讧的原因，主要是各部门“本位主义”和员工短视、几个部门相互猜忌等。从生产部、营销部到销售部各部门都一味推卸责任，不能从自身发现不足，并且不信任兄弟部门的工作。

3. 针对横向沟通中存在的问题和障碍，可以通过调整沟通的思路来消除恒大公司面临的问题：

第一，树立“内部顾客”的理念。这一理念认为，每下一个工作环节就是本职工作的顾客。要用对待外部顾客的态度、思想和热情服务于内部顾客。

第二，倾听而不是叙述，换位思考。在横向交流的会谈中，每个部门的参加者最擅长的就是描述本部门的困难和麻烦，同时指责其他部门如何不合拍、不协同，很少花时间倾听。当沟通的各方仅仅关注如何组织发言，去阐述本部门、本岗位遇到的阻碍时，在别人发言时，他们就不会去倾听。

第三，选择准确的沟通形式，对症下药。对于决策性的会议，与会人数应当少而精，对于咨询性的，则要集思广益。

第四，设立沟通官员，制造直线权力压力。针对横向沟通中经常出现的相互推诿、讨论迟迟没有结果的现象，必须设立专门部门或官员，承担召集和协调部门或员工的沟通功能。

情境二　对外沟通

导入案例：精心准备赢谈判

结合案例分析：美方处于不利地位的原因及中方在谈判中取得成功的原因分别是什么？

导入案例分析：

在本案例中，明显地可以看出，中方工程师对于谈判技巧的运用更为恰当准确，赢得有利于己方利益的谈判结果也是一种必然。下面分别从中美双方谈判人员的表现来进行分析：

首先，从美方来看，可以说存在以下这么几个问题，或者是其谈判败笔所在：

1. 收集、整理对方信息方面，没有做到准确、详尽、全面。从文中来看，重要的原因可能是：没有认清谈判对象的位置。美商凭借其技术的优势以及多次进行类似交易的大量经验，轻视对手，谈判前就没有做好信息收集工作。于是，谈判中面对中方的大量信息，陷于被动，一开始就丧失了整个谈判的主动权。

2. 谈判方案的设计上，没有做到多样化，在中方的多次反击中，仓促应对。其谈判方式设计的单一化，估计有着以下几个原因：(1) 过早地判定问题。从文中可推测出，美方一开始就认为此行毫无难度，谈判结果应该是对己方利益更有利；(2) 只关心自己的利益。美方以其组合炉技术的先进为最大优势，以为铁定会卖个高价，但并未考虑到中方对此的急迫需求与相应的谈判准备，在中方信息攻击下，频频让步。

3. 在谈判过程中，希望用佯装退出谈判的方式来迫使中方作出让步，无奈在对方以资料为基础辨别出其佯装的情况下，该策略失败。

其次，从中方来看，谈判胜利的最关键一点，在于对对方信息充分的收集整理，用大量客观的数据给对方施加压力。从收集的内容可看出，不仅查出了美方与他国的谈判价格（援引先例），也设想到了对方可能会反驳的内容，并运用相关数据加以反击（援引惯例，如 6%），对客观标准作了恰到好处的运用。真可谓做到了中国古语所说："知己知彼，百战不殆"。当然。除这个原因外，中方的胜利还在于多种谈判技巧的运用：(1) 谈判前，评估双方的依赖关系，对对方的接收区域和初始立场（包括期望值和底线）作了较为准确的预测，由此才能在随后的谈判中不让步于对方的佯装退出。(2) 谈判中，依靠数据掌握谈判主动权，改变了对方不合理的初始立场。(3) 在还价上，从结果价大概处于比对方开价一半略低的情况可推测，中方的还价策略也运用得较好。

项目六　电话营销沟通

任务一　电话沟通礼仪

情境一　拨打电话的礼仪

导入案例：这样做多此一举吗？

结合案例分析：夏目志郎的做法是多此一举吗？

导入案例分析：

夏目志郎在深夜打电话仍穿戴整齐、整理好头发、还给自己一个微笑的做法，一点也不多余。通过电话交谈，虽然对方看不到自己，但基本的礼仪还是要有的，也应该像面对面交谈那样来对待。要让对方感受到你的礼仪，这样不仅是对人的一种尊重，同时也会使自己更快地进入状态，增加自己的自信心。

情境二 接听电话的礼仪

导入案例：一个电话丢了合作机会

结合案例分析：

1. 案例中的这位先生为什么再也不想和A公司合作了？

2. A公司的这名员工在接电话时有什么不对的地方？

导入案例分析：

1. 很明显，案例中的这位先生本来就是A公司的客户，只是在打电话时口误而已；而A公司这名员工却直接挂断了电话，这种恶劣的态度，给客户的感觉很不爽，原本对A公司的好印象一下子消失了。

2. A公司的员工在接到电话时，一听是找“B公司”的，不分青红皂白直接就说：“你打错了”，也没有介绍一下自己这里是A公司，就“啪”的挂掉电话。这种做法不符合电话沟通礼仪。因为在接电话时，即使接到打错的电话，也应表现出一定的礼貌，因为错打的电话不一定就是跟自己没关系，说不定是重要的客人。就算打电话的人真的跟自己没关系，也要保持友好的态度。接电话的态度不仅传达着一个人的精神面貌和工作能力，还会影响公司的声誉和形象。

任务二 电话营销沟通技巧

情境一 认识电话营销

导入案例：小张的困惑

结合案例分析：小张该怎样回答主管的问题呢？

导入案例分析：

所谓电话营销，即用电话这一工具作为客观辅助，帮助人们去销售某种产品。但是电话营销又不是简单地在电话里面就可以完成销售这个动作的。既然是电话营销，那么一定有“营”的含义在里面，而电话营销理论与实践就是解决在电话中的“营”的问题。电话中的“营”包含一系列的方法和技巧，只有完美完成这些方法和技巧，才能最终达到“销”的结果。

情境二 电话营销的沟通技巧

导入案例：小吴的电话邀约

结合案例分析：上述电话营销中，小吴的沟通技巧体现在哪里？

导入案例分析：

在小吴的这通电话中，从客户的反应来看，接到陌生人的电话时，客户的防备心还是比较重的。而这类情况在营销人员进行陌生客户“电话认养”时，其实并不少见。若这时营销人员立即开始询问客户的投资习惯与偏好，被客户拒绝的概率恐怕会大大提高，这类案例也不少。先设法使客户与自己熟悉起来，让客户认识营销人员、放下防备，才是首次通话的主要目的。从这个案例中，我们不难看出以下几个要点：

1. 一般来说，客户的资产需要达到银行的标准才能升级，因此我们可以看出，在打电话之前，理财经理小吴已经对客户的资产状况等信息有了基本的了解（知己知彼方能百战不殆）。首先筛选出资产已经达到金卡标准的客户群，再以“送金卡”这样的由头邀约客户来到网点，见见面、聊聊天，拉近与客户的距离，未来的营销工作才会顺利。

2. 首次通话，先称呼客户的全名，避免将客户错认为家庭内的其他“赵女士”。

3. 与客户商议来银行时间时，若营销人员询问客户：“什么时候有时间来网点”，往往得到这样的回答：“我有时间会来网点”或者“我有时间就会通知你”，这种情况基本可以判断出本次通话的效果不大。而理财经理小吴在与客户的沟通中，将时间设置在“明天上午”与“明天下午”，避免时长相隔太久，可以提前对第二天的工作做好时间管理；同时也让客户参与决定，尊重客户的想法。

4. 提醒客户来之前可以先告知自己，以便“提前准备好资料”或者“提前预留车位”此等贴心的服务，让客户感受到自己专属的理财经理带来的优质服务。

项目七　销售沟通

任务一　售前沟通

情境一　客户拜访

导入案例：神谷卓一拜访客户的技巧

结合案例分析：从神谷卓一的谈话中，你得到了什么启示？

导入案例分析：

“接近客户的30秒，决定了推销的成败”，这是成功推销人员的法则。在初次拜访客户、接近客户时，我们应该掌握接近客户的一些技巧。如，在接近客户前，首先要明确你的主题是什么，然后再根据你的主题选择适当的接近方法；要想取得接近客户的成功，必须突破一些关口，如公司前台的服务人员、秘书及关键人士；还要获取客户的好感，给客户留下良好的第一印象。

情境二　广告发布

导入案例：步步高点读机的广告

结合案例分析：步步高点读机的广告为何受到广大父母及孩子的喜爱？

导入案例分析：

步步高点读机的广告创意生动有趣，穿插时下大家熟知的动漫作品——《喜羊羊与灰太狼》中的角色，顿时吸引了不少小观众的眼球。那个天真烂漫的小女孩更是生花之笔，让虚拟和现实世界实现完美的结合。加上融入母爱的伟大元素，让广告变得老少皆宜、众口可调。更何况，广告是打着培养孩子这块招牌的。天下父母心，谁不期盼子女成龙、成凤呢？因此，此广告的播出，无疑有助于增进步步高点读机的产品销售。

情境三　营销公关

导入案例：格兰仕引导消费、创造需求

结合案例分析：格兰仕是如何成功的？

导入案例分析：

格兰仕的成功与其对消费者进行的一系列的教育、引导公关工作是分不开的。一开始，格兰仕就投入了巨大的人力、财力，并运用传媒的力量，在全国范围内对微波炉的使用特性、产品优势及维护、保养知识进行细致、系统的介绍，并编制了500多例微波炉菜谱，详细介绍微波炉的烹调技法；还派出“格兰仕小姐”到各地市场进行现场演示，甚至还通过听众热线、咨询电话等形式与客户进行深层次的沟通。不仅让顾客先从理论上对微波炉的烹调技法产生认识，还通过“格兰仕小姐”的现场演示产生感性认识。这些做法无疑使微波炉这一新产品很快被人们熟悉和接受。这是促进其销售的主要原因。

任务二　售中沟通

情境一　销售接待

导入案例：她为什么不买？

结合案例分析：这位推销员的失误之处在哪里？

导入案例分析：

这位书店推销员的失误之处有三：一是不明白客户的需求心理。这个年轻妈妈“是为读小学的女儿买的，让她从现在开始学习一些东西”。因此，她非常期望这套百科全书的内容能够适合自己的孩子。但是推销员强调的是“内容包罗万象，内容编排按字母顺序，便于资料查找，图片漂亮逼真”，这些固然是产品的优点，但不是客户所关心的。二是不会倾听。书店推销员自始至终以自己为主，急于推销产品，在客户表达个人想法时采取打断对方讲话的做法，对客户缺乏尊重；对客户提出的问题“你能不能介绍一下其中的某部分，比如文学部分？”充耳不闻，反而强调有优惠抽奖活动，忽略了客户的感受。三是推销技巧运用不当。这名推销员虽然根据客户的问题进行了产品特点介绍，但因为不了解客户真正的购买动机，其产品介绍并不能打动客户。比如在介绍完产品带有玻璃书箱后询问：“我可以给您开单了吗？”此时客户并没有表现出明显的购买兴趣，这种询问反而有强销之嫌。另外，强调有优惠抽奖活动，这往往是在客户犹豫不决时，为促使其当机立断而采取的促销做法。在此案例中，推销员强调这一点却是无的放矢，自然会遭到客户的拒绝。

情境二　现场促销

导入案例：赞美客户，赢得订单

结合案例分析：导购员促使顾客作出购买决定的技巧体现在哪里？

导入案例分析：

案例中，销售员促成交易的技巧体现在两个方面：一是赞美对方，使客户产生自豪感。首先夸赞客户的“眼光真好”、看中的产品是“上个月的销售冠军”；其次是夸赞客户有福气，所购房子的小区“绿化漂亮”“室内格局合理”“交通方便”等，使客户容易产生“既然房子好，就应该配好地板”的认同感。二是满足客户“求便宜”的需求心理，同时制造紧迫局势。销售员告诉客户，公司正好有针对客户所在小区的团购价优惠政策，但要达到30户以上才能享受优惠，自己手里的空余指标不多了。人们往往更怕失去即将到手的好处，所以客户就迫不及待地交了订金。

情境三　客户异议处理

导入案例：不同营业员的处理方法

结合案例分析：

1. 几位游客的异议表现在哪些方面？

2. 分别对几位推销员处理客户异议的方法进行评价，并给出你的改进建议。

导入案例分析：

1. 几位游客的异议表现：游客李抱怨“颜色太新潮，没法穿”，属于产品异议，主要是针对产品花色提出异议；游客张抱怨“太贵了，料子很一般”，属于产品异议，主要是针对产品质量和价格提出异议；游客许询问“有粉色的吗？”属于产品颜色方面的异议；游客刘表示“不打算买，就是看看”，属于顾客需求异议。

2. 案例中，四位推销员处理客户异议的方法，只有营业员丙的方法得当。她采用的是询问法，通过提出问题，正确地理解了客户需求，成功实现销售。

营业员甲在不明确游客李的需求的前提下，先进行报价，并强调有折扣，这违背了商品推销洽谈不能先谈价格的规律。而在游客李抱怨衣服颜色太新潮时，又强调衣服颜色都是最流行的，没有进一步了解客户提出异议的真正原因是什么，流行的东西未必是客户喜欢的。营业员甲应结合游客李的年龄、身材、肤色等推荐适合客户的款式和颜色；当客户明确表示购买意向时，为促成交易，再提折扣的事情。

营业员乙针对游客张抱怨衣服料子一般而价格又太贵，强调衣服的设计细致入微，且入选十大女装品牌，并不能说服顾客。由于价格敏感型客户追求经济实惠，营业员乙应向游客张推荐价格较低且与其相中的款式接近的产品。

营业员丁发现游客刘一直在默默地观察着自己感兴趣的商品，但询问时，对方却说不打算买，就是看看，这说明对方是一个犹豫型客户。营业员丁应先夸赞游客刘的眼光好，鼓励其试穿其感兴趣的服装，并及时肯定产品的利益，给出优惠措施。这样有助于促成游客刘作出购买决策。

任务三　售后沟通

情境一　客户回访

导入案例：谁的回访更能让顾客满意？

结合案例分析：

1. 试想一下，小 A 和小 B 谁更能让顾客满意？为什么？

2. 该怎样做客户回访？

导入案例分析：

1. 很显然，小 B 的回访更能让顾客满意。虽然小 A 也是在认真做回访，但都是一些有关业务的硬生生的客套话，把客户只是当成了客户，让人觉着就是为了业务才去做的回访；从客户角度来看，也只是把小 A 当成卖软件给自己的一名推销员而已。而小 B 在回访前就做好了要谈什么的准备，结合近期的社会热点话题，有目的、有目标地回访，让人感觉不仅仅是把客户当客户来看待，他们的关系已经私人化了，就像两个老朋友在聊天，这样肯定能让客户感到满意。

2. 由以上可以看出，要做好客户回访，最重要的就是要有一颗赤诚之心，取得客户的信任、拉近和客户的距离，要像关心朋友一样去关心客户。

情境二　客户关怀

导入案例：一封问候信让客户感动不已

结合案例分析：

1. 泰国东方饭店天天客满的主要原因是什么?

2. 作为售后服务人员，能从中学到什么?

导入案例分析：

1. 泰国东方饭店天天客满，靠的不是当地独特的旅游风情，也不是饭店内豪华的装修，靠的是几近完美的服务。在这里住宿的顾客能感受到无微不至的关怀，真正过了一把当“上帝”的瘾。泰国东方饭店的客户关怀让顾客感动和留恋，从而培养了顾客的忠诚度，以至于在这里住过的顾客，每次到泰国首先想到的就是这家饭店，就想住进这家饭店；没有住过的人听到这么好的服务，也会忍不住想尝试一把，所以造成了不提前一个月预订很难有入住机会的情况。

2. 作为售后服务人员，我们应该向泰国东方饭店学习的是全心全意为客户服务的精神，用细节打动客户，用真诚感染客户。

情境三　追讨货款

导入案例：借口货源紧张，追回欠款

结合案例分析：销售员小李的沟通技巧体现在哪里?

导入案例分析：

销售员小李能顺利地追回拖欠的货款，与他机智地与对方沟通分不开。小李见到周老板后，没有开门见山地讨要货款，而是告诉欠款的周老板，自己公司的产品供不应求，给对方造成一种心理上的紧张，暗示对方要想继续从自己这里进货就必须先把拖欠的货款还了。在整个沟通过程中，小李的态度一直是不卑不亢，柔中带刚，而不是求人的态度，这样就化被动为主动，反而使周老板有求于小李、让给他 2 个点的政策支持。这时小李再瞅准时机，提出让周老板先还 60 万元的欠款，再办 40 万元的货，周老板也爽快地答应了。整个过程，小李一直处于主动和上风的位置，使形势朝着有利于自己的方向发展，不仅追回了货款，还销售了 40 万元的货。

情境四　处理客户投诉

导入案例：仅有礼貌和客气，并不能促使客户满意

结合案例分析：

1. 售后服务人员在与客人的沟通中，有哪些不妥之处?

2. 服务人员如此礼貌与客气，顾客为什么还是不满意呢?

导入案例分析：

1. 案例中的服务人员没有及时接听客户的电话，导致客户很不满意，这就违背了与客户沟通要及时的原则。通话后，在客户提出“能不能让我少等会儿”的抱怨时，没有先道歉，而是把责任归结到领导身上。其实客户在说这句话时，想听到的可能就是服务人员的一句道歉，而不是对方找其他理由。

2. 对客户的礼貌与客气，这是服务的最基本要求，但光是礼貌和客气是远远不够的。只凭借礼貌与客气，满足不了客户的服务需求，也解决不了客户的服务问题。尤其是在客户有情绪或个性比较特别的情况下，更需要实施有针对性的服务措施。

项目八　网络营销沟通

任务一　网络营销沟通方式

情境一　搜索引擎营销

导入案例：美联航空——优化关键词选取，达成机票销量翻番增长

结合案例分析：搜索引擎营销是怎样促进美联航空机票翻倍增长的？

导入案例分析：

美联航空的案例告诉我们，搜索营销能够告知客户在购买周期内关注的细节是什么。把握这些细节，在营销活动中提升与客户的信息传达能力，并且时刻优化这些信息的呈现，让市场营销人员和用户保持互动循环，就能对销售产生实际的促进意义。

情境二　博客/微博营销

导入案例：独一无二

结合案例分析：可口可乐定制“昵称瓶”的做法，成功的原因是什么？

导入案例分析：

可口可乐定制“昵称瓶”的做法之所以取得这么大的成功，一方面是因为这个创意很好，迎合了特定人群的需求心理；另一个重要原因就是得益于微博强大的营销功能。微博是粉丝与明星进行在线互动的一个重要平台，通过借助明星在新浪微博上进行宣传造势，很快就取得了巨大反响。微博营销具有成本低、覆盖广、速度快、针对性强、形式多样、互动效果好等特点，所以很快可口可乐就取得了成功。

情境三　电子邮件营销

导入案例：EDM营销——优衣库网络销售的制胜法宝

结合案例分析：优衣库是怎样利用电子邮件提高销售额的？

导入案例分析：

电子邮件营销最大的优势在于：有助于刺激无明确需求的消费，且较搜索引擎和在线广告而言，成本更低、目标更精准。优衣库委托的大宇宙咨询公司，经过专业的分析和比较后，为其量身订制了电子邮件营销方案。通过发送电子邮件邀请函，将对优衣库感兴趣的淘宝会员，转化为优衣库的活跃用户，定期向新老会员发送电邮杂志，开展EDM营销，定期向客户推荐新产品，以此提高客户的品牌忠诚度。

情境四　社区营销

导入案例：“别宅了，见面吧！”

结合案例分析：

1. 麦当劳推出“见面吧！”主题倡议活动的目的是什么？

2. 为什么能够得到众多大学生的响应？

导入案例分析：

1. 麦当劳推出“见面吧！”主题倡议，是为了吸引年轻人的注意，宣传自己的产品。

2. 之所以取得这么大的成功，一方面是因为选的主题比较有意义：呼吁大家走出虚拟世界、回归现实交往；另一个重要的原因是，麦当劳选择了与人人网合作，提供了多种有趣又有意义的线上线下互动活动。人人网是大学生网络社交的一个很重要的平台，麦当劳通过人人网很精准地使目标用户锁定了大学生，所以能引起众多大学生的响应。

任务二　网络营销沟通技巧

导入案例：可口可乐发动奥运火炬在线传递

结合案例分析：可口可乐公司是怎样引起大家的广泛关注的？

导入案例分析：

可口可乐通过 QQ 强大的即时通讯用户平台，成功实现了在较短时间内用户深度参与的品牌营销传播。

可口可乐公司领导这个奥运火炬在线传递营销活动，是基于 QQ 软件这样一个有着巨大影响力的独特的载体构建的。在这个活动中，通过 QQ 用户之间的在线火炬传递，使在线火炬活动以“野火燎原”之势在神州大地蔓延。该活动前期没有进行任何宣传，最初只邀请了 8 888 名 QQ 用户作为在线火炬传递活动的第一棒火炬手，而最后却成功地让 6 200 万人参与了其中，其网络营销的威力可见一斑。

项目九　会议营销沟通

任务一　会前营销沟通

导入案例：“会前会”的召开

结合案例分析：

1. 为什么要召开“会前会”？

2. 从案例中，我们可以看到“会前会”要做哪些准备工作？

导入案例分析：

1. “会前会”是正式会议举办之前的沟通会，关于本次会议的各种政策、细节和流程，都需要在“会前会”上进行商讨和确定，所谓“不打无准备之仗”就是这个道理。

2. 会议方案和内容的制定，比如“激励政策”的制定，工作人员任务的制定。还有会议前的细节准备，如领导致辞的撰写，会议宾馆的租赁，投影仪、音箱等设备的准备，会议流程的设计等。

任务二　会中及会后营销沟通

导入案例：会中营销沟通的技巧

结合案例分析：在会议现场，公司的工作人员采用了哪些沟通方法和技巧？

导入案例分析：

1. 业务员坐在客户旁边，询问客户听讲完毕之后的感想，并对客户提出的问题一一进行解答。

2. 销售专家适时进行全场巡视，帮助业务员解答客户的问题，促成交易。

3. 主持人不停地大声播报现场实时信息，以烘托销售氛围等。

各项目巩固与提高参考答案

项目一 理解营销沟通

理论知识巩固

一、选择题

1. D 2. A 3. A、B、C、D 4. A、B、D 5. A、B、C

二、判断题

1. × 2. × 3. √

三、简答题

1. 营销沟通的构成要素有沟通的主体（即信息发送者和接收者）、沟通客体（主体之间表达意义的信息）、编码与解码、通道、背景、反馈、噪声。

2. 营销人员的营销过程就是一个有效沟通的过程，这个过程包含有目的地提供信息、讲解、说明或演示，不断地进行引导、说服和认同以及这些环节中的交互反馈等。一般来说，一个完整的营销沟通过程离不开信息策划、信息编码、编辑传递、信息接收、信息解码、信息反馈六个环节。

技能训练

一、案例分析题

参考答案：

1. 肖奈的成功在于他摸清了顾客的心理。在客户的眼中，能够满足价格和品质双重标准，才是顾客购买产品的理想目标。他帮助顾客选购产品是在不损伤顾客优越感的情形下，不仅选购的是同一品牌中最好的，同时也是价格最合理的。推荐物美价廉的产品给顾客，赢得交易的成功，肖奈的说话技巧无疑会成为最后的赢家。而店员忽略了客户对价值的需求，只是一味从价格上考虑，把“最贵的”等同于“最好的”，没有帮助顾客实现价格与价值的双重理想目标。因此，该店员是失败的。

2. 在与顾客沟通前，肖奈仔细聆听了店员与顾客的对话，迅速地捕捉到了顾客的需求心理；把收集到的信息进行编辑整理，在引导顾客正确消费的同时，说服其接受自己推荐的产品，与顾客建立了信任关系，从而实现了销售。

二、实训操作题（略）

项目二　掌握不同的营销沟通方式

理论知识巩固

一、选择题

1. C　2. B　3. A　4. B　5. C　6. D　7. A　8. C　9. A　10. C

二、判断题

1. √　2. ×　3. √　4. ×　5. √　6. √　7. √　8. ×　9. ×　10. √

三、简答题

1. 首先，二者的区别在于沟通过程中是否使用语言这个载体；其次，语言沟通是一种有具体意识的思想交流，而非语言沟通中可能会表现出“无意识性”，即一个人的非语言行为更多的是一种对外界刺激的直接反应，基本都是无意识的。另外，在信息的可信性上，由于语言信息受理性意识的控制，容易作假；非语言沟通则不同，比如肢体语言，大都发自内心深处，极难压抑和掩盖。

2. (1) 在线沟通的虚拟性；(2) 在线沟通的隐匿性；(3) 在线沟通的平等性和互动性。

技能训练

一、案例分析题

参考答案：

1. 以上问题产生的原因可能是：(1) 缺乏对项目组成员的沟通需求和沟通风格的分析；(2) 缺乏完整的会议规程，会议目的、议程、职责不清，缺乏控制，导致会议效率低下，缺乏效果；(3) 会议没有产生记录；(4) 会议没有引发相应的活动；(5) 沟通方式单一；(6) 没有进行冲突管理。

2. 除了项目例会外，老张还可以采取的沟通方法有：(1) 首先应该对项目组成员进行沟通需求和沟通风格的分析，对于不同沟通需求和沟通风格的成员设置不同的沟通方式；(2) 除了项目例会之外，可以通过电话、电子邮件、网络实时沟通软件进行沟通；(3) 正式沟通的结果应该形成记录；(4) 在项目组内培养团结的氛围。

二、实训操作题（略）

项目三　克服营销沟通障碍

理论知识巩固

一、选择题

1. A　2. B　3. C　4. A　5. D

二、判断题

1. × 2. × 3. ×

三、简答题

1. 常见的营销沟通障碍主要有：（1）营销员的信息传输障碍；（2）顾客的信息接收障碍；（3）营销员与顾客的心理障碍；（4）营销员与顾客的文化障碍；（5）顾客的信息筛选障碍。

2. 为了消除营销沟通障碍，可以采用一定的措施与方法。比如，营销员在营销前要做到明确沟通目的、注重沟通对象的差异、把握时机利用沟通环境、运用顾客的非语言与反馈和顾客亲和力的建立等等。

技能训练

一、案例分析题

参考答案：

案例中这对母子沟通失败的原因，一是因为母亲的表达方式不当。母亲因为儿子没有考好而担心，告诫儿子以这样的成绩对于将来的升学会有危险。其本意是提醒儿子：要想考上好的大学，今后必须加倍努力。但是表达时用了指责的语气："真没出息!"让孩子很反感，不愿接受母亲的好意。二是沟通的时机不当。每个孩子都希望取得好成绩、得到家长的肯定，本来孩子没考好、心里就不好受，母亲在公交车这一公共场所指责自己成绩不好，会让他感觉很没面子；再加上对自己成绩不好很懊恼，母亲的指责更是火上浇油。所以，当母亲说是为他好时，让他感觉妈妈只关心自己的成绩、而不考虑其他，由此而当众顶撞母亲。

二、实训操作题（略）

项目四　认知营销沟通礼仪

理论知识巩固

一、选择题

1. C 2. B 3. C 4. A

二、判断题

1. √ 2. √ 3. √ 4. × 5. ×

三、简答题

1. 中国的八大菜系分别是：川菜、鲁菜、粤菜、淮扬菜、湘菜、徽菜、浙菜、闽菜。

2. 包括中餐宴请的类型、席位排列、菜品选择、餐具使用、祝酒礼节等方面的礼仪沟通。

3. 酒店的预约、衣着礼仪、入座有讲究、座次安排、上菜的次序、点酒的学问、餐巾的使用、刀叉的使用、刀叉摆放礼仪、进餐礼仪、如何吃水果、喝酒的讲究、得体用餐的表现、红酒礼仪、自助餐礼仪等方面的礼仪沟通。

4. 自助餐是一种非正式宴会，通常穿插在正式的活动、会议之中或之后，作为辅助的招待形式，商务宴请一般不采用这种形式。由于是自助形式，所以在用餐过程中，一定要注意照顾好主宾，如陪同其就餐，与其进行适当的交谈，为其引荐其他客人等。注意：给主宾留下一点供其自由活动的时间，不要始终伴随其左右。除以上之外，参加自助餐应遵循以下礼仪：排队取菜，照顾他人，循序取菜，每次少量、多次取菜。

技能训练

一、案例分析题

参考答案：

案例1

(1) 脱掉了西装外衣，又摘下了领带；

(2) 在用餐的过程中，他一边嚼东西一边与左右的人说话，手中的筷子还在空中不断挥舞，时不时劝周围客人喝酒；

(3) 他可能吃东西塞牙了，直接用手抠牙齿，满手沾的都是口水；

(4) 用抠过牙的手直接抓水果吃。

案例2

(1) 老张用桌上一块“很精致的布”仔细地擦了自己的刀、叉；

(2) 老张盛了几勺精致小盆里的“汤”放到自己碗里，然后喝下。

二、实训操作题（略）

项目五　营销团队沟通

理论知识巩固

一、选择题

1. B　2. A　3. A、B、C　4. D　5. A、B、C、D

二、判断题

1. ×　2. ×　3. ×　4. √　5. √

三、简答题

1. 领导下达命令的“5w2h”法：即弄清楚该命令的时间（when，含下达时间和完成命令的最后时间）、地点（where，含下达地点和执行地点）、执行者（who，含负责人、执行人）、为了什么目的（why，要达到的目标）、需要做什么工作（what，工作内容）、怎么样去做（how，工作方式与方法）、需要多少工作量（how many，含工作的数量、时间、费用等）。

2. 向领导请示汇报的程序是：(1) 仔细聆听上级的命令；(2) 与上级探讨目标的可行性；(3) 拟定详细的工作计划；(4) 在工作进行中随时向上级汇报；(5) 在工作完成后及时总结汇报。

3. 下属说服上司接受自己的建议的技巧：(1) 充分的准备工作；(2) 设计说服的程

序；(3) 把握说服的时机；(4) 提出多种建议供上司选择；(5) 表现出自信；(6) 对上司要尊敬；(7) 注意避免上司的忌讳；(8) 要突出重点；(9) 了解上司最关心什么。

4. 上级批评下属时应注意：(1) 以真诚的赞美做开头；(2) 要尊重客观事实；(3) 不要伤害下级的自尊和自信；(4) 批评时问清下级犯错的原因；(5) 友好地结束批评；(6) 选择适当的场所；(7) 不要威胁部下。

5. 平级沟通的原则有：(1) 用建议代替直言；(2) 提问题代替批评；(3) 让对方说出期望；(4) 诉求共同的利益；(5) 顾及别人的自尊。

6. 危机公关的基本原则，即5S原则：(1) 承担责任原则；(2) 真诚沟通原则；(3) 速度第一原则；(4) 系统运行原则；(5) 权威证实原则。

技能训练

一、案例分析题

参考答案：

B主管的报告更具有说服力。在案例中，A主管只是大致给出了可行性分析的结论，但没有B主管描述得具体。B主管为强调方案的可行性，特别提到"会同财务、销售、后勤等部门详细论证了"，也就是说，认为此方案可行，并非自己一人的观点。紧接着，指出开始盈利的时间为投资的第28个月，这一结论是依据财务评价报告得出的。并作出投资预测："该方案的投资回收期是4～6年""该方案还可以拉动与我们相关的下游产业的发展。这有可能为我们将来的企业前向、后向一体化方案提供有益的借鉴"。最后，告诉董事长与该方案有关的可行性分析报告自己已经带来。这种做法很容易激起上司的兴趣。无疑，B主管是掌握了说服上司的沟通技巧的。

二、实训操作题（略）

项目六　电话营销沟通

理论知识巩固

一、选择题

1. C　2. A　3. D　4. D　5. D　6. B　7. C　8. B

二、判断题

1. ×　2. √　3. √　4. ×　5. √

三、简答题

1. 电话营销指的是通过使用电话，来实现有计划、有组织、并且高效率地扩大顾客群、提高顾客满意度、维护顾客等市场行为的手法。电话营销能为企业解决以下问题：

(1) 可以帮助企业降低销售成本。

(2) 可以帮助企业提高销售效率。

(3) 可以帮助企业更有效利用资源。

(4) 可以帮助企业扩大品牌影响力。

（5）可以与客户建立长期的信任关系。

（6）可以更清楚地直接把握客户的需求。

2. 电话营销的流程：

（1）做好电话营销前的准备工作。

1）明确打电话的目的和目标；

2）确定为达到目标所必须问的问题；

3）设想客户可能会提到的问题，提前写好话术脚本，并做好准备；

4）设想电话中可能发生的事情并做好准备；

5）态度上做好准备：一定要保持微笑。

（2）设计电话营销中的开场白。

1）做自我介绍；

2）进行相关的人或者物的说明；

3）介绍打电话的目的；

4）确认对方时间的可行性；

5）转向探询需求。

（3）在电话中促成交易。

（4）在电话中达成协议。

1）总结客户购买后的好处；

2）给客户建议下一步行动；

3）引导客户签协议。

（5）电话后的跟进。

3. 电话营销的沟通技巧：

（1）增强声音的感染力。

（2）与客户建立融洽关系。

（3）电话倾听的技巧。

1）抱着热情与负责的态度来倾听；

2）倾听时要避免干扰；

3）做一个主动的倾听者。

（4）表达同理心的技巧。

（5）确认的技巧。

技能训练

一、案例分析题

参考答案：

案例中的电话预约之所以取得成功，是因为这名网络服务器的销售员巧妙地运用了电话营销的沟通技巧。一开始，他并没有介绍自己是网络服务器的销售人员，而是以客户的身份反映对方网站速度慢，这样就打消了客户的警戒心理。接着指出一些网站速度慢的原因，让客户比较重视，不仅不会轻易挂断电话，还积极地想办法解决问题。之后，这名网络销售员适时地亮明自己的身份，暗示客户网络慢也不是大问题，自己可以帮忙解决。最后提出预约见面的事。打着了解对方的润滑油的借口，与客户聊网络服务器的事，使双方的见面变成了顺理成章之事。

二、实训操作题（略）

项目七 销售沟通

理论知识巩固

一、选择题

1. D 2. B 3. C 4. A 5. A、B、C、D 6. A、B、C、D 7. A、B、C、D 8. A、B、C、D 9. A 10. B 11. D 12. C

二、判断题

1. × 2. √ 3. × 4. √ 5. × 6. √ 7. √ 8. √

三、简答题

1. 一个人面部上的眼、鼻、嘴及头发，都会带给人深刻的印象，销售员应该进行一定程度的修饰，从而给客户一个很好的第一印象；见面时要记住并说出客户的名字，使客户有优越感；替客户解决问题，保持快乐开朗，利用小赠品赢得客户的好感。

2. 有效的广告投放，首先需要正确地选择广告媒介，选择广告媒介时需考虑以下因素：消费者接触媒体的习惯、产品的性质、媒体的传播范围、媒体的影响力、媒体的费用、竞争态势。要根据广告目标的要求及广告受众的特点，结合各广告媒体的优缺点，综合考虑上述各影响因素，尽可能选择使用效果好、费用低、沟通效果好的广告媒体。其次，需遵循5W1H原则。即为什么传播（why）、向谁传播（who）、传播什么（what）、何时传播（when）、在哪传播（where）、如何传播（how）。

3. 营销公关的步骤包括：(1) 设计传播信息；(2) 选择传播渠道；(3) 消除传播障碍；(4) 评估营销公关。

4. 运用询问法处理客户异议，推销员必须注意的问题有：

(1) 询问必须及时，并且要灵活善变，产出异议的根源和性质。

(2) 询问必须有针对性，不得询问无关问题，以免节外生枝。

(3) 询问要讲究礼仪，尊重客户个性。

(4) 询问要讲究艺术，最好采用请教式询问方式。

5. 客户回访对商家来说具有重要的作用：(1) 客户回访可以提高客户满意度；(2) 客户回访可以培养客户的忠诚度；(3) 客户回访可以降低交易成本。

要想做好客户回访，可以从以下几个方面努力：(1) 让顾客知道你一直在为他服务；(2) 经常给老客户寄一封你的亲笔信；(3) 努力让你和客户的关系个人化；(4) 记住那些特殊的日子；(5) 与客户分享你的知识和信息。

6. 客户关怀的方式有：短信关怀、电话关怀、其他信息推送、优惠关怀等。

7. 追讨货款原则：动之以情，晓之以理，导之以利，施之以法。技巧有：(1) 做好心理准备，坚定收款信念；(2) 收款时要做到不卑不亢、柔中带刚；(3) 巧妙施压，想继续合作的话，先付款再谈。

8. 处理客户投诉的方法：谅解法、引导征询法、“三明治法”、“3f 法”。

技能训练

一、案例分析题

参考答案：

珠宝专柜的店长李颖在处理客户投诉时，她的良好的服务态度深深打动了顾客。她的处理投诉的做法，值得我们学习的地方有：一是陪同顾客到技术监督局等相关部门对产品做鉴定以明确责任。因为一开始店长李颖考虑对方是老顾客，针对顾客投诉提出了处理方案，但顾客拒绝接受。为此，必须明确买卖双方在本事件中的责任。二是在得知钻石掉角的真正原因是顾客摔裂的后，并没有让顾客负全责，而是多次与厂家沟通、协商，将顾客的损失减到最小。在整个处理的过程中，店长李颖都一直将顾客的事当作自己的事去对待，把问题当成是自己的问题去解决。这种服务态度很容易感动顾客，并使顾客成为忠实客户。

二、实训操作题（略）

项目八　网络营销沟通

理论知识巩固

一、选择题

1. B　2. B　3. B、C、D　4. A、B、C　5. C

二、判断题

1. √　2. ×　3. √　4. ×　5. ×　6. √　7. ×　8. √

三、简答题

1. 网络营销职能的实现，需要通过一种或多种网络营销工具与方法。网络营销的常用方式主要有：搜索引擎、E-mail、邮件列表、新闻组、论坛、即时通讯服务、微博、病毒营销、网络广告等。另外，交换链接、网上服务工具（FAQ）、自媒体营销、网上商店、网络市场调研等，也经常被使用。

2. 网络营销沟通与传统营销沟通的区别，主要表现在以下几个方面：（1）沟通方式的不同；（2）沟通理念的不同；（3）沟通时空限制的不同；（4）一对一的沟通在网络营销中得以普及。

3. 网络沟通可以采用以下技巧：（1）沟通中恰当使用感叹词；（2）沟通中恰当使用表情；（3）沟通中适当地进行刺激；（4）把顾客加为朋友；（5）与顾客分享你的知识。

技能训练

一、案例分析题

参考答案：

1. 农夫山泉之所以选择和腾讯合作，看中的是腾讯有着庞大的用户群，有着强大的在线生活平台和在线生活平台模式，这与农夫茶的消费群体有着高度的契合性。

2. 农夫茶取得成功的主要原因有两个方面：一是因为此次举行的活动成功抓住了消费者的心理。农夫茶此次选择了腾讯QQ空间作为营销平台，而这个平台的用户多为青少年，因此农夫茶最终选择了“爱情”作为营销卖点，充分显示了其对这个群体心理的准确把握，为农夫茶挖掘了“爱情价值”。二是注重与消费者的感情交流与互动。在整个营销活动中，农夫茶始终围绕“爱情”这一主题与用户进行互动和交流。农夫茶借助腾讯的互动平台，更多的是在扮演着鼓励消费者去说、去做、去感受的角色。它通过提供各种配饰、挂件、活动规则等，为消费者营造出一个浪漫的“爱情”氛围；消费者在农夫茶提供的平台上，相互间可以自由地进行情感交流，从而增加了消费者对农夫茶的品牌认可度以及对网站的黏合度。

二、实训操作题（略）

项目九　会议营销沟通

理论知识巩固

一、选择题

1. D　2. B　3. A　4. B　5. C

二、判断题

1. √　2. √　3. ×　4. √　5. √

三、简答题

1. 会议营销是通过寻找特定顾客，利用亲情服务或产品说明会的方式销售产品。会议营销的实质是对目标顾客的锁定和开发，对顾客全方位输出企业形象和产品知识，以专家顾问的身份对意向顾客进行关怀和隐藏式销售。

2. 会议营销分为会前营销、会中营销、会后营销三个阶段。操作流程包括从参会人员的邀请，到会议的组织，会议议程的安排，会后回访与服务等。

技能训练

一、案例分析题

参考答案：

大连珍奥集团遇到危机又能再起，其成功的原因在于面对逆境没有失望，而依然能保持进取的精神。通过关注市场，找出失利的问题所在及市场突围的办法。借鉴当时中脉、天年等市场运作成功的会议营销模式以及操作要领，结合珍奥核酸自身的特点完成营销模式转变，重新占领市场。

二、实训操作题（略）

参考文献

1. 惠亚爱．沟通技巧（第 2 版）[M]．北京：人民邮电出版社，2013.

2. 王瑶．营销沟通实务（第 2 版）[M]. 北京：电子工业出版社，2015.

3. 杨宗勇．魔鬼必杀销售细节：金牌销售必懂的 101 个销售细节 [M]. 北京：中国经济出版社，2013.

4. 崔平．推销技巧与商务谈判 [M]. 北京：中国人民大学出版社，2014.

5. 谢家华．三双鞋 [M]. 谢传刚，译．北京：中华工商联合出版社，2010.

6. 张超．每天知道点处理客户异议技巧 [M]. 重庆：重庆出版社，2010.

7. 韦宏，陈福明．商务谈判与沟通技巧 [M]. 北京：高等教育出版社，2015.

8. 文义明，阎颖然．销售一定要懂的心理学：金牌销售必知的 100 个心理营销策略 [M]. 北京：中国经济出版社，2011.

9. 付佳．每天学点电话销售技巧 [M]. 北京：中国纺织出版社，2013.

10. 于卉，高琳．商务沟通与谈判 [M]. 北京：化学工业出版社，2010.

11. 刘宁，张凤英．推销技能 [M]. 北京：中国铁道出版社，2012.

12. 王宜．赢在网络营销 [M]. 北京：人民邮电出版社，2011.

13. 江礼坤．网络营销推广实战宝典 [M]. 北京：电子工业出版社，2012.

14. 徐艟．淘宝网络营销 [M]. 合肥：中国科学技术大学出版社，2013.

15. 程虹．网络营销 [M]. 北京：北京大学出版社，2013.

16. 王健华．沟通技巧 [M]. 北京：电子工业出版社，2012.

17. 谢红霞．沟通技巧 [M]. 北京：人民大学出版社，2013.

18. 谢红霞．公共关系实训 [M]. 北京：人民大学出版社，2014.

19. 魏巍．销售礼仪与沟通技巧培训全书（第 2 版）[M]. 北京：中国纺织出版社，2012.

20. 王瑶．这样沟通最有效 [M]. 北京：电子工业出版社，2015.

21. 李冬芹，张幸花．推销与商务谈判（第 2 版）[M]. 大连：大连理工大学出版社，2014.

图书在版编目（CIP）数据

营销沟通技巧/牛永超，罗碧华主编. —北京：中国人民大学出版社，2017.2
21世纪高职高专规划教材.市场营销系列
ISBN 978-7-300-24153-1

Ⅰ.①营… Ⅱ.①牛… ②罗… Ⅲ.①市场营销学-高等职业教育-教材 Ⅳ.①F713.50

中国版本图书馆CIP数据核字（2017）第024228号

"教—学—做一体化"校企合作课改科研成果推荐教材
21世纪高职高专规划教材·市场营销系列
营销沟通技巧
主　编　牛永超　罗碧华
副主编　孙长平
参　编　孟　伟　宋　雯　杨　丽　刘　铮
Yingxiao Goutong Jiqiao

出版发行	中国人民大学出版社		
社　址	北京中关村大街31号	邮政编码	100080
电　话	010－62511242（总编室）		010－62511770（质管部）
	010－82501766（邮购部）		010－62514148（门市部）
	010－62515195（发行公司）		010－62515275（盗版举报）
网　址	http://www.crup.com.cn		
经　销	新华书店		
印　刷	唐山玺诚印务有限公司		
规　格	185 mm×260 mm　16开本	版　次	2017年2月第1版
印　张	14.25	印　次	2022年8月第6次印刷
字　数	340 000	定　价	36.00元